高等职业教育"数字经济应用型人才培养工程"系列教材

国际贸易概论
（第3版）

金　焕　欧阳双喜　主　编
周维良　刘　艳　邓文华　副主编
王振林　主　审

电子工业出版社
Publishing House of Electronics Industry
北京·BEIJING

内 容 简 介

国际贸易是一门主要研究国家间商品和服务交换活动规律的学科。本书系统地把国际贸易分成了国际贸易认知、国际贸易措施分析、国际经济合作、国际投资和国际服务贸易认知、中国对外贸易分析 5 个项目，简明、清晰地介绍了国际贸易基础知识，对外贸易政策及其理论基础，国际贸易措施分析，国际分工与国际市场价格，国际多边贸易体制，国际经济一体化，国际投资，跨国公司与国际贸易，国际服务贸易，中国对外贸易分析等内容。

本书重视理论联系实际，学以致用，内容新颖，通俗易懂，学习目标明确，重点、难点突出，既可作为高职高专国际贸易、国际商务及其他经济管理类专业的专业课教材，也可作为高等教育自学考试、国际贸易相关从业资格考试和国际贸易从业人员的参考书。

本书还配有教学参考资料包（包括习题解答、电子课件、考试模拟试卷），详见前言。

未经许可，不得以任何方式复制或抄袭本书之部分或全部内容。
版权所有，侵权必究。

图书在版编目（CIP）数据

国际贸易概论 / 金焕，欧阳双喜主编. —3 版. —北京：电子工业出版社，2019.4
ISBN 978-7-121-35505-9

Ⅰ.①国⋯ Ⅱ.①金⋯ ②欧⋯ Ⅲ.①国际贸易－高等学校－教材 Ⅳ.①F74

中国版本图书馆 CIP 数据核字（2018）第 252491 号

策划编辑：朱干支
责任编辑：刘元婷
印　　刷：涿州市般润文化传播有限公司
装　　订：涿州市般润文化传播有限公司
出版发行：电子工业出版社
　　　　　北京市海淀区万寿路 173 信箱　邮编 100036
开　　本：787×1 092　1/16　印张：15.5　字数：397 千字
版　　次：2009 年 12 月第 1 版
　　　　　2019 年 4 月第 3 版
印　　次：2022 年 8 月第 6 次印刷
定　　价：46.00 元

凡所购买电子工业出版社图书有缺损问题，请向购买书店调换。若书店售缺，请与本社发行部联系，联系及邮购电话：(010) 88254888，88258888。
质量投诉请发邮件至 zlts@phei.com.cn，盗版侵权举报请发邮件至 dbqq@phei.com.cn。
本书咨询联系方式：(010) 88254573，zgz@phei.com.cn。

前　言

自从我国加入世界贸易组织（WTO）以来，国际贸易焕发出勃勃生机，国际贸易额每年都以20%以上的速度递增，我国在国际市场中的地位也在不断提升，已经成为当今世界最主要的贸易大国之一。2017年，我国对外贸易发展迅速，进出口总额排在全球首位。在世界经济一体化和国际贸易全球化的大背景下，企业对国际贸易专业人才的需求不断加大。为了培养更多符合企业需要的，掌握国际贸易理论、理念和运作技能的应用型国际贸易人才，编写组根据多年的教学经验，借鉴和参考了大量国内外优秀教材与最新研究成果，在第2版教材的基础上，以现代高职教育培养技术应用能力为主线，以培养高等技术应用型专门人才为根本任务，强调以学生为主体、把学生能力培养放在首位，结合国际贸易工作的实际需求编写了《国际贸易概论（第3版）》一书。

国际贸易是一门主要研究国家间商品和服务交换活动规律的学科。本书旨在使学生了解国际贸易的基础是什么，国家之间为什么要开展贸易，影响国际贸易的因素是什么，政府应如何制定贸易政策等问题。主要内容包括：国际贸易基础知识，对外贸易政策及其理论基础，国际贸易措施分析，国际分工与国际市场价格，国际多边贸易体制，区域经济一体化，国际投资、跨国公司与国际贸易，国际服务贸易，中国对外贸易分析。

本书具有以下特色。

第一，编写体例安排独到。在每个任务的主要内容前安排有"学习目标""情境引入"，在主要内容中安排有"学以致用""知识窗""动动脑""精打细算"等，在主要内容后安排有"任务小结""思考练习"和"素质拓展"。这种流程有助于读者把握要点，将理论与实践相结合，提高分析和解决问题的能力。

第二，坚持够用、适用、实用的原则，注重能力培养。本书根据高职学生的职业需要，侧重案例和课内阅读材料，帮助学生理解并分析问题。结合理论和最新的对外贸易发展情况，注重理论联系实际，学以致用。

第三，校企合作，"双元"课程建设。专业教师与行业专家共同开发和编写教材。本书的编写得到了珠海建龙通关物流有限公司等企业的大力支持，同时企业专家参与了部分章节的编写工作。

第四，编写方法力求形式生动、内容重点突出。内容中除插入"学以致用""知识窗""动动脑""精打细算"等栏目外，还新增大量图表，对复杂烦琐的内容进行概括，易于阅读和教学。数据及案例多采用2016、2017年最新资料，紧贴行业最新动态。

第五，配套教辅资料齐全。对选用本书的读者免费提供包括各任务的习题解答、优质电子课件和考试模拟试卷等完整的教学解决方案，请有此需要的教师登录华信教育资源网（www.hxedu.com.cn）下载。

本书由金焕、欧阳双喜担任主编，并负责大纲的编写和内容总纂；周维良、刘艳、邓文华担任副主编；王志华、孟会涛参编；王振林主审。各单元编写分工如下：金焕编写任务2.1；欧阳双喜编写任务2.2和任务3.3；周维良编写任务3.1和任务4.1；刘艳编写任务1.2和任务3.2；邓文华编写任务4.2和任务5.1；王志华编写任务1.1；孟会涛提供企业案例资料。

在编写过程中，我们参阅了大量的教材、著作和文献，借鉴了国内外相关专家学者的研究成果，还从各个网站上引用了一些数据及资料，在此一并表示衷心的感谢。同时，对第 1 版的编写者李树平、修俊芝、方芳、王振林、张新国所做的贡献表示衷心的感谢。由于时间、资料、编者水平及其他条件所限，书中难免有疏漏、不妥之处，敬请各位同人与读者批评指正。

编　者

目 录

项目1 国际贸易认知 (1)
任务1.1 国际贸易基础知识 (3)
- 1.1.1 国际贸易的产生与发展 (5)
- 1.1.2 国际贸易的分类 (8)
- 1.1.3 国际贸易相关概念 (17)
- 1.1.4 国际贸易的作用 (21)
- 1.1.5 国际贸易风险 (23)

任务小结 (27)
思考练习 (27)
素质拓展 (29)

任务1.2 对外贸易政策及其理论基础 (32)
- 1.2.1 对外贸易政策的类型及演变 (34)
- 1.2.2 自由贸易政策及其理论基础 (39)
- 1.2.3 保护贸易理论 (44)
- 1.2.4 现代与当代国际贸易理论 (49)

任务小结 (56)
思考练习 (56)
素质拓展 (59)

项目2 国际贸易措施分析 (61)
任务2.1 国际贸易基础知识 (63)
- 2.1.1 关税措施 (64)
- 2.1.2 非关税壁垒措施 (76)

任务小结 (87)
思考练习 (88)
素质拓展 (89)

任务2.2 出口贸易措施分析 (90)
- 2.2.1 鼓励出口措施 (90)
- 2.2.2 控制出口措施 (97)

任务小结 (100)
思考练习 (100)
素质拓展 (102)

项目3 国际经济合作 (105)
任务3.1 国际分工与国际市场价格 (107)
- 3.1.1 国际分工概述 (108)
- 3.1.2 世界市场 (114)

3.1.3　国际市场价格 ·· (120)
　任务小结 ··· (125)
　思考练习 ··· (126)
　素质拓展 ··· (127)
　任务3.2　国际多边贸易体制 ··· (129)
　　　3.2.1　关税与贸易总协定 ··· (129)
　　　3.2.2　世界贸易组织 ·· (134)
　　　3.2.3　中国和世界贸易组织 ··· (143)
　任务小结 ··· (146)
　思考练习 ··· (146)
　素质拓展 ··· (149)
　任务3.3　区域经济一体化 ·· (151)
　　　3.3.1　国际经济一体化的兴起及其对国际贸易的影响 ····························· (152)
　　　3.3.2　主要区域经济一体化组织 ·· (157)
　　　3.3.3　中国参与的区域经济一体化组织 ·· (165)
　任务小结 ··· (171)
　思考练习 ··· (171)
　素质拓展 ··· (173)

项目4　国际投资和国际服务贸易认知 ··· (175)

　任务4.1　国际投资、跨国公司与国际贸易 ··· (177)
　　　4.1.1　国际投资 ··· (180)
　　　4.1.2　跨国公司 ··· (186)
　任务小结 ··· (191)
　思考练习 ··· (191)
　素质拓展 ··· (192)
　任务4.2　国际服务贸易 ·· (197)
　　　4.2.1　国际服务贸易概述 ··· (198)
　　　4.2.2　国际服务贸易壁垒与服务贸易自由化 ··· (208)
　　　4.2.3　《服务贸易总协定》 ··· (215)
　任务小结 ··· (218)
　思考练习 ··· (218)
　素质拓展 ··· (219)

项目5　中国对外贸易分析 ·· (221)

　任务5.1　中国对外贸易分析 ··· (223)
　　　5.1.1　中国对外贸易概况认知 ·· (223)
　　　5.1.2　跨境电子商务认知 ··· (228)
　任务小结 ··· (237)
　思考练习 ··· (237)
　素质拓展 ··· (237)

参考文献 ··· (239)

项目 1

国际贸易认知

导　读

　　国际贸易是指世界各国（地区）之间所进行的以货币为媒介的商品交换活动。随着各国经济的发展，信息技术的日新月异，商品生产和商品交换活动日益频繁。相对于国内贸易而言，国际贸易在交易环境、交易条件、面临的风险、具体操作方法等方面都相对复杂，且中间环节较多，需要办理的手续要比国内贸易烦琐，国际市场竞争较激烈。国际贸易从不同的角度分为不同的种类，使用频率较大的是按照商品的移动方向分，分为出口贸易和进口贸易等。出口贸易可以为国家创汇；进口贸易可以为国家引进别国具有比较优势的产品，增加本国消费者的选择机会。近年来，世界各国在进出口贸易结构上都有所调整，工业制成品和服务贸易的比重逐渐加大，这对促进国家的经济增长有重大意义。

　　从人类历史上第一次社会大分工后，就开始有了少量剩余产品，于是在氏族公社之间、部落之间出现了剩余产品的交换。随着货币的出现，在第三次社会分工后，商品交换开始超越国界，对外贸易开始产生。15世纪初到17世纪末，为了促进资本的原始积累，西欧各国实行重商主义下强制性的保护贸易政策，通过限制货币（贵重金属）的输出和扩大出口的办法积累财富。国际贸易随着经济的发展出现了不同的阶段，各国开始探索不同的政策来保护本国经济。经济学家们对国际贸易的产生原因、国际贸易的影响等进行了深入的研究，出现了自由贸易理论、保护贸易理论、新贸易理论等。

　　项目1包括两个任务：任务1.1让读者对国际贸易有一定的认识；任务1.2让读者对对外贸易政策及理论有一定的了解，从理论层面理解国家实行对外贸易政策的原因及意义，引发读者对国际贸易进行深入的思考。

任务 1.1　国际贸易基础知识

学习目标

知识目标：
- ▲ 了解国际贸易的产生与发展；
- ▲ 了解国际贸易的地位和作用；
- ▲ 熟练掌握国际贸易的基本概念和分类；
- ▲ 区分国际贸易和国内贸易；
- ▲ 认识国际贸易中常见的风险。

能力目标：
- ▲ 能够利用国际贸易的基本概念分析和描述一国的贸易发展概况。

知识重点：
- ▲ 国际贸易的基本概念；
- ▲ 国际贸易分类；
- ▲ 国际贸易风险。

 **情境引入**

义乌 30 年：小商品成就大市场

2012 年在种种不平凡中匆匆走过。2012 年，全球经济迎来了最为错综复杂的一段时期：美日等国相继改选，地缘政治风险有增无减，全球利率依然走低，各大经济体及机构重新预测未来全球经济走势……各种事件时刻改变着市场对未来经济增长的预期。

然而，在金融危机导致的全球经济不振的大背景下，在出口形势并不乐观的 2012 年，被誉为"小商品之都"的浙江省义乌市，却演绎了"逆市而上"的精彩。据杭州海关的统计显示，2012 年 1—9 月，义乌市实现外贸进出口总值 44.5 亿美元，同比增长 53.6%。2013 年，义乌小商品城的运营模式是否能将"义乌速度"保持下去呢？

1. 逆市增长背后的嬗变

30 年前，浙江义乌正式开放水泥板铺设的露天市场——稠城镇小百货市场；30 年后，义乌一跃成为全球最大的小商品批发市场，演绎了"华夏第一市"的传奇。30 年间，义乌上演着发展奇迹，实现了华丽转身。从闻名中国的小商品市场，到"世界小商品之都"，义乌的成长有目共睹，而它的发展之路也正是中国深化国际贸易改革历程的缩影。

欧债危机和美国经济下滑使全球外贸市场笼罩着一片阴霾，这也给重度依赖外贸的义乌经济带来了压力。而在此背景下，义乌出口仍能保持增长。北京大学中国金融研究中心证券研究所所长吕随启在接受记者采访时表示，正是凭借适销对路的产品和对新兴市场的开拓，义乌才实现了出口的逆市增长。

"义乌销售多种生活必需品，这些商品即使遭遇再严重的经济危机，依然是不可或缺的，国外消费者也不例外。"吕随启告诉记者，"当经济环境不好时，消费者会关注价格更低廉的商品，这一点对义乌出口来说是有利的。"

义乌海关表示，外部需求疲软，使义乌市外贸维持高速增长面临较大的压力，但也暗藏商机。此次金融危机将外需从以高端消费品为主逐渐转移至以低端消费品为主，这对一直以来以出口服装、纺织制品等产品为主的义乌而言是一种利好。

正如业内人士所言，在经济环境不佳的状况下，义乌外贸凭借"船小好调头"的优势，寻找到另一种出路，无论是出口国家的转变，还是出口商品的变化，凭着敏锐的嗅觉，义乌不断寻找着新的商机。

义乌拉链业龙头企业浙江鑫鸿拉链有限公司总经理吴锦明认为，日用商品类"中国制造"越来越被国际市场认可。"我们通过这些年的引进、消化和吸收，技术逐渐成熟，产品质量已经达到相当高的水准，跟欧洲企业相比有性价比优势。"吴锦明说。

2. 节令和政策助力出口

美国人过圣诞节所用的10棵圣诞树中，有6棵产自义乌。2011年，美国市场70%、欧洲市场40%以上的圣诞用品都来自义乌。除了圣诞商品，义乌4 000多个种类170多万种商品每天吸引着来自世界各地的采购商，商品出口国家及辐射地区达215个。义乌的进出口贸易额占全市GDP的65%以上。

"经济不景气，消费者仍有强烈的消费欲望，只是消费者会更倾向于购买低端商品。而义乌外贸出口产品一直以服装、纺织制品等低端劳动密集型产品为主，且属于易耗生活必需品，刚需大，因而义乌出口未受影响。"吕随启告诉记者，"像欧洲杯、奥运会等大型赛事及圣诞节采购则对义乌小商品出口有明显的刺激作用。"

2012年，在义乌前三季度出口数据中，9月份的表现颇为亮眼。"9月份单月的进出口值占前三季度的35%，出口值呈爆发式增长。"义乌海关工作人员介绍。2012年9月份，义乌市外贸进出口总值15.6亿美元，同比增长2.9倍，月度进出口值创年内新高，其中出口15.2亿美元，同比增长3.2倍。

业内人士表示，义乌小商品出口超常增长主要受多重因素影响：一方面，和圣诞用品采购旺季有关，2012年1—9月，经义乌海关出口的圣诞用品总值达1.33亿美元，每年的第三季度是义乌圣诞用品出口高峰期，9月出口值达5 365万美元；另一方面，从第三季度开始，尤其是9月份，各级政府出台的"促外贸稳增长"政策开始发力。义乌多部门合力开展的"市场采购"贸易方式，以及海关推行的分类通关、"义乌—舟山新区直通车"等政策推动义乌出口快速增长。

3. 新兴市场快速崛起

一直以来，欧盟都是义乌第一大出口市场，但由于欧债危机的影响，自2012年以来，这一市场出口增势趋缓。尽管欧盟市场的出口状况不尽如人意，但2012年上半年，对印度、阿联酋等国出口增势明显。第三季度开始，巴西、印度市场异军突起，出口快速增长。据商务部统计，目前，中国已成为巴西的最大进口国。

从中国海关的相关数据可以看出，2012年1—9月，义乌对阿联酋、巴西和印度分别出口2.1亿美元、1.6亿美元和1.5亿美元，同比分别增长了55.7%、58.3%和92.3%；欧盟及美国同比仅增长20.9%和24.4%。

据义乌市场商户和部分外贸企业反映，国际经济形势依然严峻，欧美市场需求疲软，订单大幅下滑，迫使其将目光瞄向巴西、印度、俄罗斯等"金砖"国家。

4. 遭遇"老赖"应反思

受全球经济环境不佳的影响，义乌小商品城的商户们遭遇国外客户欠账、赊账、跑单已经不是什么新鲜事，由于年底是集中结账期，这类事情更加频繁。在义乌国际商贸城做箱包生意的经营户陈女士说，他们几乎每天都能听到有外商欠货款跑路的消息。

对于外商欠货款跑路事件，中国小商品城商会副主任、义乌市双童进出口有限公司董事长楼仲平表示，这或许不是一件坏事，"除了与商户自身有着很大的关系外，还和市场的不规范有关。这需要市场、商户和当地政府反思自身的不足，只有市场规范了，外商才没有空子可钻"。

（资料来源：2013年1月4日　中国贸易新闻网）

1.1.1　国际贸易的产生与发展

1. 国际贸易的概念

国际贸易（International Trade）又称世界贸易（World Trade），泛指世界各国（地区）间所进行的以货币为媒介的货物和服务的交换活动。狭义的国际贸易主要指有形商品（货物）的国际交换活动；广义的国际贸易除指有形商品的交换外，还包含无形商品，如劳务、技术、咨询等的交换。

对外贸易（Foreign Trade）又称国外贸易（External Trade）或进出口贸易，指国际贸易活动中的一国（或地区）同其他国家（或地区）所进行的商品、劳务、技术等的交换活动。这是立足于一个国家（地区）去看待它与其他国家（地区）的商品与劳务的贸易活动。某些海岛国家（如英国、日本等国）的对外贸易则称为海外贸易（Oversea Trade）。

国际贸易与对外贸易的观察视角不同，前者是从国际或世界角度出发的，而后者则是从国家（地区）角度出发的。

由于国际贸易属于跨国交易，因而国际贸易相对于国内贸易而言，其交易环境、交易条件、贸易方法等都相对复杂。国际贸易的中间环节较多、需要办理的手续比国内贸易烦琐，国际贸易风险较大，具有不稳定性和难以预知性，国际市场竞争更激烈。

2. 国际贸易的产生

国际贸易的产生必须具备两个基本条件：一是有剩余的产品可以作为商品进行交换；二是商品交换要在各自为政的社会实体之间进行。因此，从根本上来说，社会生产力的发展和社会分工的扩大是国际贸易产生和发展的基础。

在原始社会初期，人类处于自然分工状态，生产力水平极度低下，人们只能在集体劳动的基础上获得有限的生活资料，并在公社成员之间进行平均分配，维持自身生存的需要。因此这一时期，既没有剩余产品，没有私有制，也没有阶级和国家，当然也就没有国际贸易。

人类历史上第一次社会大分工，推动了社会生产力的发展，开始有了少量剩余产品，于是在氏族公社之间、部落之间出现了剩余产品的交换。这是最早的、原始的、偶然的物物交换。

人类历史上第二次社会大分工，进一步推动了社会生产力的发展。手工业出现后，逐渐产生了直接以交换为目的的商品生产，商品生产和商品交换不断扩大，产生了货币，商品交换逐渐变成了以货币为媒介的商品流通，随着商品货币关系的发展，出现了专门从事贸易的商人。

人类历史上第三次社会大分工，出现了一个只从事商品交换的群体。随着生产力的发展，商品生产和商品交换活动更加频繁、广泛地发展起来，加速了私有制的产生，阶级和国家相继产生。在这个时期，商品交换开始超越国界，对外贸易开始产生。

3．奴隶社会和封建社会的对外贸易

在奴隶社会初期，随着商品交换的发展和国家的形成，商品交换开始超越国界，产生了对外贸易。奴隶社会的生产方式是自然经济占统治地位，商品生产在整个社会生产中所占的比重很小，进入交换领域中的商品极其有限，商品品种不多，对外贸易的范围也受到生产技术和交通运输等条件的限制。

封建社会的经济虽然也是自然经济，但到了封建社会晚期，随着城市手工业的发展，商品经济和对外贸易都相应迅速地发展，商品种类有所增加，贸易范围不断扩大，也促进了各国之间的经济往来及文化技术的交流。在封建社会时期，国际贸易中心已经出现，早期位于地中海东部，后来其范围逐渐扩大到地中海、北海、波罗的海和黑海沿岸。然而，在奴隶社会和封建社会，国际贸易在社会经济中都不占主要地位。

4．资本主义社会国际贸易的广泛发展

国际贸易真正获得巨大的发展，是在资本主义生产形成和发展时期。在资本主义生产方式下，生产力不断提高，商品种类日益增多，国际贸易活动范围遍及全球，促使国际贸易成为资本主义扩大再生产的重要组成部分。

（1）资本主义生产方式准备时期的国际贸易。

资本主义生产方式准备时期（16世纪至18世纪中叶）是资本主义原始积累和工场手工业发展的时期。在这个时期，由于工场手工业的广泛发展，劳动生产率得到了提高，商品生产和商品交换也发展起来，促进了国际贸易的发展。这一时期的国际贸易明显地反映出资本原始积累的一些特征，特别是欧洲国家通过暴力、掠夺、欺骗等方式，扩大了对殖民地的贸易，宗主国从中攫取了巨额利润。

不过，整体来说，由于在这一时期资本主义机器大工业尚未建立，通信、交通工具尚不完善，所以，这一时期国际贸易的范围、商品品种和贸易额等，还是受到了一定限制。

（2）资本主义自由竞争时期的国际贸易。

资本主义自由竞争时期（18世纪后期至19世纪中叶）是资本主义生产方式得到确立的时期。欧洲国家先后爆发的工业革命和资产阶级革命，推动了资本主义机器大工业的建立。生产力迅速发展，物质产品更为丰富，真正的国际分工开始形成，交通运输和通信联络手段也有突飞猛进的发展。真正意义上的世界市场建立起来了，国际贸易有了巨大发展。不仅贸易额空前迅速增长，而且商品种类越来越多，商品结构不断变化，贸易方式也有所进步，各种信贷关系随之发展起来，同时，经营国际贸易的组织机构纷纷建立并日益专业化，国家之间的贸易条约关系也逐渐发展起来。

（3）资本主义垄断时期的国际贸易。

资本主义垄断时期（19世纪末20世纪初）是各主要资本主义国家从自由竞争时期过渡到垄断资本主义时期。在帝国主义时期，国际贸易发生了重大变化，而且明显带有垄断特点。在国际贸易中，垄断组织通过垄断价格，不断扩大不等价交换；把资本输出和商品输出结合起来，加重了对殖民地附属国的掠夺，使国际贸易成了垄断组织追求最大利润的重要手段，资本主义的世界经济体系由此形成。帝国主义国家之间的矛盾日益加剧，重新瓜分世界市场的斗争更趋尖锐化，并引起了世界大战的爆发；第二次世界大战（以下简称"二战"）后，科学技术的革命进一步促进了国际贸易的发展，使国际贸易的地位得到了进一步提高。

5．电子商务迅猛发展时代，高速发展的国际贸易

电子商务的蓬勃发展为外贸企业注入了强大的活力，使国际贸易呈现出蓬勃发展的态势。1950—2000年，全世界的商品出口总值从约610亿美元增加到61 328亿美元，增长了约100倍。即使扣除通货膨胀因素，实际商品出口值也增长了约15倍，远远超过了工业革命后乃至历史上任何一个时期的国际贸易增长速度。

20世纪四五十年代，以微电子技术为基础的计算机技术与光纤通信技术结合，使人类进入一个前所未有的高效时代。20世纪70年代，EDI（Electronic Data Interchange，电子数据交换）技术使得人们开始尝试在不同的计算机之间进行商业数据的自动交换。随后，随着宽带技术的普及与网络安全技术的更新，电子商务逐渐成为近年来在全球广泛应用的一种新型商务模式。依托Internet（互联网）、Intranet（企业内部网）和Extranet（企业外部网），电子商务诞生后，电子单证、网络传输、网络营销、网上谈判逐渐取代传真、信函、电话，以及面对面谈判等传统的费时、费钱的国际贸易交易方式。人们借助先进的电子网络技术，建立电子数据信息系统和电子交易系统，通过互联网企业更好地掌握国际市场行情和交易动态，减少人为因素和信息不畅通问题，最大限度地了解交易信息，降低交易成本。电子商务还降低了商务文件传输成本，提高了文件处理效率。据统计，EDI使文件成本降低44%，文件处理成本降低38%，由于错误信息造成的商贸损失减少40%，市场竞争能力则提高34%。根据联合国贸易和发展会议的统计，全球电子商务交易总额在1994年达到12亿美元，2000年增加到3 000亿美元，2006年已达到12.8万亿美元，2011年全球电子商务交易总额达到 40.6 万亿美元。

 学以致用

2016 年电商报告：我国电商交易额约占全球四成

"剁手族"在网上痛快下单的时候可能没有想到，他们已经推动着中国连续多年成为全球规模最大的网络零售市场。2017 北京国际服务贸易交易会活动之一的 2017 中国（北京）电子商务大会上，商务部电子商务和信息化司发布了《中国电子商务报告（2016）》。

一、超六成网民用手机购物

报告显示，2016 年中国网络购物用户规模、电子商务交易额、电子商务从业人员数量稳步增长。其中，中国网民规模达 7.31 亿，普及率达到 53.2%，网络购物用户规模达到 4.67 亿，占网民比例为 63.8%，较 2015 年年底增长 12.9%。其中，手机网络购物用户规模达到 4.41 亿，占手机网民的 63.4%，年增长率为 29.8%。

二、服装家居家电交易居前

中国电子商务进入了一个平稳增长的发展阶段。2016 年中国电子商务交易额 26.1 万亿元，同比增长 19.8%，交易额约占全球电子商务零售市场的 39.2%，连续多年成为全球规模最大的网络零售市场；电子商务服务业市场规模实现新突破，达到 2.45 万亿元，同比增长 23.7%。在网上零售商品中，交易额居前列的主要实物商品为服装、家居家装、家用电器、手机数码产品、食品酒水、母婴用品等。

三、衍生服务市场达 1.1 万亿元

近年来，电子商务服务业已成为中国新经济发展的亮点，市场规模进一步扩大，市场结构持续优化、分工体系日趋完善。报告显示，2016 年，中国电子商务服务业市场规模实现新突破，营收规模达到 2.45 万亿元，同比增长 23.7%。

其中，电子商务交易平台服务商服务内容不断延伸，营收规模达 4 000 亿元；支撑服务领域中的电子支付服务、物流服务、电子认证等市场规模持续高速增长，达 9 500 亿元；衍生服务领域业务范围不断扩大，新兴业务类型不断涌现，市场规模呈现爆发性增长，达 1.1 万亿元。

（资料来源：2017 年 5 月 30 日　新浪科技）

◆思考与分析：

跨境电子商务与传统外贸模式相比，具有什么优势？

1.1.2　国际贸易的分类

1. 按商品（含各种劳务）的移动方向划分

国际贸易按商品（含各种劳务）的移动方向划分，可分为以下几类。

（1）出口贸易。

将本国生产或加工的商品（包括劳务）输往国外市场进行销售的商品交换活动称为

出口贸易（Export Trade）或输出贸易。在海关统计的出口贸易中，不属于外销的货物则不能作为出口贸易，如运往境外供驻外领事馆使用的物品和旅客个人在合理需求范围内携带出境的自用物品等。

净出口专指一国（地区）某一时期某种同类商品的出口量大于进口量的部分。

（2）进口贸易。

将从国外购买外国商品（包括劳务）输入本国市场的贸易活动称为进口贸易（Import Trade）或输入贸易。同样，不属于内销的货物不能作为进口货物，如外国使馆自用和旅客个人携带自用的物品进境申报时不能按进口贸易来申报。

净进口专指一国（地区）某一时期某种同类商品的进口量大于出口量的部分。

（3）转口贸易。

转口贸易（Entreport Trade）指商品生产国与商品消费国不直接买卖商品，而是通过第三国进行的商品买卖。第三国对此类商品的买进是为了销往商品消费国。第三国参与这笔买卖的商品价值转移活动，但不一定参与其实体运动，即这批货物可以运往第三国口岸（不入境），也可以直接运到商品消费国。转口贸易货物运转方式如图1-1所示。

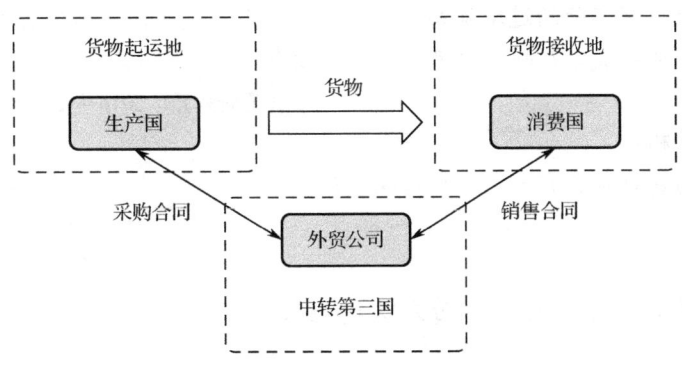

图1-1　转口贸易货物运转方式

（4）过境贸易。

商品生产国与商品消费国之间进行的商品买卖活动，其实物运输必须通过第三国的国境，第三国对此批货物收取一定的费用，这对第三国来说，就构成了该国的过境贸易（Transit Trade）。过境国是商品运输过程的第三国，除了有时对过境商品征收很低的过境税或印花税以外，与商品交易双方并不发生任何贸易关系。

（5）复出口贸易。

复出口贸易（Re-export Trade）又称再出口贸易，是指买进外国商品后，未经加工又输出到国外的贸易活动。

（6）复进口贸易。

复进口贸易（Re-import Trade）又称再进口贸易，是指本国商品出口后，在国外未经加工又重新输入本国国内的贸易活动，如出口退货、未售出的寄售货物退回等。

 学以致用

口岸过境贸易牵手"一带一路"

2016年5月5日,一票价值3.5万美元的家具在青岛海关隶属荣成海关办理过境转关手续。这批货物由韩国仁川起运经山东荣成石岛港进境,将运输至二连浩特口岸并办结海关监管手续,随后通过陆路运输送达目的地蒙古。

山东荣成口岸是中韩班轮物流海云口岸重要枢纽。目前,荣成口岸的过境货物运输路线主要由"韩国仁川港—石岛港—二连浩特口岸—蒙古""韩国平泽港—龙眼港—霍尔果斯口岸—中亚五国"两条路线构成。自2014年4月开展过境贸易业务以来,荣成海关共监管过境货物重量1 678吨,总货值1 246万美元,货物包含汽车配件、家具、服装、药品、家用电器等。

"荣成口岸过境贸易监管流程规范流畅。"威海华鑫国际货运代理有限公司经理袁国志说,有越来越多的客户通过过境贸易融入"一带一路"的建设中来,这其中离不开海关的优质监管服务。荣成海关积极同二连浩特、霍尔果斯等口岸沟通监管协作配合办法,量身定制了贴合口岸实际的过境贸易立体监管通关服务模式,不断完善过境货物的现场监管操作流程,为荣成口岸转关过境货物创造便利。

(资料来源:2016年5月12日 海关总署)

◆思考与分析:
过境贸易与转口贸易有什么区别与联系?

2. 按贸易政策划分

国际贸易按贸易政策划分,可分为以下几类。
(1)自由贸易。
自由贸易(Free Trade)一般是指国家的外贸政策中,不干涉国家间贸易往来,既不对进出口贸易活动设置障碍也不给予优待,而是鼓励和提倡市场交易自由公平竞争。
(2)保护贸易。
保护贸易(Protect Trade)是指国家的外贸政策中,广泛地使用各种措施保护本国的国内市场免受外国企业和商品的竞争,主要是控制各种外国商品的进口;同时,对本国出口商所从事的出口本国商品的活动给予各种优惠甚至补贴,鼓励其出口。
(3)统制贸易。
统制贸易(Control Trade)是指一些国家设置专门机构,利用其政权力量,统一组织和管理一切对外贸易活动的行为。

3. 按国境与关境划分

国际贸易按国境与关境划分,可分为以下几类。
(1)总贸易。
总贸易(General Trade)是指以国境为标准划分进口与出口的统计方法,又称总贸

易体系。总贸易可分为总进口贸易和总出口贸易。凡是进入一国国境的商品一律列入总进口贸易，包括进口后供国内消费的部分和进口后成为转口或过境的部分；凡是离开一国国境的商品一律列入总出口贸易，包括本国产品的出口、外国商品的复出口及转口或过境的部分。总进口额加总出口额构成总贸易额。目前，采用总贸易统计方法的有美国、英国、日本、加拿大、澳大利亚等90多个国家和地区。

（2）专门贸易。

专门贸易（Special Trade）是指以关境为标准划分进口和出口的统计方法，又称专门贸易体系。专门贸易又可分为专门进口贸易和专门出口贸易。外国商品进入关境并向海关缴纳关税，由海关放行后才能称为专门进口；专门出口是指从国内运出关境的本国产品及进口后未经加工又运出关境的复出口商品。专门进口额加专门出口额构成一国的专门贸易总额。目前，采用专门贸易统计方法的有德国、意大利、瑞士、法国等80多个国家和地区。

总贸易体系和专门贸易体系都是贸易各国用来登记进出口货物的统计方法，以此表明一国在国际贸易中的地位和作用。前者主要反映一国在国际商品流通中的地位和所起的作用，或者主要反映一国作为生产者和消费者在国际贸易中的意义。

知识窗

国境与关境

国境与关境是两个不同的概念。国境是指一个主权国家行使主权的领域范围，包括陆地、领水、领空和领海，即疆域边界线；关境是指一个国家行使关税权力的领域范围，即海关管辖的区域。

一般情况下，国境等同于关境。有些特殊情况下，关境可能大于国境，也可能小于国境。①关境大于国境的情况：两个或两个以上国家结成关税同盟后，形成同盟的共同关境。各成员国各自的关境将不再存在，关税同盟的关境即每一个成员国的关境。因此，各成员国的关境大于其国境。例如，由欧洲共同体发展而来的欧洲联盟。②关境小于国境的情况：一个较为普遍的观点认为，保税区、保税仓库、自由港、自由区等区域（以下统称"自由区"）属于关境外地区，因此，设立了这些自由区的国家，其关境就会小于其国境。

4. 按交易对象的性质划分

国际贸易按交易对象的性质划分，可分为以下几类。

（1）有形商品贸易。

有形商品贸易（Tangible Goods Trade）是指在进出口贸易中进行的实物商品的交易，因这些实物商品看得见、摸得着，故又称有形贸易或货物贸易。有形贸易的进口和出口都要办理海关手续，并在海关的进出口统计中反映出来，从而构成一个国家一定时期的对外贸易额。目前，联合国为便于统计，把有形商品分成10类、63章、233组、786个分组和1 924个基本项目，几乎包括了国际贸易所交易的所有商品。

国际贸易标准分类的各类商品名称如下。
0类：食品及活动物。
1类：饮料及烟类。
2类：非食用原料（燃料除外）。
3类：矿物燃料、润滑油及有关原料。
4类：动、植物油脂及蜡。
5类：化学成品及有关产品。
6类：按原料分类的制成品。
7类：机械及运输设备。
8类：杂项制品。
9类：未分类的其他产品。
在上述分类中，0~4类为初级产品，5~8类为工业制成品，9类为其他产品。
（2）无形商品贸易。

无形商品贸易（Intangible Goods Trade）是指一个国家的劳务或其他非实物形式的输入和输出，不仅包括与有形商品进出口贸易直接相关的运输、保险、金融等业务，还包括劳务、技术、信息、旅游、咨询服务、教育等。无形贸易的标的主要包括：和商品进出口有关的一切从属费用收支，如运输费、保险费、商品加工费、装卸费等；和商品进出口无关的其他收支，如国际旅游费用、侨民汇款、工程承包、国外投资汇回的股息和红利等。

5. 按贸易关系划分

国际贸易按贸易关系划分，可分为以下几类。
（1）直接贸易。

商品生产国与商品消费国不通过第三国而直接买卖商品的经营行为，称为直接贸易（Direct Trade）。直接贸易的双方直接谈判、直接签约、直接结算、直接运输货物。此概念也泛指贸易活动买卖双方的直接交易。
（2）间接贸易。

商品生产国与商品消费国通过第三国所进行的商品买卖行为，称为间接贸易（Indirect Trade）。此类贸易或出于政治方面的原因，或由于交易双方的信息不通畅而使出口国与进口国之间不能直接进行洽谈、签约和结算，必须借助于第三国，对于第三国来说，则称为转口贸易。此概念也泛指进行一般贸易活动时买卖双方通过第三者（中间商）而进行的交易行为。

深圳检验检疫局采取多项措施服务香港转口贸易

香港作为全球著名的转口贸易港，是最繁忙的货柜港口之一，转口贸易在其经济发展过程中一直发挥着重要的作用。福田保税区作为内地唯一与香港相临的保税区，一直致力于服务外贸经济发展、维护香港繁荣稳定。

深圳检验检疫局福田保税区办事处不断优化监管流程，提高通关效率。一是基于"单一窗口"建设，推行无纸化报检，共受理 10 227 批次，为企业节约时间近 5 万小时，降低成本 20 余万元；二是针对进口食品，施行"集中检验，分批核销"的检验监管模式，该模式在保证产品质量的前提下减少了抽样量，提高了通关速度，最短可在 1 天内完成所有检验流程；三是推行"合格记录快速验放""1+4 全球溯源核放"，积极推动"斯洛文尼亚国家馆检验检疫"新模式，2017 年 1—5 月经香港转口贸易进口斯洛文尼亚食品 91.43 吨，货值 33.08 万美元，同比分别增长 565.91%、1438.6%。

据悉，2017 年 1—5 月经福田保税区进口的香港转口贸易货物达到 12 737 批次，同比增长 48.9%，贸易金额达 14.86 亿美元。

（资料来源：2017 年 6 月 21 日　腾讯大粤网）

◆思考与分析：

香港在开展转口贸易方面具有怎样的优势？

6. 按参与贸易国家的多少划分

国际贸易按参与贸易国家的多少划分，可分为以下几类。

（1）双边贸易。

双边贸易（Bilateral Trade）由两国参加，双方的贸易以相互出口和相互进口为基础进行，贸易支付在双边交易基础上进行结算，自行进行外汇平衡。

（2）三角贸易。

三角贸易（Triangular Trade）是双边贸易的扩大，亦指在三个国家之间相互出口和相互进口并进行合理搭配，以实现外汇平衡的一种方式。此方式往往因为双方在交易时出现商品不适销对路，或者因进出口不能平衡造成外汇支付的困难，而把交易活动扩大到第三国。这类方式往往是以三国共同签订相互贸易协定来保证其顺利进行的。例如，有 A、B、C 三国，A 对 B 出超 2 000 万美元，B 对 C 出超 2 000 万美元，C 对 A 出超 2 000 万美元。

（3）多边贸易。

多边贸易（Multilateral Trade）是指三个以上国家为了使相互间的贸易在整体上得到平衡，通过协议，相互进行若干项目的商品交换、相互进行多边清算的贸易行为。此类方式有助于若干国家相互贸易时，用对某些国家的出超支付对另一些国家的入超，从而寻求外汇平衡。世界贸易组织是多边经济体系中的三大国际机构之一，也是世界上唯一处理国与国之间贸易规则的国际组织。

7. 按清偿方式的不同划分

国际贸易按清偿方式的不同划分，可分为以下几类。

（1）现汇贸易。

现汇贸易（Spot Exchange Trade）也称自由结汇贸易（Trade by Free Settlement），是指采用可以自由兑换的货币进行结算的贸易，如美元、欧元等。由于现汇在运用上灵活、广泛，可以自由地兑换其他货币，所以，该方式是目前国际贸易活动中运用最普遍的一种。其特点是银行逐笔支付货款，以结清债券、债务，结算方式包括信用证、托收、汇付等。

知识窗

现汇与现钞

银行的外汇存款分为现汇（外汇户）和现钞（外钞户），这两者兑换人民币的汇率存在着一定差别。

现汇是指以外币为计价单位的资金票据和凭证，如境外汇款、旅行支票等，现汇作为账面上的外汇，它的转移出境只需要进行账面上的划拨。

现钞主要指的是可自由兑换的外国货币，简单地说就是外国钞票，如美元、日元、英镑、欧元等。

（2）记账贸易。

记账贸易（Clearing Account Trade）是指由两国政府间签订贸易协定或贸易支付协定，按照记账方法进行结算的贸易。其特点是在一定时期内（多为一年），两国间贸易往来不用现汇逐笔结算，而是到期一次性结清。通过记账贸易获得的外汇称为记账外汇，一般仅用于协定国之间，不能用于同第三国的结算。

（3）易货贸易。

易货贸易（Barter Trade）是指商品交易的双方依据相互间签订的易货协定或易货合同，以货物经过计价作为结算方式，以货换货的一种交易行为。此种方式比较适用于那些外汇不足，或因其他各种原因无法以自由结汇方式进行相互交易的国家。

学以致用

周禹鹏：易货交易可缓解企业资金短缺困境

"国际易货交易 2017 全球高峰论坛"于 2017 年 5 月 31 日在上海举行。原上海市副市长周禹鹏出席并演讲。周禹鹏表示，易货交易并未因历史久远而失去存在的价值。尤其是在全球经济持续不振、中国经济艰难转型的时期，易货交易的特有魅力受到越来越多有识之士和企业家们的青睐。

对于易货交易的好处，周禹鹏归纳称：第一，有利于盘活社会资源存量。随着当代科技的迅猛发展，产业更新换代的速度越来越快，许多生产性资源存量日益增多，如何及时处置这些存量资产，使之能够较快地变现，往往是一些企业家们头疼的大问题。而易货交易为此提供了便捷获得所需生产性资源的变现通道。第二，提供了可靠的市场资源信息。市场在资源配置中起决定性作用，易货贸易为社会各类生产资源按需流动提供了公开透明的市场信息，是资源配置的一种便捷有效的方法。第三，有力缓解企业资金短缺的困境。在经济大环境不十分有利的背景下，尤其是在经济转型的过程中，众多企业都面临资金短缺的压力，可以让有存量生产资料的企业方便地通过以货易货的方式获得自己所需的生产资料，"这对企业实现转型升级是十分有帮助的"。

周禹鹏表示，易货交易在当代国际贸易中同样被广泛使用，通过交易国之间对开信用证的方式进行易货，规定各自的出口商品均按约定价格以信用证方式互换。另外，国家间签订的换货清算协定实际上也是一种扩大的易货方式。"当代国际的易货交易，更是凭借国际互联网技术和平台的优势解决了信息不对称的问题，突破了传统易货的地域和时间限制。实现贸易渠道全球日益畅通，还创造了'易货额度'这种新的交易媒介，发挥其等同于货币的交易功能，以易货币代替现金进入流通领域，打破了点对点简单交易模式，可以实现点对多、多对多的多边贸易"。此外，在周禹鹏看来，易货交易的对象也日益多样化，不仅实物产品可以通过现代易货交换，如旅店客房、机位船位、广告版面服务等，商标专利权等无形资产也可交换，并可在全球范围寻找交换伙伴。

周禹鹏指出，作为区别于现金交易的市场，企业可以在易货市场上易货其现金市场卖不出去的东西，同时又能易入原本需要花现金才能买回的东西，从而解决了现金交易中所解决不了的一些问题。从长远看，易货交易仍将作为现金交易的补充，不会取代货币经济。但是随着现代经济及技术的发展，世界经济将会进入货币经济和易货经济并行的时代。易货经济将与货币经济一起铸造世界经济的繁荣。

（资料来源：2017 年 5 月 31 日 新浪财经）

◆**思考与分析：**
在金融业高度发达的今天，易货贸易拥有怎样的竞争优势，使其备受追捧？

8．按交易方式的性质划分

国际贸易按交易方式的性质划分，可分为以下几类。
（1）商品贸易。
商品贸易（Goods Trade）是指通过以商品买卖为目的的纯商业方式所进行的贸易活动，包括经销（总经销、独家经销、一般经销）、代理（总代理、独家代理、一般代理）、寄售、拍卖、投标、展卖等交易方法。
（2）加工贸易。
加工贸易（Process Trade）是指利用本国的人力、物力或技术优势，从国外输入原材料、半成品、样品或图纸，在本国加工制造或装配成成品后再向国外输出的，以生产加工性质为主的一种贸易方式。加工贸易又可分为来料加工和进料加工。

来料加工与进料加工

来料加工是指由境外客户提供料件（图样或零部件），我国经营企业不需要付汇进口料件，按照境外客户要求进行加工或者装配成半成品或成品后复运给境外客户，由其进行经营销售的活动。加工完成后，我国经营企业可获得加工费，而商品的所有权自始至终并未转移，只属于境外客户。

进料加工是指我国经营企业需要付汇进口料件，制成半成品或成品后，再外销出口的经营活动。进料加工过程中，我国经营企业拥有商品所有权，对经营企业商品的外销自负盈亏。

（3）补偿贸易。

补偿贸易（Compensation Trade）是指参与两国间贸易的双方，一方用对方提供的贷款购进机器、设备或其他技术，或者用对方提供的机器、设备或技术进行生产和加工活动，待一定时期后，该方用该项目下的产品或其他产品或产品销售后的收入去偿还对方的贷款或设备技术款项的一种贸易方式。此种方式对解决买方的资金暂时不足、帮助卖方推销商品均有一定的作用。

补偿贸易的分类

按照偿付标的不同，补偿贸易大体上可分为三类。

（1）直接产品补偿。即双方在协议中约定，由设备供应方向设备进口方承诺购买一定数量或金额的由该设备直接生产出来的产品。这种做法的局限性在于，它要求生产出来的直接产品及其质量必须是对方所需要的，或者在国际市场上是可销的，否则不易为对方所接受。

（2）其他产品补偿。当所交易的设备本身并不生产物质产品，或设备所生产的直接产品非对方所需或在国际市场上不好销时，可由双方根据需要和可能进行协商，用回购其他产品来代替。

（3）劳务补偿。这种做法常见于同来料加工或来件装配相结合的中小型补偿贸易中。具体做法是：双方根据协议，往往由对方代为购进所需的技术、设备，货款由对方垫付。我方按对方要求加工生产后，从应收的工费中分期扣还所欠款项。

上述三种做法还可结合使用，即进行综合补偿。有时，根据实际情况的需要，还可以部分用直接产品或其他产品或劳务补偿、部分用现汇支付等。

（4）租赁贸易。

租赁贸易（Renting Trade）的本质是租，是所有权和使用权之间的一种借贷关系。它是由资产所有者（出租人）按照契约规定的租赁方式将商品出租给国外的用户使用，国外租户不交付商品货款而交付商品租金的一种交易方式，因而又称租赁信贷。国际租赁的方式一般有两种：一种是金融租赁，带有融资的性质；另一种是经营租赁，带有服务的性质。这种贸易方式的特点如下：出租的商品一般都是价格较为昂贵的设备或交通工具等；租赁公司享有该商品的所有权，并可按期收回稳定的资金；租户可避免积压大量的设备资金，并可及时更新，使用更新的技术。

此种方式在国际贸易活动中发展迅速，并逐渐发展至租购结合，即先租，到一定时期后，该商品所有权即转为租户所有，变成了买卖关系。

动动脑

中国广东省A公司与越南B公司于2017年11月26日签订了贸易合同。合同规定，A公司向B公司提供A公司生产的加工摩托车成套设备，生产能力为每年5 000台，并提供该设备两年的零配件、检测仪、设备的安装和技术服务。设备主要部件装船离岸的最后日期不迟于 2018 年 1 月 20 日，剩余部件在 2018 年 4 月 1 日前运到 B 公司。合同总金额为 520 万美元，B 公司分两年以该设备生产的摩托车偿还全部款项。

以上所提到的贸易方式属于什么贸易方式？

1.1.3 国际贸易相关概念

1. 对外贸易值与对外贸易量

对外贸易值（Value of Foreign Trade）是以货币表示的对外贸易总额。一定时期内一国从国外进口的商品的全部价值称为进口贸易总额或进口总额；一定时期内一国向国外出口的商品的全部价值称为出口贸易总额或出口总额。两者相加为进出口贸易总额或进出口总额，一般用本国货币表示，有时也用国际上习惯使用的货币表示。联合国编制和发表的世界各国对外贸易值的统计资料是以美元表示的。例如，据海关统计，2017 年 1—11 月，我国进出口总额 37 031.5 亿美元，同比增长 12%，其中出口总额 20 395.7 亿美元，同比增长 8%；进口总额 16 635.8 亿美元，同比增长 17.3%。图 1-2 所示为海关进出口数据统计（2017 年 1—11 月）。

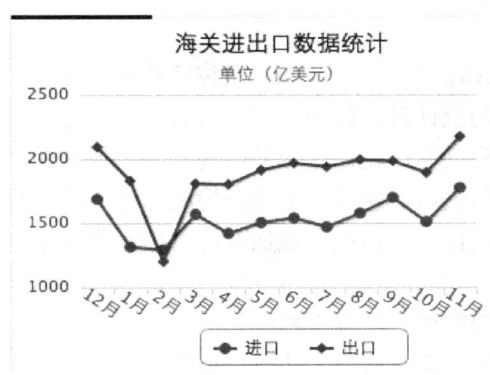

图 1-2　海关进出口数据统计（2017 年 1—11 月）

把世界上所有国家的进口总额或出口总额用同一种货币换算后加在一起，得到世界进口总额或世界出口总额。就国际贸易而言，一国的出口就是另一国的进口，如果把各国所有进出口值相加作为国际贸易总值会造成重复计算。因此，一般的做法是把各国的出口值相加，作为国际贸易总值。由于各国一般按 FOB（Free on Board）价格（起运港船上交货价，只计成本，不包括运费和保险费）计算出口额，按 CIF（Cost, Insurance and Freight，成本、保险费加运费）价格计算进口额，因此世界出口总额略小于世界进口总额。

对外贸易量（Quantum of Foreign Trade）是以一定时期的不变价格为标准来计算的对外贸易值。以货币表示的对外贸易值经常受到价格变动的影响，因而不能准确地反映一国对外贸易的实际规模，更不能将不同时期的对外贸易值进行直接比较。为了反映进出口贸易的实际规模，通常以贸易指数表示，即以固定年份为基期计算的进口或出口价格指数去除当时的进口总额或出口总额,得出按不变价格计算的贸易值,剔除了价格变动因素,该值就是贸易量。以一定时期为基期的贸易量指数同各个时期的贸易量指数相比较,就可以得出较为准确地反映贸易实际规模变动的贸易量指数。对外贸易量的计算公式为:

对外贸易量=对外贸易额÷进出口商品价格指数

其中,进出口商品价格指数根据预先选定的进出口商品的样本进行计算。作为计算价格指数的样本,要求能够代表和反映进口或出口全部商品平均价格水平的变动。样本的基础资料来源于世界市场的价格资料,或是以进出口有关商品的总价值除以总商品量得到的单位商品的价格作为指数样本的基础资料,进口商品采用到岸价格,出口商品采用离岸价格。联合国统计组织采用的方法是:按某一年的固定价格进行折算,取得按固定价格计算加总形成的世界总进口量和总出口量,再与以现行价格计算的总进口量或总出口量对比,其结果即世界年度进口价格指数或出口价格指数。

2. 总贸易体系与专门贸易体系

总贸易体系(General Trade System)又称一般贸易体系,以国境为标准统计进出口货物。凡进入本国国境的货物一律列为总进口,凡离开本国国境的货物一律列为总出口。在总出口中既包括本国产品的出口,又包括未经加工的进口货物的出口。总进口额加总出口额就是一国的总贸易额。美国、日本、英国、加拿大、澳大利亚、中国等国采用这种划分标准。

专门贸易体系(Special Trade System)又称特殊贸易体系,以关境为标准,以货物经过海关办理结关手续为统计进出口的标准。只有从外国进入关境的商品及从保税仓库提出进入关境的商品才列为专门进口。当外国商品进入国境后,暂时存放在保税仓库,未进入关境,不列为专门进口。从国内运出关境的本国产品以及进口后经加工又运出关境的商品,则列为专门出口。专门进口额加专门出口额称为专门贸易额。德国、意大利等国采用这种划分标准。

列入专门进口货物的渠道一般有3种:

(1)为国内消费和使用而直接进入的进口货物;

(2)进入海关保税工厂的进口货物;

(3)为国内消费和使用而从海关保税仓库中提出的货物,以及从自由贸易区进口的货物。

列入专门出口货物的来源一般有3种:

(1)本国生产的产品的出口;

(2)从海关保税工厂出口的货物;

(3)本国化商品出口,即进口后经加工又运出关境的商品的出口。

总贸易和专门贸易说的是不同的问题。前者指一国在国际货物流通中所处的地位和所起的作用,后者指一国作为生产者和消费者在国际货物贸易中具有的意义。

3. 贸易差额

贸易差额(Balance of Trade)是一国在一定时期内(如一年、半年、一季、一月)

出口（货物与服务）总值与进口（货物与服务）总值之间的差额。当出口总值与进口总值相等时，称为"贸易平衡"。当出口总值大于进口总值时，出现贸易盈余，称"贸易顺差"或"出超"。当进口总值大于出口总值时，出现贸易赤字，称"贸易逆差"或"入超"。通常，贸易顺差用正数表示，贸易逆差用负数表示。

为了表明货物贸易和服务贸易各自的进口贸易额与出口贸易额之间的差额，还可再分为货物贸易差额和服务贸易差额。一国的进出口贸易收支是其国际收支中经常性项目的重要组成部分，是影响一个国家国际收支的重要因素。

1950—2012 年，我国有 20 年出现贸易逆差，41 年出现贸易顺差，1 年达到贸易平衡。现将 1950 年以来我国贸易差额的变化分为三个阶段：①贸易差额规模较小阶段（1950—1978 年），这期间有 10 年出现逆差，18 年出现顺差，但无论是顺差还是逆差，规模都很小，变动幅度也很小。②以贸易逆差为主阶段（1978—1994 年），在这 16 年间，有 10 年出现逆差，5 年出现顺差，1 年达到贸易平衡。③持续贸易顺差阶段（1994—2012 年），从 1994 年开始，我国进入持续贸易顺差阶段。2008 年以来我国的国际贸易受到了金融危机的影响，从 2008 年的 11.6%降至 2009 年的 8.9%，2010 年进一步降低至 6.2%，2011 年比 2010 年净减少 263.7 亿美元，降至 4.3%。2012 年贸易顺差 33 500 亿美元，比上一年缩减了 9%。

4．对外贸易与国际贸易结构

广义的对外贸易或国际贸易结构，是指货物贸易和服务贸易在一国总进出口或世界贸易中所占的比重。狭义的对外贸易或国际贸易结构，是指货物贸易或服务贸易在一国总进出口或世界贸易中所占的比重，可分为对外货物贸易结构与对外服务贸易结构。

对外货物贸易结构（Composition of Foreign Goods Trade）是指一定时期内一国或世界进出口货物贸易中以百分比表示的各类货物的构成。

对外服务贸易结构（Composition of Foreign Service Trade）是指一定时期内一国或世界进出口服务贸易中以百分比表示的各类项目的构成。

对外贸易或国际贸易结构可以反映出一国或世界的经济发展水平、产业结构变化、服务业发展水平等。

5．对外贸易地理方向与世界贸易地理方向

对外贸易地理方向（Direction of Foreign Trade）是指一国进口商品原产国和出口商品消费国的分布情况，它表明该国同世界各国家、各地区之间经济贸易的联系程度。

中国海关统计资料显示：

2017 年 1—11 月，中国与前十位进口原产国（地区）的贸易交易量如下：韩国 1 601 亿美元，日本 1 498 亿美元，中国台湾 1 398 亿美元，美国 1 379 亿美元，德国 876 亿美元，澳大利亚 871 亿美元，巴西 529 亿美元，马来西亚 490 亿美元，越南 438 亿美元，泰国 380 亿美元。

2017 年 1—11 月，中国与前十位出口目的国（地区）的贸易交易量如下：美国 3 892 亿美元，中国香港地区 2 452 亿美元，日本 1 244 亿美元，韩国 935 亿美元，德国 640

亿美元，越南 639 亿美元，印度 618 亿美元，荷兰 601 亿美元，英国 518 亿美元，新加坡 408 亿美元。

国际贸易地理方向（Direction of International Trade）是指国际贸易的地区分布和商品流向，也就是各个地区、各个国家在国际贸易中所占的地位。通常用它们的出口总额（或进口总额）占世界出口贸易总额（或进口贸易总额）的比重来表示。

根据世界贸易组织的核算，2016 年世界进出口货物贸易前十名国家（地区）如下：美国 37 059 亿美元，中国 36 855 亿美元，德国 23 945 亿美元，日本 12 518 亿美元，法国 10 742 亿美元，荷兰 10 731 亿美元，中国香港地区 10 640 亿美元，英国 10 451 亿美元，韩国 9 016 亿美元，意大利 8 659 亿美元。图 1-3 所示为 2016 年全球货物进出口总值十五强。

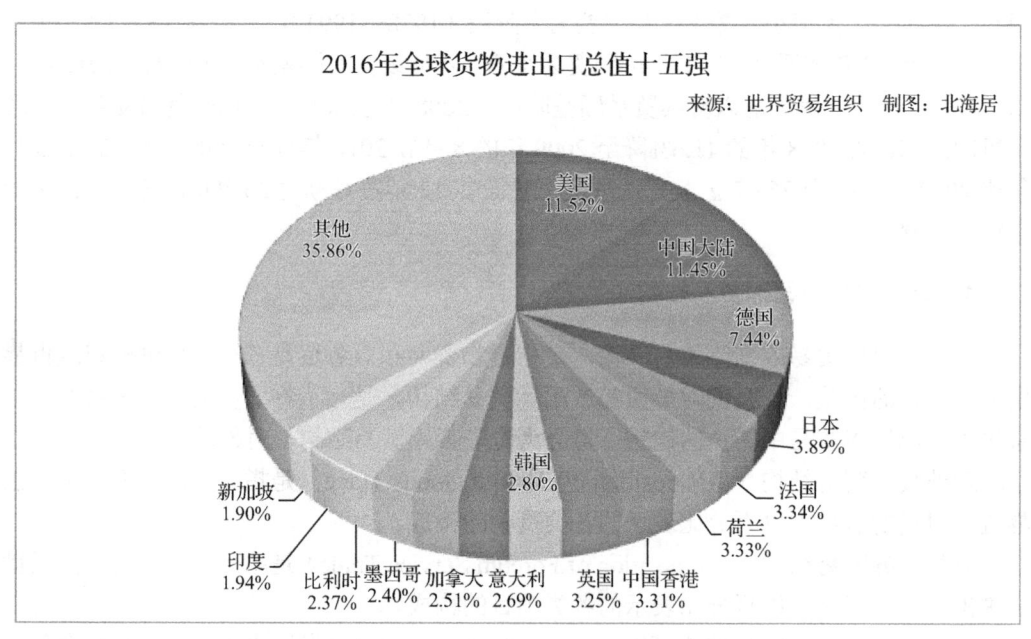

图 1-3　2016 年全球货物进出口总值十五强

6．对外贸易依存度

对外贸易依存度（Degree of Dependence upon Foreign Trade）又称对外贸易系数，是指一国货物与服务进出口额在该国国民生产总值（或国内生产总值）中所占的比重。

一国对国际贸易的依赖程度，可通过对外贸易依存度来体现。比重的变化意味着对外贸易在一国国民经济中所处地位的变化。对外贸易依存度可分为进口依存度和出口依存度。进口依存度反映一国市场的对外开放程度，出口依存度则反映一国经济对外贸的依赖程度。中国外贸依存度已经在减弱，2016 年出口占 GDP 的 20.2%。图 1-4 反映了 2001—2014 年我国对外贸易依存度的变化。

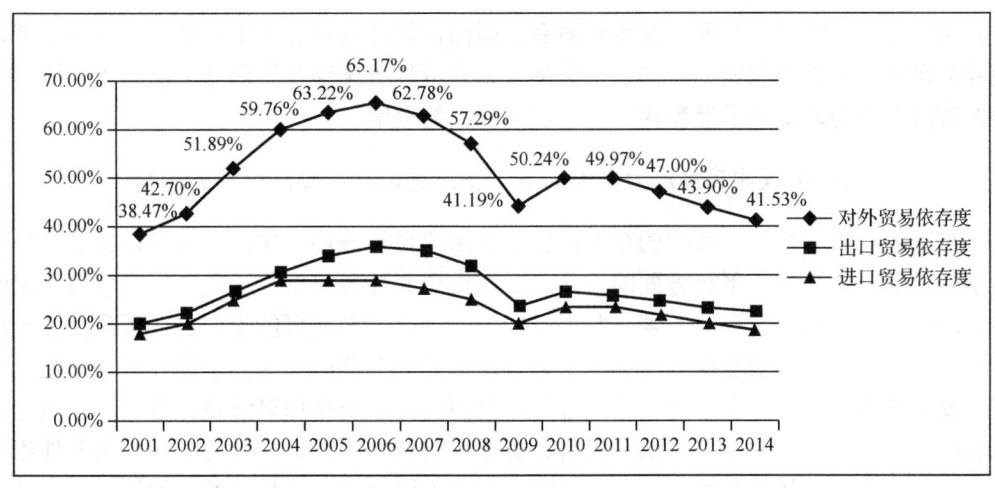

图 1-4　2001—2014 年我国对外贸易依存度的变化

> **学以致用**

商务部：我国对外贸易依存度在合理范围

商务部新闻发言人沈丹阳昨天表示，我国的对外贸易依存度近年来保持在 50% 左右，尚在合理范围。针对外界质疑我国外贸增长过快、外贸依存度过高、存在发展风险的问题，沈丹阳表示，根据国家统计局公布数据测算，去年外贸依存度大概为 45%（去年 GDP 为 56.88 万亿元，外贸进出口总额为 25.8 万亿元）。而前些年中国外贸依存度达到 60%，因此引发了一些担忧。

"外贸依存度不等于经济开放度，也不等于一国经济对外贸的依赖度，更不等于经济风险度。随机找一个经济发展比较成功的国家来研究，可以发现它的外贸依存度一般都很高，如新加坡、韩国，在经济起飞阶段，其外贸依存度高达 100%，甚至更高"，沈丹阳说。

（资料来源：2014 年 2 月 27 日　京华时报）

◆**思考与分析：**

一国对外贸易依存度是越高越好还是越低越好？

1.1.4　国际贸易的作用

国际贸易作为世界各国联结社会生产和社会消费的桥梁和纽带，尤其是在联结国内生产与国外消费和国外生产与国内消费方面处于特殊的桥梁地位。国家间相互贸易对一国经济乃至世界经济的发展都有十分重要的作用。

1. 国际贸易是世界各国参与国际分工、实现社会再生产顺利进行的重要手段

社会再生产包括生产、分配、交换和消费四个环节。国际贸易实际上体现了商品在不同国家之间的生产、分配、交换和消费。因而，国际贸易有效地延续了社会再生产，使社会再生产得以顺利发展。同时，国际贸易是世界各国参与国际分工的结果，国际贸易的数据也有力地反映了世界各国参与国际分工的程度。

2. 国际贸易可以调节生产大部类的不平衡，实现社会商品结构的均衡

在国际经济联系日益紧密的今天，由于各国的自然条件、生产力水平、经济结构、科学技术水平及管理水平等方面的差异，以及历史和社会等多方面的原因，使得国家间的生产条件、劳动耗费有所差别。此外，任何一个国家都不可能生产自己所需要的一切物品，也不可能完全消费掉自己所生产的一切物品，有些商品离开了国外市场，投资回报难度就非常大。这些矛盾只能通过各国相互间的商品交换加以解决。各国可以更充分地利用生产力优势、科学技术水平优势、资金优势及资源优势，发展那些本国条件相对优越的产业部门，从而节约社会劳动时间，促进本国经济的增长。通过积极开展对外贸易，输出那些本国可以生产的、多余的和闲置的物资，购入本国欠缺和急需的、不能生产的物资，通过这样调剂余缺，可以解决社会生产与社会消费需求上的供求矛盾，使本国的资源得到充分利用，达到国际生产大部类平衡及社会商品结构均衡的效果。

3. 国际贸易是一国科学技术迅速提高的有效途径

20世纪下半叶以来，科学技术得到飞速发展。然而，由于现代科学技术涉及的规模越来越大、领域越来越多，研究设计工作也越来越复杂，任何国家要想在科学技术和生产工艺领域处于领先地位，都必须借鉴别国的先进技术，与先进技术水平的国家进行技术交流。

此外，在现代科学技术条件下，各国研究和设计工作的时间和费用不断上涨。为降低成本、提高研究成效，提高整个国家产品的技术含量和整体科学技术水平，缩短同国外先进科学技术的差距，最好的途径就是国际间技术交流和技术贸易。

4. 国际贸易是一国增加财政收入的重要渠道

国际贸易对于提高一国财政收入的作用，主要表现在两个方面：一方面是国际分工和国际商品交换可以使各国节约一定的社会劳动耗费，也可以让各国将引进的技术、设备应用于本国的工、农业生产领域，提高社会劳动生产率，节约原材料耗费，创造更多的产值，从而间接地增加一国的财政收入；另一方面是通过对外贸易，通过各国从事进出口业务的企业上缴国家的各种税收，以及国家征收的关税及进口环节增值税、消费税等直接增加一国的财政收入，尤其是能增加国家经济建设与发展过程中急需的外汇收入。海关总署统计显示，2016年全年海关税收净入库15 388亿元人民币，同比增长2.6%。2016年作为海关主要税源的一般贸易进口5.9万亿元，同比增长3.7%。特别是大宗商品价格走强、进口增加，其中原油、铁矿砂和铜矿砂进口量分别增加13.6%、7.5%和28.2%，提供了稳定的税源保证，使海关税收在进出口贸易下降的情况下实现正增长。

5. 国际贸易是扩大一国劳动力就业的重要手段

劳动力就业问题一直是困扰许多国家的一大难题。许多国家把发展对外贸易当作解决劳动力就业的一个重要渠道。因为，对外贸易可以提供的就业机会相当可观。据有关方面统计，每出口 1 亿元人民币的工业品，1 年就能提供 1.2 万个就业机会。可见，对外贸易对解决劳动力就业来说，作用极为显著。

6. 国际贸易是各国进行政治、外交斗争的重要工具

当今世界，许多国家都把对外贸易纳入本国对外政策之中，使其成为本国进行国际间政治与外交斗争的重要工具，通过对外贸易建立国际或地区间的经济贸易集团，以增强国际政治斗争和国际经济斗争中的抗衡力量；制裁那些违背国际法规、违背联合国宪章、实行民族歧视的国家；改善国家间的政治、外交关系，改善国际经济环境，为本国经济发展创造良好的外部条件。

1.1.5 国际贸易风险

国际贸易中，由于交易各方处于不同的国家、经济体制、政治制度、社会环境，而且国际贸易运输距离相对遥远，因而在贸易过程中产生的风险相对较多。在进行国际贸易的过程中，需要清楚地认识和分析可能遇到的风险，尽量规避方能达成贸易最初的目标。国际贸易主要风险包括以下方面。

（1）信用风险。信用风险产生于单位、个人在国际经济活动中，由于负债方无视商业信用，对到期的债务不予落实的支付结算过程中。

> **学以致用**

科法斯更新商务环境评级 七个新兴国家评级上升

全球最大的信用保险公司法国科法斯（COFACE）发布的最新商务环境评级显示，尽管与 2010 年相比，新兴国家的经济增速有所放缓，但科法斯仍对其保持稳定增长持有信心，此次科法斯对位于中欧、拉美及非洲的七个新兴国家的商务环境评级进行提升，而希腊和塞浦路斯的商业环境遭到降级。

科法斯曾预期新兴国家的经济增长可在 2011 年达到 5.7%，与同期发达国家 1.8% 的预期增长形成鲜明对比。新兴国家如此强劲的增长与其商业环境的改善息息相关。此次，科法斯调高三个中欧国家的商务环境评级：波兰（从 A3 升至 A2）、立陶宛（从 A3 升至 A2）和马其顿（从 C 升至 B）。

相比之下，希腊和塞浦路斯的商务环境评级降为 A3，这使它们位列欧洲商务环境评级最差国家之中，只有罗马尼亚（A4）和保加利亚（A4）的评级比其更差。科法斯表示，获取这些国家的财务信息是非常困难的，并认为这些国家企业的付款状况日趋恶化，应收账款回收愈加困难。塞浦路斯降级的另一个原因在于其不透明的银行体系。

科法斯首席经济学家 YvesZlotowski 表示："此次，七个新兴国家的评级上升，也进一步佐证了我们一直以来所持的观点，即新兴国家贸易风险正在不断改善，不仅由于这些国家经济更富活力，也与这些国家的结构性改善，也就是国家治理的改善密不可分。"

（2）商业风险。商业风险指由于国际贸易交易方中的一方，或与之关联的某一方的原因导致的风险，如质量投诉、商业机密泄露等。

（3）运输风险。由于国际贸易运输距离相对遥远，在运输过程中产生的风险也相对较大，如自然灾害等。

（4）价格风险。国际贸易中的价格风险是指因国际市场价格变动而引发的风险。

（5）汇率风险。国际贸易中使用较多的成交方式为现汇交易，容易因汇率变动而蒙受损失，尤其是交易双方使用一些汇率不太稳定的货币进行交易时，汇率风险更加突出。

（6）政治风险。政治风险是指由于国际贸易中涉及的买卖双方的国内政治环境或与其他国家之间政治关系发生改变而给国际贸易企业或投资者带来经济损失的可能性，如政局的动荡、政权的变更、政府法令的颁布实施等。

知识窗

2017年上半年最新全球贸易风险地图出炉

2017年1—7月，浙江信保短期出口信用保险项下接到报损案件超过1 200宗，案件数量较去年同期有所下降，但报损金额及出险率依然处于较高水平。

从各大洲风险分布情况来看，今年1—7月，欧洲报损总额及案件数量均居于全球首位，占比均在30%左右。其中，意大利、俄罗斯、德国、土耳其、英国、波兰、法国、保加利亚及西班牙等国的报损案件数量及金额均位列前十。从报损金额同比增幅来看，德国、英国、意大利、爱尔兰、保加利亚、法国等国较去年同期呈正增长，其中，德国、英国主要受个别大额案件影响，导致国别整体报损高企。从出险率来看，出口较多的欧洲国别中，俄罗斯、土耳其、乌克兰、波兰、希腊、保加利亚及白俄罗斯等国风险水平显著高于全球平均水平。

亚洲报损案件数量与欧洲持平，报损金额仅次于欧洲。其中，印度、孟加拉国、阿联酋、越南、韩国及沙特阿拉伯等国的报损案件数量及金额均位列前十。从报损金额同比增幅来看，沙特阿拉伯、马来西亚、乌兹别克斯坦、泰国及越南等国较去年同期呈现不同程度的增长。从出险率来看，出口较多的亚洲国别中，泰国、孟加拉国、沙特阿拉伯、马来西亚及以色列等国风险水平显著高于全球平均水平。

非洲整体出险率居于全球各洲首位。其中，埃及、加纳、阿尔及利亚、肯尼亚、摩洛哥、尼日利亚、南非、乌干达及坦桑尼亚等国的报损案件数量及金额均位列前十。从报损金额同比增幅来看，埃及、加纳、阿尔及利亚、肯尼亚、摩洛哥等国较去年同期均呈现大幅增长。从出险率来看，出口较多的非洲国家中，埃及、阿尔及利亚、摩洛哥、尼日利亚、加纳、肯尼亚、突尼斯及坦桑尼亚等国风险水平显著高于全球平均水平。

拉丁美洲整体出险率仅次于非洲。其中，巴西、墨西哥、哥伦比亚、秘鲁、智利、玻利维亚、阿根廷及巴拿马等国的报损案件数量及金额均位列前十。从报损金额同比增幅来看,哥伦比亚、秘鲁、智利等国较去年同期均呈现大幅增长。从出险率来看,出口较多的拉丁美洲国家中,巴西、智利、哥伦比亚、秘鲁及巴拉圭等国风险水平显著高于全球平均水平。

北美洲报损总额及案件数量均居于全球第三位,报损案件数量及金额均主要集中在美国和加拿大,从案件数量来看,两国与去年同期相比均呈正增长,但在报损金额上均表现为一定幅度的同比下降。此外,北美洲地区风险水平总体上低于全球平均水平。

大洋洲地区报损主要集中在澳大利亚,其次为新西兰。其中,新西兰出险率高于全球平均水平,报损较去年同期显著增加。

(资料来源:腾道外贸大数据)

学以致用

多角度探析俄罗斯入世后我国纺织品服装外贸机会

1. 俄罗斯加入世界贸易组织后服装产品进口关税调整细则

(1) 大衣、风衣、夹克和类似产品的进口关税为 10%,但是从量税由此前每千克 5 欧元降为每千克 3 欧元;

(2) 毛料西服、裤子、裙装的进口关税为 10%,但是从量税由此前每千克 4 欧元降为每千克 2.5 欧元;

(3) 女式衬衣和男式衬衣进口关税为 10%,但是从量税由此前每千克 3 欧元降为每千克 2 欧元;

(4) 儿童服装进口关税为 10%,但是从量税由此前每千克 2 欧元降为每千克 1.5 欧元。

2. 贸易商声音:市场前景仍受制于贸易环境

2012 年 8 月 22 日,最令人关注的财经热点莫过于俄罗斯"入世"。历经 19 年的漫漫长路,俄罗斯终于正式成为世界贸易组织第 156 个成员国。这也标志着俄罗斯彻底打开了对外贸易的大门。各国的业内人士、专家、学者对俄罗斯入世后的贸易机会寄予了不小的期望。在对俄纺织服装贸易最为集中的雅宝路商圈,关税下调的幅度、"灰色清关"是否可以清除、贸易环境的变化成为商家关注的重点。而在采访中记者发现,无论是对俄出口的大型服装企业还是零散销售的个体贸易商,对于俄罗斯"入世"之后的商机,他们都流露出了一种"想说爱你不容易"的难言情愫。

3. 贸易环境短期内难以改善

作为在雅宝路最有影响力的自主品牌之一 Basic,一直走在艺术和时尚的前沿。该品牌的创立人李建国对俄罗斯服装市场的变化有着敏锐的嗅觉。

"对于俄罗斯'入世',大家众说纷纭。我认为对我们做出口的纺织服装企业来说,影响并不大。'入世'后,贸易环境会有所改善,但是俄罗斯的贸易体制和法制环境不可能在短期内实现正规化和透明化。要达到这一目标,起码要 10 年以上。"

Basic 目前在俄罗斯开设了多家专卖店,李建国认为,俄罗斯"入世"只是贸易大环境会有所变化。对于企业自身而言,尤其是经营时尚感较强的服装产品的企业来说,了解俄罗斯人的消费习惯和生活习惯、了解他们的产品需求才是最为重要的。"公司设计部门吸纳了大量尖端人才，为的就是设计出满足当地市场需求的产品。"谈到通关模式会否改变，李建国坦言，在中俄贸易中，俄罗斯还是有很多人靠"灰色清关"生存的，虽然"入世"后整个贸易环境和服务都有所改变，但通关模式的改变关键在于俄罗斯的体制和法制问题的改善。能否真正通过"白关"出口，还要看俄罗斯政府对"灰色清关"的打击力度。

对于"灰色清关"，在雅宝路从事对外贸易的商户都不陌生。一位专做对俄服装贸易的严先生，从来没有去过俄罗斯，但是对"灰色清关"有着深刻的感受。在最初接触俄罗斯客商时，严先生经常会在如何解决清关的问题上与对方发生分歧。严谨的他本想走正常清关的程序进行交易，但是在咨询了身边的朋友后，大家都建议他采用"灰色清关"，不但关税便宜，运货也及时。"走正规海关的话，仅关税就要将近20万美元。而且，按照俄罗斯当地的情况，从工厂出货到发往目的地市场，搞不好要三四个月的时间。而羽绒服是季节性很强的商品，时间耽误在路上，一过季节，货就全砸手里了。"严先生说，为了做成这笔买卖，他只能同意俄方买家"灰色清关"的要求。

4. 汇率波动成出口"新伤"

对于俄罗斯"入世"，另一个引起企业关注的问题就是卢布汇率的波动。严先生给记者算了一笔账："俄罗斯货币卢布目前处于贬值状态，2008年1美元能兑换25卢布，现在可以换32.25卢布，但是近期，人民币对美元汇率又升值了。所以，卢布对人民币汇率出现大幅贬值，以至于商户的利润空间也相应减少了，因此直接影响了中国商户对俄罗斯的出口。而且，随之而来的，俄罗斯货币贬值直接导致当地"灰色清关"买家的付款信用出现缺失。"由于俄罗斯货币汇率不稳，今天算好的价格，等货物出口到俄方后，会因汇率波动出现出口越多亏损越多的现象。"严先生说。

"入世"后，受汇率的影响，导致目前的出口利润值降低，严先生无奈地表示："世界金融危机导致全球经济萧条，外国人赚的钱少了，拿出来消费的钱就少了，商家赚到的利润也相应减少了。以俄罗斯为例，俄罗斯人的消费减少也直接影响了利润的空间。俄罗斯人是先贷后住，再慢慢还。赚多少消费多少，很少存钱，属于先期消费人群。其潇洒程度固然要比中国人高，但是受经济危机的影响，他们的消费能力有所下降，直接影响商户们的赢利。所以，如果没有经济危机，"入世"后给中国带来的优势和利好会更明显。"

俄罗斯"入世"对于中国商人来说，彻底打通了一扇对俄贸易的大门，俄方政府对贸易环境和关税服务都会有相应的调整，但是国外地方保护主义的影响一直深远，不管是大的自主品牌 Basic，还是雅宝路的普通商户都有着各自不同的难言之隐。关于"灰色清关"，关于汇率，关于整个贸易体制和贸易环境，也许改变真的需要一个长期的过程。

（资料来源：2012年9月5日　中国纺织报）

◆思考与分析：
根据以上资料，试分析我国纺织品出口俄罗斯有哪些风险。

任务小结

本任务介绍了国际贸易的基本概念、产生和发展，主要分类及国际贸易的地位、作用、风险等。本任务阐述的重点如下：

➢ 国际贸易与国内贸易有共同点，但在许多方面不同，应该努力排除外贸活动的障碍，更好地发展一国的对外贸易。

➢ 在国际贸易分类中，许多内容也是我们认识国际贸易活动的重要概念，应该理解并掌握其内涵。

➢ 发展一国对外贸易，必须很好地规避一些可预见的风险，因而应掌握常见的国际贸易风险有哪些。

思考练习

一、单项选择题

1. 有形贸易又称（　　）。
   A．服务贸易　　　　　　　　B．货物贸易
   C．无形贸易　　　　　　　　D．过境贸易
2. （　　）等国家采用总贸易作为进出口统计的标准。
   A．美国　　　　　　　　　　B．德国
   C．法国　　　　　　　　　　D．日本
3. 《联合国国际贸易标准分类》将国际货物分为（　　）大类。
   A．五　　　　　　　　　　　B．六
   C．八　　　　　　　　　　　D．十
4. 在国际贸易统计中，把0～4类商品称为（　　）。
   A．初级产品　　　　　　　　B．工业制成品
   C．高科技产品　　　　　　　D．无形产品
5. 一个国家（地区）在一定时期内的出口总额和进口总额之和占国民生产总值的比重，称为（　　）。
   A．对外贸易依存度　　　　　B．对外开放程度
   C．外向型指数　　　　　　　D．显示比较优势
6. 当出口总额超过进口总额时，称为（　　）。
   A．贸易顺差　　　　　　　　B．贸易逆差
   C．贸易平衡　　　　　　　　D．贸易差额
7. 当进口总额超过出口总额时，称为（　　）。
   A．贸易顺差　　　　　　　　B．贸易逆差
   C．贸易平衡　　　　　　　　D．贸易差额

8. 海岛国家，如日本，通常把对外贸易称为（　　）。
   A．转口贸易　　　　　　　　B．海外贸易
   C．过境贸易　　　　　　　　D．出口贸易
9. 狭义的国际贸易是指世界各国（地区）之间的（　　）。
   A．货物和服务的交易　　　　B．货物的交易
   C．农产品的交易　　　　　　D．纺织品的交易
10. 商品生产国和商品消费国借助第三国进行的贸易，对第三国来讲，就是（　　）。
    A．转口贸易　　　　　　　　B．直接贸易
    C．间接贸易　　　　　　　　D．第三国贸易

二、多项选择题

1. 对外贸易按商品形式与内容的不同，分为（　　）。
   A．货物贸易　　　　　　　　B．过境贸易
   C．服务贸易　　　　　　　　D．国际贸易
2. 国际贸易的产生必须同时具备的两个条件是（　　）。
   A．生产力发展到一定水平、剩余产品的出现
   B．社会分工的扩大和国家的产生
   C．科技的进步
   D．工业革命
3. 服务贸易分为（　　）。
   A．货物贸易　　　　　　　　B．通信服务
   C．建筑服务　　　　　　　　D．教育服务
4. 广义的国际贸易包括（　　）。
   A．货物贸易　　　　　　　　B．服务贸易
   C．海外贸易　　　　　　　　D．过境贸易
5. 国际贸易按货物移动的方向可分为（　　）。
   A．服务贸易　　　　　　　　B．进口贸易
   C．出口贸易　　　　　　　　D．过境贸易
6. 国际贸易的风险包括（　　）。
   A．商业风险　　　　　　　　B．运输风险
   C．价格风险　　　　　　　　D．政治风险

三、简答题

1. 何谓国际贸易、对外贸易和海外贸易？
2. 试述对外贸易与国内贸易的异同。
3. 何谓国际贸易顺差、贸易逆差？

素质拓展

净出口贡献率只有统计意义，没有经济意义吗

国家统计局数据显示，2012年我国国内生产总值（GDP）为51.93万亿元，比2011年增加4.78万亿元。其中，消费对GDP增长的贡献率为51.8%，投资贡献率为50.4%，净出口贡献率为-2.2%。

一些人认为，净出口贡献率为负意味着外贸对经济增长的贡献是负的，外贸拖了经济增长的后腿。这种看法对吗？

根据经济学理论，一国国内GDP可分解为总投资、总消费和净出口（包括货物出口及服务出口）三部分。净出口是指出口总额与进口总额之差，净出口对经济增长的贡献率是指净出口增量与GDP增量之比，即

$$净出口对GDP增长的贡献率=净出口增量 \div GDP增量 \times 100\%$$

北京大学国家发展研究院副教授余淼杰认为，净出口贡献率为负，只是说明当年的净出口增量（贸易顺差）少于上年。这与经济增长的相关性十分微弱。

据国家统计局数据，2008—2012年，我国净出口对经济增长的贡献率最高为9%，最低为-44.8%，而GDP增速均超过7%。净出口贡献率的大幅波动并未造成我国经济增速的大幅波动。

1. 净出口贡献率的波动，只与我国对外贸易的走势密切相关

2008年，我国出口居历史高位，进口增速相对较慢，净出口对经济增长的贡献率达9%。2009年，国际金融危机蔓延，外需疲软，当年贸易顺差大大小于2008年，净出口贡献率降为-44.8%。2010年，全球经济开始好转，我国出口回暖。由于2009年净出口处于历史低位，当年净出口贡献率达到7.9%。2011年虽然出口形势总体平稳，但因进口回升很快，当年净出口贡献率为-5.8%。2012年净出口贡献率为-2.2%。

"净出口对经济增长的贡献率这一概念只有统计意义，没有经济意义。净出口对GDP的贡献率为负并不表明对外贸易拖了经济增长的后腿。"商务部有关负责人表示。

这位负责人认为，发展开放型经济是推动我国经济发展和产业升级的引擎，我国对外贸易已经发展到出口和进口并重的新阶段。今后，随着进出口更加平衡，外贸顺差将进一步减小，净出口贡献率降低或为负将在未来几年成为常态。

2. 外贸仍发挥着不可替代的重要作用

商务部国际贸易经济合作研究院院长霍建国认为，净出口贡献率反映了消费、投资、净出口之间的数字变化关系，并不是指某类经济增长含义上的实际贡献。实际上，消费、投资与出口、进口有密切的联系，出口固然直接增加国外对本国货物和服务的需求，进口也往往不是替代国内生产，而是提供国内生产不了的商品和服务，与国内生产形成互补，促进国内产业发展。

事实上，用净出口贡献率来衡量，会低估外贸对经济增长的贡献度：如果进口、出口贸易量很大，而实际顺差不大，大量的贸易活动带来的就业、服务等附加值，虽然对

经济增长发挥了很大作用，但无法通过净出口贡献率这个指标来体现。

国务院发展研究中心对外经济部部长隆国强表示，各国通过对外贸易参与国际分工，能够发挥自身比较优势，提高资源配置效率，增加就业和居民收入，并促进产业结构升级。

从发达国家看，2000—2011年，美国净出口对经济增长的贡献率平均为-11%。外贸拖累了美国经济吗？当然不是。恰恰相反，美国利用国际贸易，从中国等发展中国家大量进口劳动密集型产品和资源产品，每年为美国消费者降低了上千亿美元的消费成本，降低了本国的通货膨胀率，并推动国内其他产业发展。20世纪中后期，亚洲"四小龙"的成功崛起，也印证了发展外贸的巨大作用。

我国人口多、资源少、就业压力大、科技相对落后。发展对外贸易、参与国际产业分工，对我国经济发展起着不可替代的作用：一方面，出口使我国充分利用劳动力较为丰富的优势，参与国际竞争，促进经济增长；另一方面，进口缓解了我国面临的资源、技术约束，引进的国外先进技术设备和资源、能源，满足了国内生产需要。

据测算，我国石油、铁矿石、铜的年进口量均已占国内年消费总量的50%以上，每年大宗农产品进口相当于节约了5亿亩（1亩≈666.7平方米）耕地。由此可见，即便外贸顺差减少甚至出现逆差，考虑到进口对经济发展的促进作用，外贸对经济增长也是有利的。

商务部数据显示，目前，我国外贸领域吸纳就业超过8 000万人，其中60%以上来自农村。出口增速每提高1个百分点，可增加转移劳动力20万人。专门以出口为导向的加工贸易也能带动国内配套产业发展，推动国内技术进步和产业升级。

3. 努力调整对外贸易结构

当然，中国制造产业仍在国际产业分工体系中处于低端位置，比较优势主要集中在劳动密集型产品和高新技术产品的劳动密集型环节。大而不强，是我国外贸结构中最突出的问题。

有外媒报道称，根据美国商务部数据，2012年美国货物贸易总额为38 628.59亿美元，而中国2012年的贸易总额为38 667.6亿美元，首次超过美国。中国已经成为全球第一大货物贸易国。

对此，商务部新闻发言人沈丹阳表示："这是由于中美两国统计口径不一致造成的。"按照世贸组织的统计口径，我国比美国进出口总额仍少156.4亿美元。我国仍居全球出口第一和进口第二贸易国地位。

沈丹阳说，全球第一大贸易国不是我们的追求目标，提高对外贸易质量和水平才是未来发展的着力点。

时下，为适应国内、国际市场变化，各地正按照中央决策部署，加快转变发展方式，调整外贸结构，努力提升"中国制造"在全球产业链中的位置。

可以预见，随着外贸"转方式、调结构"战略的深入实施，消费、投资、出口"三驾马车"将跑得更稳健、更协调。

（资料来源：2013年3月18日　人民日报）

◆思考与分析：

1. 一些人认为，净出口贡献率为负，意味着外贸对经济增长的贡献是负的，外贸拖了经济增长的后腿。这种看法对吗？

2. 据美国商务部数据统计，2012年，中国的对外贸易总额首次超过美国，达到38 667.6亿美元，成为世界第一大贸易国，这个统计结果准确吗？为什么？

任务 1.2　对外贸易政策及其理论基础

学习目标

知识目标：
- ▲了解对外贸易政策的含义和目的；
- ▲掌握各种对外贸易理论的主张；
- ▲熟悉各种理论产生的背景、内涵和评价。

能力目标：
- ▲弄懂对外贸易的政策及基本理论；
- ▲能够结合理论的学习去分析、认识当代国际贸易发展过程中的各种经济现象；
- ▲能够对国际贸易政策的类型进行分析判断。

知识重点：
- ▲对外贸易政策的类型；
- ▲绝对优势理论；
- ▲比较优势理论；
- ▲生产要素禀赋理论。

情境引入

案例 1：大危机与贸易保护

1929 年 10 月 12 日，华尔街上的一条爆炸性新闻震撼了美国、震撼了欧洲、震撼了全世界。从华尔街股票暴跌开始，美国跌进了深渊，欧洲跌进了深渊，几乎全世界都跌进了灾难的深渊——这就是历史上最大的经济危机。在经济危机的冲击下，西方国家之间的经济斗争、经济冲突空前加剧，展开了空前激烈的经济大战。救命稻草人人想抓，可是救命的稻草毕竟有限，抓不到就抢，你争我夺；你有你的"法宝"，我有我的"护身符"，各不相让，于是混战一团。

关税历来是西方国家保护本国市场、打击外来竞争对手的惯用手段，各国无不视之为护宝法衣。危机爆发前，随着各国工业、农业生产的恢复和发展，关税斗争已经相当激烈。在 1925 年到 1929 年间，德国关税提高了 29%，法国提高了 38%，比利时提高了 50%。经济危机爆发后，关税战更是激化到了无以复加的程度。美国第一个投下新关税战的炸弹。1930 年 5 月 19 日，美国国会通过了《霍利——斯穆特关税法》。根据这项法令，约有 75 种农产品和 925 种工业品提高了关税率，其中农产品关税的平均水平从 20% 提高到 34%，全部关税的总平均水平从 33% 提高到 40%，美国率先筑起了高关税的厚垒，其税率创历史最高纪录。美国的这一"杀手锏"着实厉害,直杀得各国叫苦不迭。该法令对英国、法国、日本的丝、棉、毛织品,德国的化学制品,瑞士的钟表,比利时的水泥、玻璃,加拿大的木材等传统出口商品打击沉重。因此,美国的这一行动使得各国怨声载道,气恼不已,马上招致了33个国家的严重抗议。有7个国家立即对美国采取了报复性的措施。加拿大决定大幅提高对美国商品的征税率,法国对进口的美国小汽车增税60%。英国于1931年制定紧急关税法,对棉纱和棉织品征收50%的重税。1932年,德国推行新税法,对许多进口商品征收100%的重关税,日本和欧洲其他各国也纷纷效仿,高筑关税壁垒。于是乎,你一招,我一式,各不相让。关税大战愈演愈烈,直杀得难解难分。

(资料来源:《"狼来了"——中国闯关前前后后》,谢建华、倪健中主编)

案例2:欧洲多国首脑重申支持自由贸易和《巴黎协定》

新华社柏林6月29日电,欧洲多国首脑29日在柏林会晤,并在随后的新闻发布会上重申支持自由贸易和《巴黎协定》。

当天,德国总理默克尔与法国总统马克龙、英国首相特雷莎·梅、西班牙首相拉霍伊、意大利总理真蒂洛尼、荷兰首相吕特、挪威首相索尔贝格及欧盟委员会主席容克、欧洲理事会主席图斯克在柏林总理府举行会晤,为即将举行的二十国集团汉堡峰会协调立场。

默克尔在会后新闻发布会上说,在推动《巴黎协定》方面,欧洲国家立场统一,"比以往任何时候都坚决"。同时,这些欧洲领导人还明确表示,将在汉堡峰会上支持自由贸易和国际合作。

对欧洲与美国在自由贸易和气候变化议题上的分歧,默克尔说,欧美"分歧明显",汉堡峰会的谈判"注定很艰难"。

(资料来源:2017年6月30日 新浪财经网)

国际贸易政策是各国家和各地区之间进行货物和服务交换时所采取的政策总和。而对外贸易政策则是站在单个国家的角度,研究一国在一定时期内对进口贸易和出口贸易所制定和实行的政策。一国的对外贸易政策随着国内外经济基础和政治关系的变化而变化。本任务将系统阐述国际贸易政策及其理论基础。

知识窗

《巴黎协定》是2015年12月12日在巴黎气候变化大会上通过、2016年4月22日在纽约签署的气候变化协定。《巴黎协定》为2020年后全球应对气候变化行动做出安排。

《巴黎协定》还规定,从2023年开始,每5年将对全球行动总体进展进行一次盘点。如中美两个大国都做出了自己的减排承诺。中国提出二氧化碳排放2030年左右达到峰值,并争取尽早到达峰值;单位国内生产总值二氧化碳排放比2005年下降60%~65%等自主行动目标。美国承诺到2025年,在2005年的基础上减排温室气体26%~28%。

1.2.1 对外贸易政策的类型及演变

1. 对外贸易政策的概念和构成

（1）对外贸易政策的概念。

对外贸易政策（Foreign Trade Policy）是一国政府在一定时期内为实现一定的政策目标对本国商品贸易、技术贸易和服务贸易制定并实施的政策。各国制定对外贸易政策的目的在于：第一，保护本国市场；第二，扩大本国产品的出口市场；第三，促进本国产业结构的改善；第四，积累资本或资金；第五，维护本国对外政治关系。

（2）对外贸易政策的构成。

对外贸易政策一般包括三方面的内容。

① 对外贸易总政策。

对外贸易总政策是一国对外经济关系的基本政策，包括进口总政策和出口总政策。它是从整个国家经济的角度出发，结合本国在世界经济格局中所处的地位而制定的，在一段较长的时期内实行的政策。

② 进出口商品政策。

进出口商品政策是根据对外贸易总政策和经济结构、国内市场状况而制定的政策，对不同商品实行不同的政策待遇，以鼓励或限制某些商品的进出口，使其和经济政策的总体目标相一致。

③ 对外贸易国别政策。

对外贸易国别政策是根据对外贸易总政策，依据对外政治和经济关系的需要而制定的对不同国家或地区实行区别对待的政策。对不同国家或地区规定差别关税税率和差别优惠待遇是各国国别对外贸易政策的基本做法。

事实上，对外贸易政策三个方面的内容是相互交织、相互联系的，进出口商品政策和对外贸易国别政策都离不开对外贸易总政策的指导，而对外贸易总政策也只有通过具体的进出口商品政策和对外贸易国别政策才能体现出来。

2. 对外贸易政策的类型

从国际贸易产生和发展的历程来看，对外贸易政策主要有两种基本类型，即自由贸易政策和保护贸易政策。

（1）自由贸易政策。

自由贸易政策是指国家对贸易行为不加任何干预，即既不鼓励出口，也不限制进口，使商品自由进出口，在国际市场上自由竞争。

自由贸易政策产生于 18 世纪初。国际贸易几百年的历史表明，完全意义上的自由贸易政策是不存在的，当今的自由贸易政策表现为国家取消对进出口贸易的限制和障碍，取消对本国进出口商品的各种特权和优惠的自由化过程。

（2）保护贸易政策。

保护贸易政策是指政府广泛利用各种限制进口的措施保护本国市场免受外国商品的竞争，并对本国出口商品给予优待和补贴以鼓励商品出口。

保护贸易政策是一系列干预贸易行为的各种政策措施的组合。自由竞争资本主义时期，贸易政策的基调是自由贸易，但是，由于各国经济发展水平的不同，一些经济起步较晚的国家，如德国和美国，主张保护国内市场，发展民族资本，促进国内生产力的形成，以保护和发展生产力为目标。

动动脑

2017年1月23日，美国总统特朗普签署了上任后的第一份行政命令，正式宣布美国退出跨太平洋战略经济伙伴协定（TPP）。在签署命令时，特朗普表示，退出TPP对于美国劳动者来说是一件大好事。此前，他就曾多次指出，TPP是"国家潜在的灾难"，会给美国制造业带来冲击，上任之后他会立即退出，特朗普还表示不再签署大型区域贸易协定，而是注重一对一的双边贸易协议谈判。

思考：美国退出TPP的目的何在？

学以致用

案例资料

中国（上海）自由贸易试验区，是中国政府设立在上海的区域性自由贸易园区，属于中国自由贸易区范畴。该试验区于2013年8月22日经国务院正式批准设立，于9月29日正式挂牌开张。试验区总面积为28.8平方千米，相当于上海市面积的1/226，范围涵盖上海市外高桥保税区（核心）、外高桥保税物流园区、洋山保税港区和上海浦东机场综合保税区4个海关特殊监管区域。

思考问题：

中国（上海）自由贸易试验区成立以来，国际社会对其关注度非常高，期待值也非常高。从国际贸易政策的角度，你认为为什么社会各界对上海自贸区如此关注？

分析提示：

社会各界关注中国（上海）自由贸易试验区有两个方面的原因：

从大众层面来讲，延续中国改革开放30多年来各种园区建设的思路，往往容易把它视为一个政策洼地，认为它继续享受各类园区当中的一些优惠政策，如税收优惠、权力下放，按照这样的思路来看待上海自由贸易试验区。

从政府层面来讲，中国（上海）自由贸易试验区的建立对政府开放以负面清单形式转变了过去以审批管理方式之后，如何实施政府在事中和事后的监管做了有益的探索。这一点，试验区构建了协同和联合监管机制、综合执法制度、社会组织参与市场监管制度、社会信用制度、安全审查和反垄断的协助审查制度、综合评估制度六个方面的政府联合监管体制。

（资料来源：2015年　鲁丹萍《国际贸易理论与实务》）

> 知识窗

中国（上海）自由贸易试验区

中国（上海）自由贸易试验区（China (Shanghai) Pilot Free Trade Zone）简称上海自由贸易区或上海自贸区，是中国政府设立在上海的区域性自由贸易园区，位于浦东，属中国自由贸易区范畴。2013年9月29日中国（上海）自由贸易试验区正式成立，面积28.78平方千米，涵盖上海市外高桥保税区、外高桥保税物流园区、洋山保税港区和上海浦东机场综合保税区4个海关特殊监管区域。2014年12月28日全国人大常务委员会授权国务院扩展中国（上海）自由贸易试验区区域，将其面积扩展到120.72平方千米。

粤港澳自贸区

粤港澳自贸区由广州南沙、深圳前海及珠海横琴三大平台组成，其定位是依托港澳、服务内地、面向世界，将自贸试验区建设成为粤港澳深度合作示范区、21世纪海上丝绸之路重要枢纽和全国新一轮改革开放先行地。

3. 对外贸易政策的制定和执行

（1）制定对外贸易政策应考虑的因素。

一国在制定具体的对外贸易政策时，需要考虑下列因素。

① 国内外经济实力对比。

一般来说，经济比较发达、国际竞争力较强的国家，比较倾向于自由贸易政策，主张在世界范围内进行自由竞争与合作。反之，则倾向于保护贸易政策。一国国际竞争力相对地位的变化也会影响贸易政策的选择。

② 本国经济结构与比较优势。

一般国家对本国具有比较优势和在国际市场上具有一定竞争力的产业部门，相对采取自由贸易政策；而对本国幼稚的战略产业，则会偏重于保护贸易政策。

③ 本国产品在国际市场上的竞争力。

本国产品在国际市场上竞争力相对较强的国家，往往主张在世界范围内推行自由贸易；而竞争力相对较弱的国家，则较多考虑采用保护贸易。

④ 本国与他国的经济合作情况。

与他国在经济、投资等方面的合作程度较深的国家，双方之间比较倾向于自由贸易政策；而经济往来较少、经济合作程度欠佳的国家往往会比较谨慎，较多考虑保护贸易政策。

⑤ 政治与外交需要。

有时一国为了配合政治与外交的需要，而对某些国家在一定时期内采取相对自由的或相对保护的政策。

⑥ 本国国内市场的商品供求状况。

若国内市场上的商品供大于求，应采取适当的保护政策限制过量进口，以保护国内企业的生产；反之，国内市场商品供不应求，则可采取相对自由的贸易政策，适当增加国外商品进口，以弥补国内商品市场的短缺。

⑦ 本国的国际收支状况。

如果本国的国际收支出现大量逆差，政府当局往往更多地考虑采用贸易保护的措施；反之，则更多地倾向于实行贸易自由化。

⑧ 本国在多边或双边协议中的权利和义务。

各国在制定对外贸易政策时，还需考虑本国在多边或双边协议中所享受的权利和应尽的义务，遵守公约。这也是影响当今各国对外贸易政策制定的重要因素。

⑨ 本国生态平衡和文化遗产的保留情况。

某国如果出于对本国生态平衡和文化遗产的保留考虑，往往对某些产品或产业采用相应的保护贸易政策。

⑩ 各国领导人的思想和贸易理论。

政府领导人不同，其所持的政策主张往往也不同，所奉行的对外贸易政策也有差别。因此，各国政府领导人的思想和贸易理论也是影响对外贸易政策制定的不可忽视的因素。

（2）对外贸易政策的制定。

各国对外贸易政策的制定与修改由最高立法机关进行，最高立法机关颁布的各项对外贸易政策，既包括一国较长时期内对外贸易政策的总方针和基本原则，又规定了某些主要措施及给予行政机构的特定权限。

（3）对外贸易政策的执行。

通过海关对进出口贸易进行管理。海关是设置在对外开放口岸的进出口监督管理机关，是国家行政机关，它通过货运监管、征收关税、查禁走私等职能来贯彻落实对外贸易政策；国家广泛设立各种机构，负责促进出口和管理进口。

4．对外贸易政策的演变

不同的国家在不同时期所采取的对外贸易政策有所不同。纵观国际贸易的发展，国际贸易政策的演变过程如下。

（1）资本原始积累时期。

15世纪初到17世纪末是资本原始积累时期，为了促进资本原始积累，西欧各国实行重商主义下强制性的保护贸易政策，通过限制货币（贵重金属）的输出和扩大贸易顺差的办法扩大财富积累。该理论体系也成为国际保护贸易理论的起点。

重商主义用静止的观点看待社会财富，认为特定时期社会拥有的金量总是一定的，故在两国间的贸易中，"A国于贸易之所得，恰为B国于贸易之所失。"也就是说，重商主义信奉的是"零和游戏规则"。在重商主义者看来，开展海外贸易无非要获取更多的金银财富，而要实现这一目的，贸易出超自然是必不可少的。

重商主义大体经历了两个阶段。以约翰·海尔斯和威廉·斯塔福德为主要代表的早期重商主义要求在每一宗贸易中都要严格地实现出超，以赚取金银，他们的主张被称为货币差额论。在他们看来，"必须想方设法使出口大于进口，因为差额部分一定会带来金币或金条的流入。"一旦因贸易入超，金银货币外流，他们就会痛心疾首、愤愤不平。

晚期重商主义最大的进步在于他们已经看到了原料贸易与成品贸易之间巨大的利润差额，明白了"握有货物的人不缺钱花"的道理。他们主张，在必要时应日日夜夜寻找机会把国家的剩余货物以制成品形式推销给外国人，以换取黄金与白银。晚期重商主义信奉的是贸易差额论，其最主要的代表人物是托马斯·孟（Thomas Mun，1571—1641）。

动动脑

早、晚期重商主义的差别在哪里？你如何认识？

为了实现通过取得海外贸易顺差尽可能占有金银财富的目的，重商主义在国际贸易政策上坚决地主张采取一系列贸易措施，主要有以下几种。

① 严格的关税保护政策。

除了原材料以外，对其他进口货物征收高额进口关税，限制国外制成品尤其是奢侈品的进入。

② 积极的出口补贴政策。

对出口制成品实施财政补贴，商人在国外市场上出售本国产品给予现金奖励，禁止本国熟练工人外流和工具设备出口，为工场手工业者发放贷款等。

③ 独占性的海外殖民政策与国家特许贸易体制。

各国纷纷开辟海外独占殖民地，发展贸易，政府设立特许贸易公司，独占某个地区的贸易。

④ 国家武力垄断的海上运输。

各国竞相颁布《航海法》，实行国家对外贸易运输的特许与垄断经营。

知识窗

英国过去是重商主义保护贸易政策的严格实行者。为了保护本国的纺织业，一方面，政府以禁止纺织机的出口、征收高额关税等手段限制国外纺织品进口到英国；另一方面，为保证英国国内的生产，政府鼓励对羊毛、棉花、麻、皮革、铁及造船用品的进口，同时配以严酷的法令禁止这些商品的出口。例如，出口羊毛要判重刑。对竞争力比较弱的工业制成品及农产品，国家则给予补贴，实行出口退税或出口税的减免政策；设立东印度贸易公司，独占经营贸易和海运。英国在1651年通过了一部重要的《航海法》。这部法令可确保殖民地原料对英国的供应，规定一切输往英国的货物必须用英国的船只或原出口国的船只装运，对亚洲、非洲和北美洲的贸易必须用英国或其殖民地的船只。此外，英国政府还鼓励外国技工移民，以《行会法》来保护国内手工业的发展。

（2）资本主义自由竞争时期。

在资本主义自由竞争时期，资本主义生产方式占据统治地位。这个时期对外贸易政策的主流是自由贸易，英国是带头实行自由贸易政策的国家。但是由于各国工业发展水平不同，一些经济发展起步较晚的国家，如美国、德国等，则在该时期推行保护贸易政策。

（3）帝国主义时期。

19世纪70年代起进入帝国主义时期。垄断的加强使资本输出占统治地位，各国垄断资本为了在激烈的世界市场争夺战中取胜，总是力图夺取或独占商品销售市场、原料产地和投资场所。与这种情况相适应便产生了维护垄断资本利益的超保护贸易政策。

（4）"二战"以后。

"二战"以后，从20世纪50年代开始，随着国际分工的加深和国际贸易的发展，主要资本主义国家一方面实行贸易自由化，一方面实行保护贸易政策，逐渐形成了现阶段的管理贸易政策。

1.2.2　自由贸易政策及其理论基础

1. 自由贸易政策

自由贸易政策的主要内容如下：国家取消对进出口商品贸易、技术贸易和服务贸易的限制和障碍，取消对本国进出口商品、技术和服务的各种特权和优待，使商品、技术和服务自由进出口，在国内外市场上自由竞争。这是国家政府对进出口商品贸易、技术贸易和服务贸易所采取的放任自流、不加干预或减少干预的政策。

英国是最早实行自由贸易政策的国家。在18世纪后半期，英国最先进入工业革命，工业生产迅速发展。19世纪，英国成为最强的工业国家之一，商品销往世界各地，并从世界各地购买原料和粮食，英国被形容为"世界工厂"。在这种背景下，英国新兴工业资产阶级迫切要求废除以往的保护贸易政策，主张实行自由竞争和自由贸易政策。

自由贸易政策的理论基础是绝对优势理论、比较优势理论及要素禀赋理论等。这些理论意在说明：在自由贸易条件下，各国按照自然条件、比较利益、要素禀赋比率等，专心生产其最有利和有利较大或不利较小的产品，实行国际分工和交换，这有利于提高专业技能，使资源和生产要素得到最优化配置，提高劳动生产率，节约社会劳动，增加国民财富。

2. 自由贸易政策的理论基础

（1）亚当·斯密的绝对优势理论。

绝对优势理论（Theory of Absolute Advantage）又称绝对成本理论，是英国古典经济学奠基人亚当·斯密（Adam Smith，1723—1790）1776年在其经济学著作《国民财富的性质和原因的研究》（*An Inquiry into the Nature and Causes of the Wealth of Nations*）（简称《国富论》）中提出的。该理论至今仍被认为是国际贸易理论的开端，具有非常重要的理论地位。

亚当·斯密在该书中批判了重商主义，首次提出绝对优势原理，并有力地论证了自由贸易的合理性与可行性，被世人公认为自由贸易理论的先驱，《国富论》一书也被誉为经济学的"圣经"。

① 绝对优势理论的主要观点。

绝对优势理论是指从生产成本的绝对差别出发来发展国际分工和国际贸易，即一国生产某种商品的成本比别国的生产成本绝对低，在利益上就具有绝对优势，则该国就应该专门生产该商品并对外出口，反之就应该进口。

所谓的绝对优势是指一个国家较之另一个国家在生产同种商品中所拥有的最高的劳动生产率——表现为单位劳动投入带来的产出率最大；或指一个国家较之另一个国家在生产同种商品中所具备的最低的生产成本——表现为单位产出的劳动投入量最小。

系统来看，可以从以下几个层次理解绝对优势理论。

a. 绝对优势理论主张提高劳动效率。亚当·斯密认为，人类有一种天生的倾向就是交换，这种天生的倾向必然会引起分工，而分工可以大大提高劳动效率。这是因为：其一，分工能增进劳动者的熟练程度，专业化使劳动者的生产技能不断提高，即使不经过任何专业训练，一个工人在同一个岗位上工作的时间长了以后，工作本身就使其获得了经验和方法；其二，分工使每个人专门从事某项工作，避免了不同工作之间进行的转移，可以节省与生产没有直接关系的时间，亚当·斯密把劳动时间看作衡量商品成本的唯一标准，节省了这些与生产没有直接关系的时间，就等于降低了交换环节的成本，从而降低了该类产品的总成本和单位平均成本；其三，分工可以使专门从事某项操作的劳动者比较容易改良工具和发明机械，提高劳动效率。

b. 绝对优势理论提出了分工的原则。亚当·斯密认为，既然分工可以提高劳动效率，那么就应该专门从事某种具有优势的产品的生产，然后彼此进行交换，这对每个人都是有利的。之所以鞋匠不为自己缝制衣服，裁缝不为自己制作靴子，而农场主既不为自己缝制衣服也不为自己制作靴子，就是因为他们知道，只有集中全部精力生产自己具有优势的某种产品，并用这些产品去交换自己所需要的其他物品，才能比自己生产一切物品得到更大的利益。这件合算的事情，对整个国家同样也是适用的。

c. 一国内部分工的原则同样适用于国家之间。亚当·斯密认为，各国都应利用自己生产条件上的绝对优势，生产实际成本小于其他国家的优势商品，然后去交换别国的优势商品，这样就比各国生产自己所需要的一切商品更有利，同时也会使进行贸易的双方国家较之各自在闭关自守时获得更多的商品量。各国应本着发挥各自优势的原则进行国际分工。

d. 绝对优势理论提倡自由放任的贸易思想。亚当·斯密认为，市场会根据自身的发展过程进行自我调整，来实现供求平衡，而无须对其进行干预，任何干预行为都将破坏市场本身的运作规律并遭受不利的后果。在国际贸易方面也是如此，重商主义的保护政策是不利于提高各国生产力发展水平和居民福利水平的，只有在自由放任的贸易政策下各国才能充分享受到国际分工带来的利益。

② 绝对优势理论的图形说明。

为了更好地理解绝对优势理论，现用一些数据和图形来说明国际贸易产生的原因及其贸易利益。

假设国际贸易中只有甲和乙两个国家，两国都只生产小麦和布匹两种商品，劳动是唯一的生产要素。在两个国家发生贸易之前，两国每年的生产情况如表 1-1 所示（本书此类表的产量、成本等不设具体单位）。

表 1-1 国际分工前的生产情况 1

国 别	小 麦		布 匹	
	劳动天数	产 量	劳动天数	产 量
甲国	1	1	2	1
乙国	2	1	1	1
总计	3	2	3	2

从表 1-1 可以看出，甲国在小麦生产上具有绝对优势，而乙国在布匹生产上具有绝对优势。按照绝对优势理论，甲国应该只生产小麦，通过贸易交换乙国的布匹；而乙国应当只生产布匹，通过贸易交换甲国的小麦。

国际分工后的生产情况如表 1-2 所示。

表 1-2 国际分工后的生产情况 1

国 别	小 麦		布 匹	
	劳动天数	产 量	劳动天数	产 量
甲国	3	3	0	0
乙国	0	0	3	3
总计	3	3	3	3

从表 1-2 可以看出，甲、乙两国在总投入没有变化的情况下，因为实行了国际分工，从而提高了劳动生产率，结果小麦和布匹两种产品的产量比分工前各增加了 1 个单位，这是分工带来的利益。在国际分工的基础上，两国进行贸易，甲国以 1 单位的小麦交换乙国 1 单位的布匹（交换比例 1∶1，根据该理论中劳动具有同质性的假设前提），双方都可以获得利益。

两国通过贸易进行交换后的情况如表 1-3 所示。

表 1-3 通过贸易进行交换后的情况 1

国 别	小 麦	布 匹
甲国	3−1=2	1
乙国	1	3−1=2

从表 1-3 可以看出，甲国用 1 单位的小麦交换乙国 1 单位的布匹，不仅满足了两国各自的需求，而且从产量上看，甲乙两国在小麦和布匹上的生产也比分工前多了 1 个单位，因此社会福利水平也增加了。

③ 绝对优势理论的先进性与局限性。

绝对优势理论有其先进性，它揭示了分工对于提高劳动效率的巨大意义，各国之间根据各自优势进行分工，通过国际贸易使各国都得到利益，从而揭示了国际贸易的利益分配问题。它揭示了国际贸易产生的原因及开展国际贸易的动机和目的。它反对重商主义国家严格控制对外贸易的政策，主张主要依靠市场调节的自由贸易政策。正是这种直观理解的正确性，形成了绝对优势理论被认可的基础。

但是该理论也存在着一定的局限性，绝对优势理论只是部分地解释了国际贸易产生的原因，也就是说，它解释的仅仅是国际贸易中的一种特殊情况，即一国至少在一种商品的生产上具有绝对优势。然而，在现实的国际贸易中，一些国家具备先进的生产力，有可能在各种生产上都具有绝对优势；相反，另外一些国家可能在任何产品的生产上都不具备绝对优势。即使如此，这些国家之间仍然能够进行国际贸易，这种现象正是绝对优势理论无法解释的。

知识窗

亚当·斯密（Adam Smith，1723—1790），资产阶级经济学古典学派的主要奠基人之一，国际分工和国际贸易理论的创始者。世人尊称其为"现代经济学之父"和"自由企业的守护神"。代表作《国家财富的性质和原因研究》（1776年）(*An Inquiry into the Causes and Nature of the Wealth of Nations*)（简称《国富论》）。

亚当·斯密信奉市场经济，认为市场具有自我调整机制，反对政府对商业和自由市场的干涉，认为这种干涉会降低经济效率；他信奉自由贸易，提出的分工理论对国际分工与贸易理论的形成做出了重要贡献。

在亚当·斯密看来，适用于一国内部的不同职业之间、不同工种之间的分工原则，也适用于各国之间。他认为，每一个国家都有其适宜生产某些特定产品的绝对有利的生产条件，去进行专业化生产，然后彼此进行交换，这对所有交换国家都是有利的。

（2）大卫·李嘉图的比较优势理论。

比较优势理论（Theory of Comparative Advantage）又称比较成本理论，是英国工业革命深入发展时期著名经济学家大卫·李嘉图（David Ricardo，1772—1823）提出的。李嘉图出生于金融世家，青年时代就跻身伦敦证券交易市场和房地产市场，逐步积累了丰富的经济活动实践经验。之后，他潜心钻研，于1817年编写了重要著作《政治经济学及赋税原理》，在书中提出了比较优势理论，该理论是西方贸易理论体系的核心，它为之后的贸易理论发展构建了基本框架。

① 比较优势理论的产生背景。

1815年，英国政府为维护土地贵族阶级的利益而修订实施了《谷物法》，由于限制了谷物进口，引起英国国内粮价上涨，地租猛增。昂贵的谷物迫使工业资产阶级提高工人的工资，使成本上升，利润减少，产品竞争力削弱。同时，粮价的上涨也增大了居民的粮食开支，居民相应地减少了对工业品的购买。在对外贸易方面，由于《谷物法》限制了外国粮食进口，招致外国对进口英国工业品的报复。这些都极大地伤害了英国工业资产阶级的利益，他们迫切要求废除《谷物法》，进而与土地贵族阶级展开了激烈的斗争。李嘉图在进行废除《谷物法》的论战中，提出了比较优势理论。

② 比较优势理论的主要观点。

从理论上看，李嘉图的比较优势理论是在亚当·斯密的绝对优势理论的基础上产生的。

亚当·斯密提出，国际分工应该按地域、自然条件所形成的绝对成本差异来进行，即一个国家输出的商品一定是在生产上具有绝对优势、生产成本绝对低于其他国家的商品。李嘉图却认为在两国都能生产两种产品的条件下，即使其中一国在两种产品的生产上都处于优势地位，而另一国在两种产品的生产上均处于劣势，仍存在互利贸易。比较优势理论解释了绝对成本理论不能解释的问题，它回答了经济不发达国家生产的各种产品成本都高、都处于劣势，而发达国家生产的产品成本都低、都处于优势的情况下，国际贸易的发生、发展情况。

李嘉图的比较优势理论以一系列简单的假定条件为前提，主要有：只有两个国家，生产两种产品；国与国之间的贸易自由进行；生产要素在国内具有完全的流动性，但在两国之间则完全不流动；每种产品的国内生产成本都是固定不变的；没有运输费用；不存在技术变化；贸易按物物交换直接进行；劳动是唯一的生产要素，而且所有劳动都是同质的。

比较优势理论的基本观点如下：在国际贸易中，起决定作用的不是绝对优势，而是比较优势，应本着"两优相权取其重，两劣相权取其轻"的分工和贸易原则进行，即在国际商品生产分工中，各种商品生产都占优势的国家应集中生产优势相对大的商品，放弃生产优势相对小的商品；而在各种商品生产都处于劣势的国家，应集中生产劣势相对小的商品，放弃生产劣势相对大的商品。然后通过国际贸易，使贸易双方获利。

③ 比较优势理论的图形说明。

除了强调两个国家之间生产技术存在相对差异而不是绝对差异以外，比较优势理论的前提假设与绝对成本优势理论基本一样。在两个国家发生贸易活动前，两国每年的生产情况如表 1-4 所示。

表 1-4　国际分工前的生产情况 2

国　别	小　麦		布　匹	
	劳 动 天 数	产　　量	劳 动 天 数	产　　量
甲国	1	1	2	1
乙国	6	1	3	1

从表 1-4 可以看出，在小麦和布匹的生产上，甲国都具有优势，而乙国都处于劣势地位。甲国生产小麦的成本是乙国的 1/6，而生产布匹的成本是乙国的 2/3。通过对比可以发现，甲国生产小麦的成本比生产布匹的成本更低，更具有优势。相反，乙国生产小麦的成本是甲国的 6 倍，生产布匹的成本是甲国的 1.5 倍，通过对比，乙国生产布匹的成本要比生产小麦的成本小。根据"两优相权取其重，两劣相权取其轻"的原则，甲国应该生产小麦，而乙国应该生产布匹。

国际分工后的生产情况如表 1-5 所示。

表 1-5　国际分工后的生产情况 2

国　别	小　麦		布　匹	
	劳 动 天 数	产　　量	劳 动 天 数	产　　量
甲国	3	3	0	0
乙国	0	0	9	3

从表 1-5 可以看出，通过国际分工，两国生产两种商品投入的劳动天数没有变化，一共为 12 天，产量却从过去 2 单位的小麦和 2 单位的布匹增加到 3 单位的小麦和 3 单位的布匹，分工以后小麦和布匹的产量比分工前各增加了 1 个单位。在国际分工的基础上，两国进行贸易，甲国以 1 单位的小麦换取乙国 1 单位的布匹（交换比例按 1∶1，根据该理论中劳动具有同质性的假设前提），双方都可以获得利益。

两国通过贸易进行交换以后的情况如表 1-6 所示。

表 1-6　通过贸易进行交换后的情况 2

国　别	小　麦	布　匹
甲国	3-1=2	1
乙国	1	3-1=2

从表 1-6 可以看出，甲国用 1 单位的小麦交换乙国 1 单位的布匹，不但两个国家各自的需求得到了满足，而且从产量上看，甲国和乙国在小麦和布匹的生产上也比分工以前多了 1 个单位，社会福利水平增加。这与绝对优势理论相符。

◉ 知识窗

大卫·李嘉图，英国古典政治经济学的主要代表之一，也是英国古典政治经济学的完成者。李嘉图早期是交易所的证券经纪人，后受亚当·斯密《国富论》一书的影响，他对经济学产生了研究的兴趣，其研究的领域主要包括货币和价格，对税收问题也有一定的研究。

李嘉图的主要经济学代表作是 1817 年完成的《政治经济学及赋税原理》，书中阐述了他的税收理论。1819 年他曾被选为上院议员，极力主张议会改革，支持自由贸易。李嘉图继承并发展了亚当·斯密的自由主义经济理论。他认为限制政府的活动范围、减轻税收负担是发展经济的最好办法。

1.2.3　保护贸易理论

1. 重商主义

（1）重商主义产生的历史背景。

重商主义是国际贸易中最古老的国际贸易理论，它萌芽于 15 世纪末，全盛于 16—17 世纪，衰落于 18 世纪。处于欧洲资本主义原始积累时期，代表着商业资本利益的经济思想和政策体系。

在资本主义生产方式准备时期，拜金主义盛行，人们以金银财宝为财富，追求积累货币，进行资本原始积累，重商主义就是在这样的背景下产生的。

（2）重商主义的贸易观点。

重商主义的发展可分两个阶段：从 15 世纪到 16 世纪中叶为早期重商主义时期，16 世纪下半期到 18 世纪为晚期重商主义时期。无论早期重商主义还是晚期重商主义，都把货币看作是财富的唯一形态，都把货币的多寡作为衡量一国财富的标准。

重商主义认为一国可以通过出口本国产品从国外获取货币从而使国家变得富有，但同时也会由于进口外国产品造成货币输出从而使国家丧失财富。因此，重商主义对贸易的研究主要集中在如何进行贸易，具体来说，就是怎样通过鼓励商品输出、限制商品进口以增加货币的流入从而增加社会财富。

早期重商主义与晚期重商主义又有不同，早期重商主义又称为重金主义或货币差额论，早期重商主义者强调绝对的贸易顺差，主张采取直接的强制措施来取得和保存金银，防止金银外流。在对外贸易中，政府要加强干预，使每笔贸易都实现顺差；晚期重商主义又称为贸易差额论，晚期重商主义者重视的是长期的和总体的贸易顺差，认为一定时期内和对某些地区的逆差是允许的，只要总体实现顺差即可。因此，国家可通过管制货物进出口间接达到增加货币财富的目的。

早期重商主义的代表人物是英国人威廉·斯塔福（W. Stafford）；晚期重商主义的代表人物是托马司·孟（Thomas Mun）。托马司·孟的代表作是《英国得自对外贸易的财富》。

（3）重商主义的影响。

尽管重商主义者的贸易思想有不少错误和局限性，如认为国际贸易是一种"零和博弈"：一国之所得必是另一国之所失；仅把货币当作财富而没有把交换所获得的产品也包括在财富之内等。但他们提出的许多重要概念为后人研究国际贸易理论与政策打下了基础，尤其是关于贸易的顺差、逆差进一步发展到后来的"贸易平衡""收支平衡"概念。重商主义关于进出口对国家财富的影响，对后来凯恩斯的国民收入决定模型亦有启发。更重要的是，重商主义已经开始把整个经济作为一个系统，而把对外贸易看成这一系统非常重要的一个组成部分。

尽管大多数国家声称更倾向于自由贸易，但在贸易实践中更关注贸易差额，利用贸易政策对国际贸易施加诸多限制，鼓励出口、限制进口的措施比比皆是，这些都是典型的重商主义，虽然重商主义的势头有所减弱，但在 21 世纪仍然活跃。

2. 保护幼稚工业的贸易政策及其理论基础

19 世纪，当工业革命在英、法两国深入发展时，欧洲和北美一些国家的经济还不发达，其资本主义工业还处于萌芽状态或正在成长时期。这些国家的资产阶级为了保护幼稚工业，客观上需要与自由贸易理论相抗衡的理论，于是，保护贸易理论应运而生。其主要代表人物是美国的汉密尔顿（A. Hamilton，1757—1840）和德国的李斯特（F. List，1789—1846）。李斯特的学说更深刻且系统，更具有代表性。

（1）保护幼稚工业贸易政策的提出。

汉密尔顿是美国独立后的第一任财政部部长，他向国会提交的《关于制造业的报告》（*Report on Manufacture*）被视为保护贸易理论的经典文献。在这份报告里，他极力主张实行保护关税政策，阐述了保护和发展制造业的必要性和有利条件，提出了以加强国家干预为主要内容的一系列措施，指出保护和发展制造业对维护美国的经济和政治地位独立具有重要意义。

汉密尔顿的保护贸易学说，是落后国家进行经济自卫和与先进国家相抗衡的国际贸易学说，这一学说的提出，标志着国际贸易学说的两大体系已经基本形成，同时对美国工业制造业的发展有较深的影响。

（2）李斯特的保护幼稚工业贸易政策的理论。

李斯特早年在德国提倡自由贸易，1825年被迫流亡美国后，受汉密尔顿保护贸易理论思想的影响，并亲眼看见美国实施保护贸易政策的成效，于是转而提倡贸易保护。

李斯特的主要著作是1841年出版的《政治经济学的国民体系》，该书系统地阐述了其保护幼稚工业的学说。李斯特的保护贸易理论是在批判自由贸易理论的基础上提出的。他的保护贸易理论主要包括两大方面：一是对自由贸易理论的批判，二是提出了保护幼稚工业的理论。

① 对自由贸易理论的批判。

a．生产力论。李斯特指出，自由贸易理论不利于德国生产力的发展。李嘉图从比较利益理论出发，认为每个国家不一定要生产所有商品，而应该集中精力生产那些有利程度较大或不利程度较小的商品，然后通过对外贸易进行交换。李斯特不赞成这种主张，他认为，经济落后国家参与国际分工和国际贸易，目的是发展本国生产力，只有如此，对外贸易才会有利于这个国家的经济发展。他批评李嘉图的比较优势理论只看重财富本身的增长而忽视了一国生产财富能力的增长，但事实上，财富生产能力的增长比财富本身的增长重要得多。

就德国而言，从国外进口廉价商品，表面看似乎是合算一些，但长此下去，德国的民族工业就不可能得到扶持和发展，只会长期处于落后和依附外国的困境，生产力水平就无法提高。

b．历史发展阶段论。李斯特批评自由贸易理论忽视了各国经济的发展阶段。李嘉图等人认为，在贸易自由的环境下，各国按比较成本可以形成和谐的国际分工。李斯特认为这是一种世界主义经济学，它抹杀了各国不同的经济发展和历史特点，错误地以将来才能实现的世界经济联盟作为研究的出发点。李斯特提出，各国经济的发展必须经历五个阶段，即原始未开化时期、畜牧时期、农业时期、农工业时期和农工商时期。他认为，在不同时期应实行不同的对外贸易政策，其中在原始未开化时期和畜牧时期应实行自由贸易，以促进畜牧产品的出口，并输入工业品。到了农业时期和农工业时期则应实行保护贸易，以保护幼稚工业，使其迅速增长。在农工商时期，财富和力量已达到最高点，则再恢复自由贸易。他认为，当时的西班牙、葡萄牙处于农业时期，德国和美国处于农工业时期，要过渡到农工商时期必须实行保护贸易政策，以扶持德国工商业的发展，而英国和法国当时已进入农工商时期，故可以实行自由贸易政策。

c．国家干预论。李斯特反对自由贸易理论的自由放任思想，主张国家干预经济的政策。自由贸易理论认为，市场机制就像"一只看不见的手"，调节着整个社会经济，政府不应当干预社会经济发展，应遵循自由放任政策。李斯特认为，一国经济的增长、生产力的发展，不能仅仅依靠市场机制的自发调节，必须借助于国家的力量对经济进行干预和调节。他以英国为例，进一步证明其理论的正确性。他指出，英国工商业已经相当发达，固然可以实行自由贸易政策，但英国工商业能够迅速发展的根本原因还是当初政府的扶持政策所致，德国正处于类似英国发展初期的状况，所以应实行国家干预下的保护贸易政策。

② 保护幼稚工业理论的确立。

a．保护贸易政策的目的和对象。李斯特保护贸易政策的目的是保护本国幼稚工业的发展，增加国内生产，从而促进生产力的发展。经过比较，李斯特认为，工业尤其是使用动力和大规模机器的制造工业的生产力远远大于农业，所以，一国应特别强调发展工业生产力，等工业发展起来以后，农业自然就会跟着发展。由此他提出了保护对象的几个条件，一是幼稚工业才需要保护。他不主张保护所有的工业，而主张只选择那些刚刚起步且经历了相当保护时期后，确有自立前途的幼稚工业进行保护。二是保护有一定的条件和时间。在被保护的工业经过适应期得到发展以后，生产出来的产品价格低于进口的同种产品并能与外国产品竞争时，也不再予以保护。这里所说的适应期，李斯特主张以 30 年为限。三是工业虽然幼稚，但尚无强有力的国外竞争者时，不需要保护。四是农业不需要保护。只有那些刚从农业阶段跃进的国家，距工业成熟期尚远，才适宜进行保护。

b．保护贸易政策的主要手段。李斯特认为，保护国内幼稚工业发展的主要手段是关税。具体如下：第一，主张采用递增关税的方法。因为突然实行高额关税，就会割断原来存在的各种国内外商业联系，对国内生产和消费造成强大的冲击，不利于本国经济的发展，所以只能随工业的发展和产品的自给程度而逐步提高关税。第二，主张采用差别税率的方法。对不同性质的幼稚工业实行不同程度的税率。比如，对关系国计民生的工业品部门必须采取较高程度的保护，对奢侈品部门只需最低程度的保护，而对本国发展幼稚工业所需的复杂机器设备和技术的进口则免税或征收最低进口税。

李斯特的保护贸易理论及政策对当时的德国和世界各国影响很大，尤其是保护幼稚工业理论，不仅具有历史意义，而且具有一定的现实意义。该理论不仅对德国当时工业资本主义的发展起到了极大的促进作用，使德国在短时间内赶上了英、法等发展较早的资本主义国家，而且为经济比较落后的国家指明了一条比较切合实际的国际贸易发展道路。李斯特的不少观点对我们现在制定对外贸易政策仍有一定的参考作用。

> **知识窗**

弗里德里希·李斯特（Friedrich List，1789—1846 年）以国民经济和幼稚产业保护闻名，他是德国工业资产阶级的思想家，其终身奋斗目标是推动德国统一和经济发展，并提出了实现目标的具体途径，代表著作是 1841 年出版的《政治经济学的国民体系》。

李斯特以"幼稚工业保护论"闻名。他批评古典自由贸易理论忽视了各国历史和经济上的特点，认为各国对外贸易政策的选择应全面考虑其对国民经济发展的影响，取决于该国当时所具备的各种条件和所

达到的经济发展水平。他认为，古典自由贸易理论只注重交换价值，不注重生产能力的形成，他曾写到"财富的生产力比财富本身，不晓得要重要多少倍，它不但可以使已有的和已经增加的财富获得保障，而且可以使已经消失的财富获得补偿"。古典理论不利于德国生产力的发展，不利于国家竞争实力的增强，不利于德国实现真正意义上的政治经济独立。他主张国家干预经济生活。认为政府应对国民经济活动的一部分加以限制，来保证国家经济利益的实现，而国家利益的保证是持久实现个人利益的前提。

3. 超保护贸易政策

19世纪末到"二战"前，资本主义进入垄断时期，市场竞争更加激烈，特别是1929—1933年爆发了世界经济危机，各资本主义国家纷纷放弃自由贸易政策，转向实行超保护贸易政策，通过提高关税限制进口；同时国家积极干预外贸，鼓励出口。

与一般的保护贸易政策不同，超保护贸易政策不是保护本国幼稚工业，而是保护高度发展的工业，加强其在国外的垄断地位；同时，也不是消极地防御外国商品进入本国市场，而是积极地向外扩张，占领国外市场。

在超保护贸易政策的理论中，影响最大的是凯恩斯（John Maynard Keynes，1883—1946）主义的对外贸易乘数理论。凯恩斯主义认为，自由贸易理论"充分就业"的前提条件已不存在，用古典派的"国际收支自动调节说"解释贸易顺、逆差最终均衡的过程不适用于现代社会。他们认为，贸易顺差有利于增加国民收入，扩大就业，而贸易逆差则会减少国民收入，加重失业，因此赞成贸易顺差，反对贸易逆差。

◉ 知识窗

约翰·梅纳德·凯恩斯（John Maynard Keynes，1883—1946）英国著名经济学家，对货币理论和宏观经济学研究体系建立做出重大贡献，其代表作包括《货币改革论》（1923年）、《货币论》（1930年）、《就业、利息和货币通论》（1936年）。

20世纪30年代，面对资本主义世界经济增长下降，失业不断增加的情况，凯恩斯由坚定的自由贸易论者转变为保护贸易论者，他在批判传统经济理论的基础上，以有效需求不足为基础，以边际消费倾向、边际资本效率、灵活偏好三个基本规律为核心，以国家干预经济生活为政策基点，把对外贸易和国内就业结合起来，创立了保护就业理论。凯恩斯认为贸易保护政策能带来贸易顺差，有利于提高投资水平扩大就业，最终导致经济繁荣。后来，其追随者又充实和发展了凯恩斯的观点，从宏观角度论证了对外贸易差额对国内经济的影响，主张国家干预，实行奖出限入的政策，最终形成凯恩斯主义的贸易保护理论。

1.2.4 现代与当代国际贸易理论

1. 赫克歇尔—俄林的生产要素禀赋理论

生产要素禀赋理论是 20 世纪 30 年代由瑞典著名经济学家赫克歇尔（E.P. Heckscher，1879—1959）和俄林（Bertil Ohlin，1899—1979）创立的。俄林的主要著作为《地区间贸易和国际贸易》，1977 年获诺贝尔经济学奖。因俄林的理论采取了其师赫克歇尔的主要观点，因此通常冠以其师之名，称为赫克歇尔—俄林要素比例说，也有称为资源赋予理论的，简称赫—俄学说。

（1）生产要素禀赋理论的产生背景。

1929—1933 年，由于资本主义世界爆发了历史上最严重、持续时间最长的一次经济危机，当时的英国放弃自由贸易，超保护贸易主义抬头，各国都力图加强对外倾销商品，提高关税，限制进口。瑞典是一个经济发达的小国，国内市场狭小，对国外市场的依赖性很大，因而人们对超保护贸易主义深感不安。在此背景下，俄林的《地区间贸易和国际贸易》，以生产要素禀赋理论为立论基础，深入探讨了国际贸易产生的深层原因，论证了国际分工和自由贸易的必要性。俄林的生产要素禀赋理论继承了他的导师赫克歇尔的论点。1919 年，赫克歇尔发表了题为《对外贸易对收入分配的影响》的文章。在文章中，他提出了如何理解李嘉图的比较优势理论中两个国家两种商品之间的成本差异问题。他认为，假如两个国家的生产要素（土地、资本、劳动）的拥有量和分布量相同，各生产部门的技术水平一样，在不考虑运输成本的情况下，国际贸易既不会给其中一个国家带来利益，也不会给另一个国家造成损失。因此，比较成本差异存在的前提条件有两个：一是两个国家存在不同的生产要素拥有量和分布量；二是两个国家产生的不同商品所使用的生产要素比例不一样。

（2）生产要素禀赋理论的前提假设条件。

生产要素禀赋理论的前提假设条件有以下几点。

① 世界上只有两个国家，生产两种商品，使用两种要素；

② 两国在生产同一商品时使用相同的技术，即生产函数相同；

③ 两国在两种商品的生产上的规模收益不变，即单位生产成本不随生产的增减而变化；

④ 商品市场和要素市场是完全竞争的，生产要素在一国国内可以自由流动，在国家间则不能自由流动；

⑤ 没有运输成本、不存在关税或非关税壁垒；

⑥ 两国的需求偏好相同；

⑦ 两国的贸易是平衡的，每个国家的总进口额与总出口额相等。

（3）生产要素禀赋理论的主要内容。

生产要素禀赋理论有狭义和广义之分。所谓狭义的生产要素禀赋理论指的是生产要素供给比例理论，它主要通过对相互依存的价格体系进行分析，用生产诸要素的丰缺来解释国际贸易产生的原因和一国进出口商品结构的特点。广义的要素禀赋理论除了狭义的内容以外，还包括要素价格均等化理论。该理论主要研究国际贸易对要素价格的反作用，说明国际贸易不仅仅使国际间的商品价格趋于均等化，而且会使各国的生产要素趋于均等化。

俄林的生产要素禀赋理论是从商品价格的国际绝对差开始逐层展开的，其内容如下。

① 国家间的商品价格差异是国际贸易产生的直接原因。假设在没有运输成本的前提下，从价格较低的国家输出商品到价格较高的国家是有利的。假设甲乙两国生产 A、B 两种产品，A 产品价格在甲国比乙国低，而 B 产品的价格在乙国比甲国低，那么甲国的 A 产品必然会向乙国流动，而乙国的 B 产品则向甲国流动，两国的国际贸易因此产生。

② 国家间的商品价格差异是由成本的国际绝对差异导致的。俄林认为，各国间的商品价格差异来自成本的国际绝对差。同一种商品，其价格在不同国家之间的差异，主要是成本的差别导致的。所以成本的国家绝对差是国际贸易产生的第一个原因。

③ 国家间商品价格比例不同是国际贸易产生的必要条件。俄林认为国际贸易产生的第二个条件是两国内各种商品的成本比例不同。

假设只有甲乙两国生产小麦和布匹两种商品，成本比例如表 1-7 所示。

表 1-7 成本比例不同

单位成本	甲国	乙国
小麦	1	3
布匹	2	1

在甲国，小麦和布匹的成本比例是 1∶2；而在乙国，小麦和布匹的成本比例是 3∶1。也就是说，在甲国国内，1 单位的小麦能换 1/2 单位的布匹；在乙国国内，1 单位的小麦能换 3 单位的布匹。因此，甲国输出小麦、输入布匹，而乙国输出布匹、输入小麦，这就有了相互有利的贸易关系。

如果两国的成本比例是相同的，俄林认为两国只能发生短暂的贸易关系。假设甲国生产小麦和布匹的成本都比乙国的低 50%，则成本比例如表 1-8 所示。

表 1-8 成本比例相同

单位成本	甲国	乙国
小麦	1	2
布匹	2	4

在这种情况下，只能是甲国的小麦和布匹都单方面向乙国输出，而乙国没有任何产品可以输出。在甲国对乙国贸易出超的情况下，乙国需要大量买入甲国货币来购买甲国的商品，则甲国货币汇率会上升，汇率上升就意味乙国购买甲国商品要付出更高的成本。在汇率达到一定水平时，双方的进口值恰好等于出口值，这就建立了贸易平衡。因此，将不会再有贸易关系产生。此例中，甲国汇率上涨一倍就会使两国两种商品的单位成本完全相等。

由此可见，俄林认为比较成本差异是国际贸易的必要条件。

④ 各国生产要素价格的差异决定了各国商品价格存在差异。为什么不同国家存在不同的成本比例？俄林认为是由各国国内生产要素的价格比例不同所导致的。不同商品是由不同的生产要素组合生产出来的，它们包括劳动、资本、土地和获得的工资、利息等。在一个国家，商品的成本比例反映了它的要素价格比例关系。由于各国的生产要素价格不同，所以产生了成本比例的不同。

每种生产要素价格如何决定呢？它们主要是由供给和需求决定的。对一种要素的需求是来自对其产品的需求。例如，对汽车需求的增加，自然导致对工人、原料、资本的需求的增加。

⑤ 要素价格比例不同是由要素供给比例不同决定的。俄林认为，价格由供给关系决定，所以生产要素的价格也必然会由生产要素的供给所决定。在一个国家中，生产要素的供应深受生产要素丰缺程度的影响，因此一国生产要素的供给是相对固定的。这样，在要素的供求决定要素价格关系中，要素供给是主要的。

在各国要素需求一定的情况下，各国不同的要素禀赋对要素相对价格产生不同的影响。供给丰富的生产要素，价格就便宜；反之，供给稀缺的生产要素，价格就昂贵。例如，澳大利亚地广人稀、资本较少，因此地租较便宜，而资本和劳动力的价格较贵。因此，国家间要素价格比例不同是由要素供给比例不同决定的。

通过分析，俄林得出关于一国对外贸易商品结构的著名结论：一国出口的是本国丰富要素所生产的商品，进口的是本国稀缺要素所生产的商品。各国只有充分发挥本国在生产要素方面的优势，才能在国际贸易中获得更多的经济利益。

(4) 生产要素禀赋理论的积极意义。

① 该理论更加接近国际贸易的现实。该理论从一国最基本的经济资源出发，例如它从生产要素、价格、供给、需求等实际问题入手对国际贸易产生的原因进行分析，认为在国际贸易的产生与发展中，不仅仅是劳动，而且土地、资本等因素都起着重要的影响作用。与古典国际贸易理论相比，该理论更加接近国际贸易实际。

② 深化了比较优势理论。这一理论是在比较成本理论基础上的一大进步，比较成本理论假设两国交换是物物交换，国际贸易产生起因于劳动生产率的差异；而俄林假设两国的交换是货币交换，两国的劳动生产率是相同的，用等量产品不同货币价格（成本）比较两国不同的商品价格比例，用生产要素禀赋的差异寻求解释国际贸易产生的原因，也是对比较成本理论的进一步发展。

③ 对各国外贸政策的制定有一定的指导意义。该理论提出，一国出口的是本国丰富要素所生产的商品，进口的是本国稀缺要素所生产的商品，否则将会失去更多利益。这些思想对一国外贸政策的制定都会产生一定的影响。

知识窗

伊·菲·赫克歇尔（Eli F Heckscher，1879—1952），瑞典人，著名经济学家，瑞典学派的主要人物之一。他和他的学生俄林建立新古典贸易理论——要素禀赋论，被命名为赫克歇尔—俄林理论（简称H—O定理）。

戈特哈德·贝蒂·俄林（Bertil Gotthard Ohlin，1899—1979）瑞典著名经济学家和政治活动家，现代国际贸易理论的创始人，代表作为《域际和国际贸易》。1977 年，俄林凭其对国际贸易理论做出的开拓性贡献，获得诺贝尔经济学奖。

2. "里昂惕夫之谜"对俄林的生产要素禀赋理论的挑战

按照生产要素禀赋理论，一个国家拥有较多的资本就应该生产并出口资本密集型的产品，而进口在本国生产中需要较多使用国内比较稀缺的劳动力要素的劳动密集型产品。

基于以上分析，里昂惕夫（Vassily W. Leontief）以美国为例，验证生产要素禀赋理论。他利用 1947 年美国的投入—产出表，测算了美国进、出口商品的要素含量。他把生产要素分为资本和劳动力两种，对美国 200 种商品进行分析，计算出每百万美元的出口商品和进口替代商品中所使用的劳动力和资本的数量，从而得出美国出口商品和进口替代商品的资本和劳动力比例。

由于美国是资本丰富的国家，里昂惕夫期望能够得出美国出口资本密集型产品而进口劳动密集型的产品结论。其计算结果如表 1-9 所示。

表 1-9　里昂惕夫的计算结果

年份	1947	1947	1951	1951
项目	出口商品	进口替代品	出口商品	进口替代品
资本（美元）	2 550 780	3 091 339	2 256 800	2 303 400
劳动力（人/年）	182	170	173.91	167.81
人均资本量（资本/劳动力）	13 991	18 184	12 977	13 726

从表 1-9 可以看出，1947 年平均每人进口替代品的资本量与出口商品的资本量相比是 18 184 : 13 991≈1.3；而 1951 年的比率约为 1.06（13 726 : 12 977）。

尽管这两年的数字不同，但由此得出的结论是基本相同的，即美国出口商品的资本密集度低于进口替代品的资本密集度，这就意味着美国出口的产品具有劳动密集型的特征，而进口替代品更具有资本密集型特征，这一结果与生产要素禀赋理论刚好相反。该结果令西方经济学界大为震惊，故称为"里昂惕夫之谜"。

对于"里昂惕夫之谜"，西方经济学界提出各种各样的解释，有代表性的主要有以下几种：

（1）劳动熟练理论（Skilled Labor Theory）；

（2）人力资本理论（Human Capital Theory）；

（3）技术差距理论（Theory of Technological Gap）；

（4）产品生命周期理论（Theory of Product Cycle）；

（5）产业内贸易理论（Inter-industry Trade Theory）；

（6）偏好相似理论（Theory of Demand of Preference Simi-larity）。

3. 技术差距理论

技术差距理论是解释技术水平不同的国家贸易的理论。该理论认为技术应被视为一种生产要素，技术差距也是导致国际贸易的重要原因。技术在生产要素禀赋理论中被认为是固定不变的，而实际上技术的创新和使用在各国存在差距。技术差距可能有两种形式，一种是技术进步提高了生产效率，另一种是技术革新创造出了崭新的产品。在第一种形式下，技术差距表现为比较优势的差距；在第二种形式下，技术差距表现为拥有新技术的国家能在一段时间内垄断出口。一种新产品从被外国消费者所接受到外国开始模仿生产的时间越长，技术创新的国家获得的贸易利益越大；反之，技术创新的国家获得的贸易利益越小。由此可见，技术差距也是导致国际贸易中比较优势甚至出口垄断优势的原因。

4. 产业内贸易理论

产业内贸易理论是解释一国对同一类产品既有出口又有进口的贸易理论，或者说是解释贸易双方交换的是同一产业所生产的产品的理论。

从国际贸易的内容角度看，可将国际贸易划分为两种基本类型，即产业间贸易和产业内贸易。前者是指在不同产业部门之间所进行的贸易活动，如钟表与大米的贸易、汽车与电视机的贸易等；后者是指在同一产业部门内部所开展的贸易活动，如两国在酒类、饮料方面进行的贸易等。然而，实践中的贸易商品种类有成千上万之多，那么，究竟怎样界定一种商品贸易是发生在产业间的还是发生在产业内的呢？目前，一般都依据联合国国际贸易标准分类法（SITC）进行判断。在 SITC 分类中，共有 6 位数字编码，能计入产业内贸易的商品必须满足这样一个条件，即商品的编码至少是前 3 位数字相同——同类、同章、同组，否则，只能视为产业间贸易。由此可见，不能把产业内贸易简单地等同于工业部门内的贸易或工业制成品的相互贸易。此外，由于跨国公司的产生和发展，交易市场有了外部市场和内部市场之分，相应地，产业内贸易可进一步划分为外部市场的产业内贸易和内部市场的产业内贸易，当然，产业间贸易也可进行这样的划分。

传统的贸易理论模式往往假定企业以相同的生产方式制造同一产品，事实上，任何一个企业通常不仅生产多种产品，而且同一产品之间也存在着较大差异。从同一产品差异的表现来看，大体上可分为两大类：一是指产品在品牌、商标、款式、包装、支付条件和售后服务等方面的差别，这是一种由产品横向比较产生的差异；二是指产品在规格方面的差别，它是一种由产品纵向比较产生的差异。无论哪一种类型，都会使具有相同实物形态的产品成为异质品，当这种产品的异质性与人们的消费心理联系在一起时，产品的异质性就会导致产品比较优势和消费垄断优势的形成，从而也使同一产品之间产生了交换的必要，产业内贸易随之产生。比如，美、日两国均生产轿车，但所生产的轿车之间存在着明显的差异性，美制轿车宽敞舒适，日产轿车轻便省油，在两国消费者消费心理倾向的作用下，分别产生了对对方产品的消费需求，最终形成了两国在轿车这一产品上的相互贸易。

产业内贸易理论对于同质产品国际贸易的解释如下：第一，许多同质产品，如建筑用沙、水泥等，单位价值很低而运输费用却很高，消费者对这些产品则尽可能从最近的供应地获得，于是一国极可能由于求近而进口，而该国又是这些产品的出口国；第二，由于信息、政策及历史原因导致的一些国家开展大量的转口贸易，这种贸易的进出口商品势必雷同；第三，由于一些产品如蔬菜、水果等具有季节性，各国生产季节的差异也可能导致一国对这些商品时而进口、时而出口。

协议下的产业内贸易是指在同一个产业内部，根据某种协议，双方各处优势地位的部门均实行专业化生产，同时每一方又将停止生产部门的市场提供给对方。这样，双方均能因实行专业化生产而收到规模经济效益。根据协议，让给对方生产的部门，在进行投资时向对方保证：将进口对方国内生产的产品。这样就可以使对方安心搞自己的专业化生产，以实现规模经济。

5．规模经济贸易理论

规模经济贸易理论是解释要素禀赋类似的国家间进行分工和贸易的理论。

该理论是一种以产品异质性为基础，旨在分析国际水平分工原因的学说，主要代表是美国经济学家克鲁格曼。该理论认为，在产业内存在大量异质性产品系列和不完全竞争的市场结构的情况下，规模经济收益递增可以用于产业内贸易产生原因的解释。

按照传统贸易理论的观点，当两国的要素禀赋特征相似时，两国之间将不会发生分工和贸易，而在规模经济理论看来，即使两国要素禀赋类似，如果一国能实现规模经济，那么该国将获得比较优势，但这种分工和规模经济只能通过国家之间的协议去完成。

6．产品生命周期理论

产品生命周期理论是解释一国在不同时期由某种产品的出口国（进口国）变为进口国（出口国）的贸易理论。该理论是由美国经济学家、哈佛大学经济学教授雷蒙德·费农提出的，费农把产品生命周期划分为新生期、成长期和成熟期。

（1）新生期是指新产品的研发阶段。由于要投入巨额资本购置研制设备，需要许多科学家和工程师等的高级熟练劳动力，因此，只有那些具有充足资本和拥有由科学家、工程师及其他技术人员组成的庞大知识集团的国家才具有比较优势，同时也只有这样的国家，才具备发展新产品和推销新产品的市场条件。

（2）成长期是指产品基本定型、可以批量生产并普及的阶段。此时由于研发费用已大幅度下降，需要大量开支的是资本设备购置费和原料成本费等，所用劳动是一般的熟练劳动，新产品生产已从技术密集型过渡到资本密集型，大多数发达国家具有比较优势。

（3）成熟期是指新产品已经完全变为标准品、广泛普及、批量生产方法更大规模适用的阶段。这时生产方法变得更简单，生产过程中只需要大量半熟练和非熟练劳动力，不但发达国家可以大量生产，发展中国家也可以组织生产。由于半熟练和非熟练劳动力工资较低，发展中国家又具有大量劳动力，他们就具有比较优势。

美国销售学者威尔士认为新产品生命应划分为四个阶段。

第一阶段，由于美国拥有大量高收入消费者，在新产品试销阶段，他们拥有各种便利条件收集消费者的反应，并改进新产品设计，使之更适合消费者的口味，再加上美国在新产品原材料供应方面拥有优势,新产品必然由美国推出。

第二阶段,新产品吸引日本等发达国家的消费者,达到一定规模后,这些国家的生产者自己组织新产品生产,这些国家的新产品问世之后,由于它们在本国市场上销售,不必支付长途运输费用和缴纳关税,也不必支付研发费用,生产成本比美国低,因而在本国市场上的竞争能力比美国强。

第三阶段,美国和发达国家同时将新产品出口到第三国,但发达国家的产品成本和售价更低,在激烈的角逐中,它们的产品将逐步取胜,将美国排挤出第三国市场,但美国仍垄断本国市场。

第四阶段,发达国家的规模收益进一步增加,加上工资较低,改进后的设备更先进,技术水平更高,生产成本大大低于美国,不仅可以在第三国市场上打败美国,而且进入了美国市场。

产品生命周期理论改变了传统静态比较利益的观点,把要素禀赋理论推进了一大步。

学以致用

当真空管收音机刚在美国被发明时,其市场前景并不确定,它并没有吸引许多顾客,生产规模也较小,价格非常昂贵并且具有手工艺的特点,因此需要大量技术性工人。经过最初错了又试的阶段之后,收音机成为适应大规模生产的成功商品,随着电台网的扩张以及收音机的有用性对消费者越来越明显,收音机的需求也不断增长,不久收音机成为出口商品。"二战"以后,随着生产技术的普及,日本利用其廉价的劳动力扩大生产,使得日本占领了收音机市场的很大份额。

美国厂商研制开发了半导体收音机,并在几年内成功地与仍在使用旧技术生产的日本厂商进行竞争,后来日本又学会了半导体技术,并利用劳动力优势挤占美国市场份额。

美国厂商又研制开发小型半导体技术,使得美国又获得技术优势,但是这个技术最终再次被日本学去,日本再次控制收音机的世界市场。

现在,日本成为这一领域的创新者,用最新的技术生产收音机,用比较过时技术生产的收音机已转移到亚洲其他工资较低的国家,但工厂常常由日本厂商所拥有。

◆思考与分析:

这个案例讲述了一个怎样的国际贸易现象?

7. 偏好相似理论

偏好相似理论是解释工业国之间进行工业品贸易的理论,这一观点由瑞典经济学家林德提出。该理论认为发达国家工业制成品双向贸易的增加,主要是由消费者的需求偏好决定的,而人均收入与贸易收入的趋同性、需求结构的相似性,增大了双方贸易的数量和机会。

(1)国内需求是出口贸易的基础。

林德从需求角度出发,研究了"二战"后发达国家之间相互贸易激增的原因。他认为只有那些存在国内需求的工业品才有可能形成出口,这是因为一国工业品的生产规模和竞争能力通常有赖于国内需求的推动,在此基础之上,才会进一步扩展至国外市场。

如果一种工业品在国内市场上缺乏需求或不存在需求，那么，生产者就难以想象出能够满足国外需求的产品生产方案，即使有了这样的方案，生产的成本也会更高。林德由此得出了一个基本结论：一国某一产品的国内需求将决定该国这项产品出口的可能性。

（2）需求结构越相似，两国贸易量越大。

林德进一步分析了两国需求结构对贸易结构的影响，并提出了他的另外一个基本结论：贸易国之间的收入水平和消费偏好越相似，相互贸易的倾向就越强。他认为，国家间的经济发展程度越接近，国民收入就越相近，需求结构也越相似，一国富有国内需求的产品也越容易找到国外市场，这样，贸易量就越大。相反，如果国与国之间的收入和消费偏好差距很大，那么，产业内贸易就会产生障碍。由于工业化国家的发展程度和人均国民收入较为接近，消费需求的偏好相似程度较高，所以这些国家的工业品产业内贸易量越来越大。因此，工业制成品的贸易在具有相似或相近发展水平的国家之间更易于开展。

（3）影响一国需求结构的决定因素是平均收入水平。

当收入提高后，能满足商品价格提高以后需求的产品，除了原来已经有的产品外，还有比原来更精致而功能相似的产品，以及能满足更高生活质量的产品。

任务小结

对外贸易政策是一国政府在一定时期内为实现一定的政策目标而对本国商品贸易、技术贸易和服务贸易制定并实施的政策。由于各个国家经济发展水平的差距比较大，生活在不同国度的经济学家们往往站在本国经济发展的角度进行研究，从而产生了两种相反的国际贸易理论，即自由贸易理论和保护贸易理论。

自由贸易理论要求国际贸易按各国生产要素进行专业化分工，对贸易双方均可带来贸易利益。自由贸易政策的理论基础是比较优势理论和生产要素禀赋理论。

保护贸易理论要求限制进口，鼓励出口，保持贸易顺差。保护幼稚工业贸易政策的理论基础主要是李斯特的保护幼稚工业贸易政策理论。

管理贸易政策在一定程度上遵循了自由贸易原则，但却同时利用国内立法，或通过达成双边或多边国际协定，管理本国对外贸易，进行国际协调。

国际贸易新理论揭示了当代国际贸易发展的规律。区域经济一体化的理论基础是关税同盟理论。技术差距理论、产业内贸易理论、规模经济贸易理论、产品生命周期理论和偏好相似理论较好地解释了现代国际贸易实践中不断出现的新现象。

思考练习

一、单项选择题

1. 绝对优势理论的代表人物是（　　）。
   A．亚当·斯密　　　　　　　　B．大卫·李嘉图
   C．俄林　　　　　　　　　　　D．里昂惕夫

2. 比较优势理论的代表人物是（　　）。
   A. 亚当·斯密　　　　　　　B. 大卫·李嘉图
   C. 俄林　　　　　　　　　D. 里昂惕夫
3. 生产要素禀赋理论的代表人物是（　　）。
   A. 亚当·斯密　　　　　　　B. 大卫·李嘉图
   C. 俄林　　　　　　　　　D. 里昂惕夫
4. 产品生命周期理论是由美国经济学家（　　）提出的。
   A. 雷蒙德·费农　　　　　　B. 俄林
   C. 里昂惕夫　　　　　　　D. 亚当·斯密
5. （　　）解决了规模经济和竞争性之间的矛盾。
   A. 战争　　　　　　　　　B. 贸易
   C. 和平　　　　　　　　　D. 政策
6. 在国际贸易中，要出口本国（　　）要素所生产的商品。
   A. 稀缺　　　　　　　　　B. 丰富
   C. 低价　　　　　　　　　D. 高价
7. 在国际贸易中，要进口本国（　　）要素所生产的商品。
   A. 稀缺　　　　　　　　　B. 丰富
   C. 低价　　　　　　　　　D. 高价
8. 如果贸易双方有一方不具有成本优势，可用（　　）来解释。
   A. 绝对成本　　　　　　　B. 要素禀赋
   C. 比较成本　　　　　　　D. 贸易保护
9. （　　）贸易政策的主要内容是国家对商品的进出口不加干预。
   A. 自由　　　　　　　　　B. 传统
   C. 现代　　　　　　　　　D. 保护
10. （　　）贸易政策的主要内容是奖出限入。
    A. 自由　　　　　　　　　B. 传统
    C. 现代　　　　　　　　　D. 保护

二、多项选择题

1. 对外贸易政策一般包括（　　）方面的内容。
   A. 对外贸易总政策　　　　　B. 进出口商品贸易政策
   C. 对外贸易国别政策　　　　D. 技术贸易政策和服务贸易政策
2. 从对外贸易产生和发展的实践来看，对外贸易政策主要有（　　）两种基本类型。
   A. 技术贸易政策　　　　　　B. 保护贸易政策
   C. 自由贸易政策　　　　　　D. 服务贸易政策
3. 自由贸易政策的理论基础是（　　）。
   A. 产品生命周期理论　　　　B. 比较优势理论
   C. 绝对优势理论　　　　　　D. 生产要素禀赋理论

4. 关税同盟建立后，在各成员国之间实行自由贸易，而对非成员国实行保护贸易，由此产生的静态效应有（　　）。
   A. 贸易创造效应　　　　　　　B. 获取规模经济利益
   C. 贸易转移效应　　　　　　　D. 贸易扩大效应
5. 国际贸易理论的发展大致可分为（　　）阶段。
   A. 传统国际贸易理论　　　　　B. 现代国际贸易理论
   C. 第三　　　　　　　　　　　D. 第四
6. 生产要素禀赋理论又称（　　）。
   A. 技术差距理论　　　　　　　B. 赫克歇尔－俄林要素比例说
   C. H－O 模型　　　　　　　　　D. 资源赋予理论
7. 规模经济可分为（　　）。
   A. 近期规模经济　　　　　　　B. 内部规模经济
   C. 外部规模经济　　　　　　　D. 理论规模经济
8. 产品的生命周期包括（　　）阶段。
   A. 新生期　　　　　　　　　　B. 成长期
   C. 成熟期　　　　　　　　　　D. 销售下降期

三、简答题

1. 简述自由贸易理论的发展。
2. 简述绝对优势理论与相对优势理论的主要内容，并对两者进行对比。
3. 什么是管理贸易政策？管理贸易政策的主要特点是什么？
4. 关税同盟理论的主要观点是什么？
5. 简述国际贸易理论的新发展。
6. 已知本国与外国使用一种要素生产五种产品，每个国家单位产品的劳动投入量如表 1-10 所示。

表 1-10　本国与外国单位产品的劳动投入量

	单位产品的劳动投入量				
	香蕉	苹果	橙子	柚子	葡萄
本国	1	5	3	6	12
外国	10	40	12	12	9

（1）如果本国工资是外国工资的 5 倍，本国与外国将在哪些产品上具有比较优势？两国之间发生贸易，各自出口与进口哪些产品？

（2）如果本国工资是外国工资的 3 倍，本国与外国将在哪些产品上具有比较优势？两国之间发生贸易，各自出口与进口哪些产品？

素质拓展

中国农产品国际贸易的比较优势分析

1. 显性比较优势指数分析

我们选取了两类国家,与我国的农产品进行国际比较分析。一类是农产品强国美国,世界上最大的农业生产国和出口国,也是我国第二大贸易伙伴国。另一类是农产品开放度较小的日本。中、美、日三国主要农产品显性比较优势指数如表 1-11 所示。

表 1-11　中、美、日三国主要农产品显性比较优势指数

品种	显性比较优势		
	中国	美国	日本
农产品	0.7365	1.0025	0.0531
谷物	0.9214	2.2769	0.0554
小麦	0.0004	1.9683	0.0001
大米	2.3581	0.9496	0.1113
大豆	0.2302	4.7207	0.0002
奶	0.1141	0.0372	0.0329
茶叶	2.1772	0.0646	0.0608
棉花	0.1253	0.9534	0.2860
烟草	0.4405	1.8902	0.1559
食糖	0.2413	0.0403	0.0027
动植物油	0.1588	0.6179	0.0284
肉类总计	0.7307	1.1051	0.0063
牛肉	0.1213	1.3728	0.0112
羊肉	0.0633	0.0258	—
蔬菜和水果	1.3564	0.8438	0.0172
水产品*	3.5650	0.4543	0.2377

2. 贸易竞争指数分析

中、美、日三国主要农产品净出口竞争力如表 1-12 所示。

表 1-12　中、美、日三国主要农产品净出口竞争力

品种	净出口竞争力指数		
	中国	美国	日本
农产品	-0.0894	0.0985	-0.9101
谷物	-0.0410	0.8261	-0.9235

续表

品种	净出口竞争力指数		
	中国	美国	日本
小麦	-0.9983	0.8500	-0.9998
大米	0.7827	0.6266	-0.6490
玉米	-0.1064	0.9341	-1.0000
大麦	-0.9931	0.0018	—
大豆	-0.9171	0.9858	-0.9998
奶	-0.9753	-0.9517	-0.9672
茶叶	0.8569	-0.7710	-0.8747
花生	0.9955	0.6661	-0.9594
棉花	-0.9344	0.9843	0.3813
烟草	-0.2895	0.6122	-0.8276
食糖	-0.2309	-0.8553	-0.9858
动植物油	-0.8488	0.1103	-0.8362
肉类总计	0.1318	0.2653	-0.9946
牛肉	-0.5522	0.0858	-0.9897
羊肉	-0.8298	-0.9385	—
猪肉	-0.1154	0.2878	-0.9998
蔬菜和水果	0.5624	-0.1645	-0.9710
饲料	-0.2034	0.7062	-0.9175
水产品*	0.2013	-0.4802	-0.8918

（资料来源：http://www.fao.org）

从上表可以看出，我国只有在大米、茶叶、花生、蔬菜和水果、水产品以及肉类总计上与美国相比占有优势，其他的是劣势。这些优势产品是我们将来农产品发展的重点。特别是蔬菜和水果具有广阔的发展空间，我们应该大力发展。总体而言，受资源禀赋条件的影响，我国各种农产品的国际竞争力差距明显。其中劳动密集型产品始终是我国的优势产品，而资本密集型和土地密集型农产品的国内市场将一直受到国外产品较大的冲击。

◆思考与分析：

1. 从显性比较优势指数与贸易竞争指数估计看，中国在农业方面是否具备国际竞争力？

2. 中国农业国际化发展的对策选择是什么？

项目 2

国际贸易措施分析

导 读

国际贸易措施是各国为实现本国的对外贸易政策而采取的各种措施,是各国对外贸易政策的具体体现。国际贸易主要包括进出口贸易,从而国际贸易措施也分为进口贸易措施和出口贸易措施,一方面,国家常常利用关税措施或非关税措施对外国商品的进口进行限制与调节;另一方面,会采取各种鼓励出口的措施,以扩大本国商品的出口。

进出口关税是国际社会、区域经济组织和各国政府管理国际贸易的重要措施之一。关税是国家税收的重要组成部分,是海关代表国家对进出口货物入境或过境时向进出口商征收的一种税收。它是国家保护国内经济、实施财政政策、调整产业结构、发展进出口贸易的重要手段。

1995年1月1日,世界贸易组织成立,各成员方推动了贸易自由化,关税减让获得了累累硕果。中国于2001年12月11日正式加入了世界贸易组织,现在发达国家的关税税率一般为3.5%~5%,发展中国家为12%~15%,中国通过加入世界贸易组织获得了很大的关税减让,从而极大地促进了中国的进出口贸易。由于世界贸易组织对关税减让的约束比较透明和明确,各国纷纷采取各种非关税措施保护国内市场。非关税措施较关税措施而言,更加复杂多样,手段更加隐蔽,更难防范,现已成为影响当前国际贸易的主要障碍,越来越引起世界各国的重视。

项目2包括两个任务:任务2.1主要对进口贸易措施进行分析;任务2.2主要对出口贸易措施进行分析。

任务 2.1　国际贸易基础知识

学习目标

知识目标：
- ▲掌握关税的概念、种类；
- ▲理解主要的非关税壁垒措施。

能力目标：
- ▲能分析关税壁垒和非关税壁垒对国际贸易，尤其是我国对外贸易的影响。

知识重点：
- ▲关税的种类；
- ▲非关税壁垒主要措施。

情境引入

税改案通过后中美贸易战开打？美国将公布铝关税

国会通过税改案后，特朗普政府将可能挑起中美贸易摩擦主战场的战火。

2017年12月19日彭博援引知情者消息称，美国商务部已经完成一项有关进口钢铁和铝的调查，其推荐特朗普采取措施的建议正接受其他机构评估。上述商务部的进口钢铁与铝调查始于2017年4月。华尔街见闻当月提到，这两项调查都罕见地动用了《1962年贸易扩展法》第232条款。

上述条款赋权商务部调查进口对国家安全的影响。若商务部调查后认定对国家安全构成威胁，特朗普将有权最终决定采取何种限制相关进口的措施，比如征收关税和实行配额制。

2017年9月，美国商务部部长罗斯向彭博表示，特朗普政府会推迟做出钢铁关税决定，因为要把精力集中在让国会通过税改案上。这意味着，在本周美国国会就税改案投票、税改立法尘埃落定后，罗斯就会按计划，向特朗普提交根据232条款调查结果拟定的多个行动选择。华尔街见闻曾提到，虽然钢铁和铝调查不是针对某个国家，是以产品为导向，但众所周知，中国是全球最大钢铁生产国，中国钢铁出口一直以来是中美贸易摩擦的"主战场"。而且中国也是美国的第二大铝进口来源国，对华进口铝的规模仅次于加拿大。2016年中国铝产量占全球总产量一半以上，出口铝箔110万吨，较2015年增长13%，出口规模是21世纪初的两倍多。美国和欧盟、日本发布联合声明，虽未点名中国，但声明称，将在WTO（the World Trade Organization，世界贸易组织）等框架下增强协作，以求消除其他国家产能过剩等扭曲市场的不公平行为，以及贸易保护主义行为。

发布上述声明前，也是在 2017 年 12 月 12 日，签署声明的欧盟贸易代表 Cecilia Malmstrom 表示，中国不是唯一催生钢铁等领域产能过剩的国家，可中国的工业政策显然影响了全球经济体。美国连出招，中美贸易战事实上已经打响？11 月 28 日美国商务部宣布将对中国出口的合金铝片展开双反调查。这种本国企业并未要求，官方就主动启动调查的做法三十年来罕见。11 月 30 日，美国政府公开拒绝承认中国具有市场经济地位。12 月 6 日，美国商务部初步裁定，将向原产自中国的越南钢铁产品加征高额关税。这种做法也是现代贸易体系有史以来的第一次。

华尔街见闻此前文章指出，目前美国单方面的"小动作"不构成贸易战。因为涉及领域在双边贸易中占比都非常小，针对越南的"动作"与中美贸易并无直接相关，所谓公开不承认中国市场经济地位，只是把"私下不承认"公开化了而已。文章认为，美国借用贸易筹码希望实现减少中美贸易逆差等目标。两次世界大战本质上是对全球市场的暴力争夺。美国建立贸易体系、规则和磋商机制主要是为避免"重蹈覆辙"。如今，中美两国共同站在了历史的十字路口。

（资料来源：2017 年 12 月 20 日　腾讯财经）

◆思考与分析：

特普朗政府决定对中国原产的钢铁和铝制品提起双反调查的目的何在？美国商务部对进口的钢铁产品为何不采取非关税壁垒措施？

2.1.1 关税措施

1. 关税和关税种类

关税是最传统的贸易政策工具。"二战"以后，关税在政策工具中的地位下降，但它仍然是市场经济条件下政府调节对外经济关系的有效手段。

（1）关税的含义。

关税（Tariff）是海关代表国家对进出关境的货物和物品向纳税义务人征收的一种流转税。关税征收的主体是国家，由海关代表国家征收；征税的对象是进出关境的货物和物品；纳税人是进口货物收货人、出口货物发货人及进（出）境物品的所有人。征税对象和进出口方向不同，其适用的税率也不同。

关税是世界各国普遍征收的一个税种。早在古希腊和雅典时代关税就已经出现，我国在西周时开始设立"关卡"，对来自其他属地的产品征收内地关税。统一的国境关税是在第一次工业革命后，封建社会开始解体，资本主义生产方式建立以后产生的。这种关税制度一直延续至今。

（2）关税的特点。

关税作为国家税收的一种，一方面，具有和其他税赋相同的特点，即强制性、无偿性和固定性等；另一方面，关税又有其自身的特点：关税以进出境货物和物品为征收范围；关税具有涉外性，是国家对外贸易政策的重要手段；关税的征收范围以关境为界，海关是关税征收的管理机关。

> **知识窗**

在我国，海关是国务院的直属机构，依照《海关法》负责监管进出境的运输工具、货物、行李物品、邮递物品和其他物品，征收关税和其他税、费，查缉走私，编制海关统计和办理其他海关业务。

关境是指适用于同一《海关法》或者实行同一关税制度的领域。一般情况下，关境和国境是一致的，但也有不一致的情况，如欧盟，其成员国之间进出货物时各国不征收关税，而对于非成员国的货物进出欧盟成员国却征收关税，即关境大于国境；又如中国，香港、澳门、台湾与中国大陆实行不同的海关制度，各自实行各自的海关制度，此时，关境小于国境。

（3）征收关税的作用。

征收关税的作用表现在三个方面。

① 增加本国财政收入。

这种作用称为关税的财政作用，以此为目的征收的关税为财政关税。财政关税在资本主义发展初期发挥着重要的作用。因为当时社会经济不够发达，税源较少，财政关税就成为国家增加财政收入的一个重要组成部分。随着社会经济的不断发展，其他税源增加，财政关税的意义已不重要，关税收入在财政收入中的比重相对下降。特别是"二战"以后，经过关税及贸易总协定的八轮谈判，世界范围内关税水平大幅下降，关税的财政作用也在逐渐减弱。然而，关税的财政作用在发达国家和发展中国家的表现是不一样的。目前，发达国家的关税仅占其财政收入的2%~3%，而发展中国家的关税收入一般占其财政收入的13.2%，我国约为7%。财政关税的征收对象一般是国内有大量消费、进口数量大的商品，而且税率要适中，如果税率过高，会阻碍进口，达不到增加财政收入的目的。随着全球贸易自由化进程的不断加快，关税被认为是贸易自由化的障碍，因此，其财政作用必然呈下降的趋势。

② 保护本国的产业与国内市场。

各国广泛利用高关税限制外国商品进口，保护国内生产和国内市场。保护关税的税率越高，保护作用越强，这是因为提高进口关税税率可以提高进口商品的成本，从而削弱其竞争力，使其进口数量减少，以达到保护国内工农业生产的目的。保护关税的另一个目的是可以通过调节关税税率的高低来控制进出口商品的数量，以此调节国内商品的价格，保证国内市场供求平衡。例如，资本主义生产方式建立初期，德国等资本主义国家为了保护本国的幼稚工业，就采用了保护关税作为保护的手段。到了帝国主义时期，帝国主义的垄断资本为了垄断国内市场，通过征收超保护关税，对高度发展的垄断工业或处于衰退的工业部门也进行保护。"二战"后，关税与贸易总协定的成立，推动了贸易的自由化，经过关税与贸易总协定的8次谈判，成员国关税水平大幅下降。例如，发达国家进口工业品的平均关税已由"二战"时的40%下降到约3.7%，发展中国家进口工业品的平均关税也下降到11%。关税税率的大幅下降，使进口关税的保护作用大大减弱。但是，这并不代表保护关税已不存在，各个国家仍然在某些商品领域维持较高的进口关税，有时还使用惩罚关税、报复关税和附加关税等手段保护国内某些产业。

③ 配合外交政策的需要。

关税还具有涉外性，国别贸易政策可以通过关税税率的高低反映出来。各国可以利用关税税率的高低和不同的减免手段来对待来自不同国家的商品，以此开展其对外经贸关系，通过提供优惠政策改善国际关系，利用提高关税限制某些国家商品的进口甚至实施报复等。因此，关税与一国的对外关系有密切的联系。

总之，关税的基本属性决定了关税的重要作用。虽然在不同国家的不同时期，关税的作用并不完全一致，但它的基本作用都是国家主权的体现，是为了维护国家主权，促进国家经济的发展，实现国民财富的增加。

视频资料： 零关税 低壁垒 辽宁省对韩贸易迎来新机遇

（4）关税的种类。

① 进口税。

进口税（Import Tariff）是一国海关以进入本国关境或从自由港、出口加工区及保税仓库进入本国市场的货物和物品为征税对象所征收的关税，又称正常关税或进口正税。

在国际贸易中，通常所说的关税壁垒就是指进口税。因此，进口税一直被各国公认为一种重要的经济保护手段。各国制定进口税税率要考虑多方面的因素，从有效保护和经济发展角度出发，应对不同商品制定不同的税率。一般来说，进口税税率随着进口商品加工程度的提高而提高，即工业制成品税税率最高，半制成品税次之，原料等初级产品税税率最低甚至免税，这称为关税升级。进口国同样对不同商品实行差别税率，对于国内紧缺而又急需的生活必需品和机器设备予以低关税或免税，而对国内能大量生产的商品或奢侈品征收高关税。另外，由于各国政治、经济关系的需要，会对来自不同国家的同一种商品实行不同的税率。由于各国征收进口税的目的不同，其所起的作用也不同，因此，进口税有各种类型或名目。

a. 普通税。如果进口国未与该进口商品的来源国签订任何关税互惠贸易条约，则对该进口商品按普通税税率征收。普通税税率是一国税率中的最高税率，一般比优惠税率高1～5倍，少数商品甚至高达10倍、20倍。目前，仅有个别国家对极少数（一般是未建交）国家的出口商品实行这种税率，大多数只是将其作为优惠税税率减税的基础。因此，普通税税率并不是普遍实施的税率。

b. 最惠国税。最惠国税适用于从与该国签订有最惠国待遇条款的国家或地区所进口的商品。所谓最惠国待遇，是指缔约国各方实行互惠，凡缔约国一方现在和将来给予任何第三方的一切特权、优惠和豁免，也同样给予对方。最惠国待遇的内容很广，但主要是关税待遇。最惠国税税率是互惠的，且比普通税税率低，有时甚至差别很大。例如，美国对进口玩具征收的普通税税率为70%，而最惠国税税率仅为6.8%。由于世界上大多数国家都加入了签订有多边最惠国待遇条约的关税与贸易总协定，或者通过个别谈判签订了双边最惠国待遇条约，因而这种关税税率实际上已成为正常的关税税率。

值得一提的是，最惠国税税率并非最低税率。在最惠国待遇中往往规定有例外条款，如在缔结关税同盟、自由贸易区或有特殊关系的国家之间规定更优惠的关税待遇时，最惠国待遇并不适用。

c. 特惠税。特惠税又称优惠税，是对来自特定国家或地区的进口商品给予特别优惠的低关税或免税待遇。使用特惠税的目的是增进与受惠国之间的友好贸易往来。特惠税有的是互惠的，有的是非互惠的，税率一般低于最惠国税税率和协定税税率。

d. 普惠制。普惠制是普遍优惠制（Generalized System of Preferences）的简称，是发达国家给予发展中国家出口的制成品和半制成品（包括某些初级产品）普遍的、非歧视的且非互惠的一种关税优惠制度。它在最惠国税税率的基础上进行减税和免税，按最惠国税税率的一定百分比征收。

普遍性、非歧视性和非互惠性是普惠制的三项基本原则。普遍性是指发达国家对所有发展中国家出口的制成品和半制成品给予普遍的关税优惠待遇；非歧视性是指应使所有发展中国家都无歧视、无例外地享受普惠制待遇；非互惠性即非对等性，是指发达国家应单方面给予发展中国家特殊的关税减让，而不要求发展中国家对发达国家给予对等待遇。普惠制的目的是通过给惠国对受惠国的受惠商品给予减、免关税的优惠待遇，使发展中的受惠国增加出口收益，促进其工业化水平的提高，加速国民经济的增长。

普惠制是发展中国家在联合国贸易与发展会议上长期斗争的成果。从 1968 年联合国第二届贸发会议通过普惠制决议至今，全世界已有 31 个给惠国，受惠国和地区有 190 多个。

我国是受惠国之一。普惠制促进了我国出口贸易的增长，使我国的制成品和半制成品的出口逐步替代原料等初级产品的出口，加速了我国工业化的进程。

② 出口税。

出口税（Export Tariff）是出口国的海关在本国产品输往国外时，对出口商所征收的关税。

目前大多数国家对绝大部分出口商品都不征收出口税。因为征收出口税会抬高出口商品的成本和国外售价，削弱其在国外市场的竞争力，不利于扩大出口。但目前世界上仍有少数国家（特别是经济落后的发展中国家）征收出口税。

征收出口税的目的主要有以下几点。

a. 对本国资源丰富、出口量大的商品征收出口税，以增加财政收入。

b. 为了保证本国的生产，对出口的原料征税，以保障国内生产的需要和增加国外商品的生产成本，从而加强本国产品的竞争能力。例如，瑞典、挪威对于木材出口征税，以保护其纸浆及造纸工业。

c. 为保障本国市场的供应，除了对某些出口原料征税外，还对某些本国生产不足而又需求较大的生活必需品征税，以抑制价格上涨。

d. 控制和调节某些商品的出口流量，防止盲目出口，以保持在国外市场上的有利价格。

e. 为了防止跨国公司利用"转移定价"逃避或减少在所在国的纳税，向跨国公司出口产品征收高额出口税，维护本国的经济利益。

我国历来采用鼓励出口政策，但为了控制一些商品的出口量，采用了对极少数商品征收出口税的办法。被征收出口税的商品主要有生丝、有色金属、铁合金、绸缎等。

③ 过境税。

过境税（Transit Duties）又称通过税或转口税，是一国海关对通过其关境转运至第三国的外国货物所征收的关税。其目的主要是增加本国财政收入。

过境税在重商主义时期盛行于欧洲各国。随着资本主义的发展，交通运输事业的发达，各国在货运方面的竞争日趋激烈，同时，过境货物对本国生产和市场没有影响，于是到19世纪后半期，各国相继废除了过境税。"二战"后，关税与贸易总协定规定了"自由过境"的原则。目前，大多数国家对过境货物只征收少量的签证费、印花费、登记费、统计费等。

④ 进口附加税。

进口附加税（Import Surtaxes）又称特别关税，是指进口国海关对进口的外国商品在征收进口正税之外，出于某种特定的目的而额外加征的关税。

进口附加税不同于进口税，在一国《海关税则》中并不能找到，也不像进口税那样受到关税与贸易总协定的严格约束而只能降不能升，其税率的高低往往视征收的具体目的而定。

进口附加税通常是一种临时性的特定措施。征收进口附加税的目的主要如下：应付国际收支危机，维持进出口平衡；防止外国产品低价倾销；对某个国家实行歧视或报复等。

进口附加税也是限制商品进口的重要手段，在特定时期有较大的作用。一般来说，对所有进口商品征收进口附加税的情况较少，大多数情况是针对个别国家和个别商品征收进口附加税。这类进口附加税主要有反倾销税、反补贴税、紧急关税、惩罚关税和报复关税。

a. 反倾销税。反倾销税（Anti Dumping Duty）是指对实行倾销的进口货物所征收的一种临时性进口附加税。根据关税与贸易总协定《反倾销守则》规定，征收反倾销税的目的在于抵制商品倾销，保护本国产品的国内市场。因此，反倾销税税额一般按倾销差额征收，由此抵消低价倾销商品价格与该商品正常价格之间的差额。而且，征收反倾销税的期限也不得超过为抵消倾销所造成的损害所必需的期限。一旦损害得到弥补，进口国应立即停止征收反倾销税。另外，若被指控倾销其产品的出口商愿做出"价格承诺"，即愿意修改其产品的出口价格或停止低价出口倾销的做法，进口国有关部门在认为这种方法足以消除其倾销行为所造成的损害时，可以暂停或终止对该产品的反倾销调查，不采取临时反倾销措施或者不予以征收反倾销税。

中国于1997年3月25日颁布实施了《反倾销和反补贴条例》，这是中国制定的第一个反倾销、反补贴法规，规定进口产品低于其正常价值出口到中国的为倾销。我国目前征收的进口附加税主要是反倾销税。

b. 反补贴税。反补贴税（Anti Subsidy Duty）又称反津贴税、抵消税或补偿税，是指进口国为了抵消某种进口商品在生产、制造、加工、买卖、输出过程中所接受的直接或间接的任何奖金或补贴而征收的一种进口附加税。征收反补贴税的目的在于增加进口商品的价格，抵消其所享受的补贴金额，削弱其竞争能力，使其不能在进口国的国内市场上进行低价竞争或倾销。

关税与贸易总协定《补贴与反补贴税守则》规定，征收反补贴税必须证明补贴的存在及这种补贴与损害之间的因果关系。如果出口国对某种出口产品实施补贴的行为对进口国国内某项已建的工业造成重大损害或产生重大威胁，或严重阻碍国内某一工业的新建时，进口国可以对该种产品征收反补贴税。反补贴税税额一般按奖金或补贴的数额征收，不得超过该产品接受补贴的净额，且征税期限不得超过 5 年。另外，对于接受补贴的倾销商品，不能既征收反倾销税，又征收反补贴税。

c. 紧急关税。紧急关税（Emergency Tariff）是为消除外国商品在短期内大量进口，对国内同类产品生产造成重大损害或产生重大威胁而征收的一种进口附加税。当短期内外国商品大量涌入时，一般正常关税已难以起到有效的保护作用，因此需要借助税率较高的特别关税来限制进口，保护国内生产。由于紧急关税是在紧急情况下征收的，是一种临时性关税，因此，当紧急情况缓解后，紧急关税必须撤除，否则会受到别国的关税报复。

d. 惩罚关税。惩罚关税（Penalty Tariff）是指出口国某商品违反了与进口国之间的协议，或者未按进口国海关的规定办理进口手续时，由进口国海关向该进口商品征收的一种临时性的进口附加税。这种特别关税具有惩罚或罚款性质。另外，惩罚关税有时还被用作贸易谈判的手段。例如，美国在与别国进行贸易谈判时，就经常扬言若谈判破裂就要向对方课征高额惩罚关税，以此逼迫对方让步。这一手段在美国经济、政治实力鼎盛时期是非常有效的，但是，随着世界经济多极化、国际化等趋势的加强，这一手段日渐乏力，且越来越容易招致别国的报复。

e. 报复关税。报复关税（Retaliatory Tariff）是指一国为报复他国对本国商品、船舶、企业、投资或知识产权等方面的不公正待遇，对从该国进口的商品所课征的进口附加税。通常在对方取消不公正待遇时，报复关税也会相应取消。然而，报复关税也像惩罚关税一样易引起他国的反报复，最终导致关税战。

征收进口附加税主要是为弥补正税的财政收入作用和保护作用的不足。由于进口附加税比正税所受的国际社会约束要少，使用灵活，因而常常会被用作限制进口与贸易斗争的武器。

学以致用

印度将提高手机及机顶盒进口税

财政部近日发布消息，从 12 月 1 日起，我国将进一步降低部分消费品进口关税，平均税率由 17.3%降至 7.7%。这次降低进口关税的消费品有哪些？消费者将得到什么实惠？会对商家乃至我国消费产生什么影响？

降低进口关税，哪些产品降幅最大

唇膏、眼影、香水等化妆品关税由 10%降至 5%，咖啡机、智能马桶盖关税由 32%降至 10%，矿泉水关税由 20%降至 10%……其中，降税力度最大的是婴儿尿布及尿裤，以及部分配方婴幼儿奶粉，进口关税均降为零，如图 2-1 所示。

图 2-1　我国将进一步降低部分消费品进口关税

不难看出，此次降税产品的一大特点是与人民生活息息相关，覆盖面广、降幅明显，涵盖食品、保健品、药品、日化用品、服装鞋帽、家用设备、文化娱乐、日杂百货等消费品，共涉及 187 项商品，平均税率由 17.3%降至 7.7%。其实自 2015 年以来，我国已连续 3 次降低消费品进口关税，分别是 2015 年 6 月、2016 年 1 月和 2017 年 1 月，主要选取了我国居民在境外购买意愿较强、关税税率较高的消费品。到 2017 年 11 月，我国已对 152 个税号的消费品实施了暂定税率，平均降幅为 50%，涉及一般贸易年进口额 109 亿美元。

社科院财经战略研究院研究员杨志勇说，此次降低消费品进口关税，一方面有利于扩大国内有效供给，更好满足人民消费需求，另一方面有利于进口产品同国内产品开展竞争，引导我国供给体系，更好地适应消费需求变化。从过去的高新产品到如今的消费品，降低进口关税已经成为一种趋势。"中国贸促会研究院国际贸易研究部主任赵萍说，这是在高水平对外开放格局下我国外贸思路转变的表现，有助于推动进出口贸易平衡。同时也能让国际市场更多分享中国经济发展带来的红利。

进口关税的调整意味着今后消费者在国内可以更低的价格买到心仪的进口产品。这一政策的直接影响就是有助于将大量外流的消费留在国内。世界旅游组织数据显示，2016 年中国游客境外旅游消费达到 2 610 亿美元，同比增长 12%，中国游客是世界上境外旅游消费最多的游客。国内外产品的差价成为消费外流的主要原因。专家指出，我国居民每年在境外的消费若有 1/3 或 2/3 回流，就能拉动 GDP 一个百分点。消费品进口关税降低力度加大，有助于进一步扩大国内需求。中国电子商务研究中心主任曹磊说，进口关税的调整对跨境电商平台是一个直接利好，将减少海淘税收监管的盲区，促进更多国外产品通过正规渠道进入国内，从而实现消费留在国内，税收留在国内，也会让商品的品质和供应链管控更有保证。

降低进口关税通过发挥其正向引导和调剂余缺作用，已成为我国扩大消费的重要手段之一。但对于扩大消费品进口来说,关税只是其中一个方面。

财政部有关负责人表示,抽样显示关税额在商品零售价中实际占比仅为0.5%至7%,对缩小商品境内外价格差异直接作用有限。降关税对扩大消费品进口提供了有利条件,但商品进口量和国内售价变化最终还是要市场决定。我国把提高供给体系质量作为主攻方向,并提出在中高端消费、创新引领等领域培育新增长点,形成新动能。

"尽管进口商品能填补国内市场不足的空白,但作为经济大国,国内需求的满足要更多依靠国内供给。"赵萍说,尤其是随着人们消费需求升级,仅仅靠进口中高端产品无法从根本上改变供需矛盾,还要通过挖掘消费者潜在需求,加快新产品的生产和供给。

曹磊表示,真正解决消费外流、促进中高端消费要多措并举,一方面要推动跨境电商在通关、仓储、物流等方面的便利化,方便消费品进口;另一方面要致力于通过供给侧结构性改革,重塑"中国制造",做大做强民族品牌,这才是使产品在国内外市场立足的根本。

(资料来源:2017年11月17日 浙江在线)

◆思考与分析:
我国下调进口关税的目的是什么?此举会对我国消费者产生什么影响?

2. 关税的征收方法

关税的征收方法又称征收标准。

(1)从量税。

从量税(Specific Tariff)是以进口货物的重量、数量、长度、容量、面积等计量单位为标准计征的关税。

计算公式:进口税税额=商品进口数量×从量关税税额。其中,重量单位是最常用的从量税计量单位。

以重量为单位征收从量税必须注意,在实际应用中各国计算重量的标准各不相同,一般采用毛重、净重和净净重。毛重是指商品本身的重量加内外包装材料在内的总重量。净重是指商品总重量扣除外包装后的重量,包括部分内包装材料的重量。净净重则是指商品本身的重量,不包括内外包装材料的重量。

采用从量税计征关税有以下特点。

① 手续简便。不需要审定货物的规格、品质和价格,便于计算,可以节省大量征收费用。

② 税负不合理。同一税目的货物,不管质量好坏、价格高低,均按同一税率征税,税负相同。因而对质劣价廉的进口物品的抑制作用比较大,不利于低档商品的进口,对防止外国商品低价倾销或低报进口价格有积极作用;对于质优价高的商品,税负相对减轻,关税的保护与财政收入作用相对减弱。

③ 不能随价格变动作出调整。当国内物价上涨时,税额不能随之变动,使税收相对减少,保护作用削弱;物价回落时,税负又相对增高,不仅影响财政收入,而且影响关税的调控作用。

④ 难以普遍采用。征收对象一般是谷物、棉花等大宗产品和标准产品,对某些商品

如艺术品及贵重物品（古玩、字画、雕刻和宝石等）不便使用。

在工业生产还不十分发达、商品品种规格简单、税则分类也不太细的一个相当长的时期内，不少国家对大多数商品使用过从量税。但"二战"后，随着严重通货膨胀的出现和工业制成品贸易比重的加大，征收从量税起不到关税保护作用，各国纷纷放弃了完全按从量税计征关税的做法。

精打细算

国内某公司进口胶卷6万卷，成交价格为CIF珠海2美元，已知当天的外汇折算价为1美元=6.839 6元人民币。按照规定，该种胶卷按照1卷=0.057 75平方米折算，该种胶卷可适用的税率为26元/平方米。试计算该公司应为这批胶卷支付多少进口税。

解：应征进口税=60 000×0.057 75×26=90 090（元）

（2）从价税。

从价税（Ad-Velorem Tariff）是以进口货物完税价格作为计税依据而征收的关税。从价税的税率表现为货物价格的百分值。

计算公式：进口税税额=进口商品总额（完税价格）×进口从价税税率。

征收从价税的一个重要问题是确定进口商品的完税价格。所谓完税价格，是指经海关审定的作为计征关税依据的货物价格，货物按此价格照章完税。长期以来，世界各国往往采用不同的估价方法来确定完税价格，目前大致有以下三种：出口国离岸价格（FOB）、进口国到岸价格（CIF）和进口国的官方价格。如美国、加拿大等国采用离岸价格来估价，而西欧等国采用到岸价格作为完税价格，不少国家甚至故意抬高进口商品完税价格，以此增加进口商品成本，把海关估价变成一种阻碍进口的非关税壁垒措施。

为了弥补各国确定完税价格的差异且减少其作为非关税壁垒的消极作用，关税与贸易总协定东京回合达成了《海关估价协议》，规定了6种应依次使用的海关估价方法。其中采用进口商品或相同商品的实际价格作为估价的主要依据，即以进口国立法确定的某一时间或地点，在正常贸易过程中于充分竞争的条件下，某一商品或相同商品出售或兜售的价格为依据，而不能以臆断或虚构的价格为依据。当实际价格不能确定时，应以可确定的、最接近实际价格的相当价格作为确定完税价格的依据。

征收从价税有以下特点。

① 税负合理。同类商品质高价高，税额也高；质次价低，税额也低。加工程度高的商品和奢侈品价高，税额较高，相应的保护作用较大。

② 物价上涨时，税款相应增加，财政收入和保护作用均不受影响。但在商品价格下跌或者别国蓄意对进口国进行低价倾销时，财政收入就会减少，保护作用也会明显减弱。

③ 适用各种商品。

④ 从价税税率用百分数表示，便于与别国进行比较。

⑤ 完税价格不易掌握，征税手续复杂，大大增加了海关的工作负荷。

由于从量税和从价税都存在一定的缺点，因此关税的征收方法在采用从量税或从价税的基础上，又产生了混合税和选择税，以弥补从量税、从价税的不足。目前单一使用从价税的国家并不多。

视频资料：美国继续对中国产非公路用轮胎征收"双反"关税

精打细算

国内某企业从美国购进柴油船用发动机两台，成交价格合计为 CIF 珠海 68 万美元。该发动机进口税税率为 1%。已知报关当日中国银行外汇牌价中间价为 1 美元=6.839 6 元人民币，请问应为该批发动机缴纳多少进口税？

解：应征进口税=680 000×6.839 6×1%=46 509.28（元）

（3）混合税。

混合税（Mixed or Compound Duty）又称复合税，是指征收关税时同时使用从量、从价两种税率计征，以两种税额之和作为该种商品的关税税额。复合税按从量、从价的主次不同又可分为两种情况：一种是以从量税为主加征从价税，即在对每单位进口商品征税的基础上，再按其价格加征一定比例的从价税。例如，美国进口小提琴每把征税 1.25 美元，另加征 35%的从价税。另一种是以从价税为主加征从量税，即在按进口商品的价格征税的基础上，再按其数量单位加征一定数额的从量税。我国进口征税以从价税为主，1999 年起对部分商品征收复合税。例如，对于完税价格低于或等于 2 000 美元/台的录像机执行单一的从价税，普通税税率是 130%，优惠税税率是 45%（2002 年降到 36%）；但对完税价格高于 2 000 美元/台的录像机征收复合税，普通税率是每台 20 600 元人民币的从量税，再加征 6%的从价税，优惠税率是每台 7 000 元（2002 年降到 5 480 元）人民币的从量税，再加征 3%的从价税。

精打细算

我国向美国出口男式开司米羊绒衫 500 打（一打为 12 件），每件重 1 磅，单价为 20 美元，对此羊绒衫，美国每磅从量税征收 37.5 美分加征从价税 15.5%，则美国进口商应为这批羊绒衫支付多少关税？已知报关当日中国银行外汇牌价中间价为 1 美元=6.839 6 元人民币。

解：从量税=500×12×1×0.375=2 250（美元）

从价税=500×12×20×15.5%=18 600（美元）

总税额=2 250+18 600=20 850（美元）

应征关税=20 850×6.839 6=142 605.66（元）

（4）滑准税。

滑准税（Sliding Duties）是预先按产品的价格高低分档制定不同的税率，然后根据进口商品价格的变动而增减进口税率的一种关税。当商品价格上涨时适用较低税率，当商品价格下跌时适用较高税率，其目的是保障该种商品国内市场价格的稳定。例如，目前我国对进口税配额外的棉花实行滑准税。

3. 海关税则和报关手续

（1）海关税则。

各国征收关税的依据是海关税则（Customs Tariff）。海关税则又称关税税则，是一国对进出口商品计征关税的规章和对进出口应税与免税商品加以系统分类的一览表。海关税则是关税制度的重要内容，是国家关税政策的具体体现。

海关税则一般包括两部分：一部分是海关课征关税的规章条例及说明；另一部分是关税税率表。其中，关税税率表主要包括税则号列、商品分类目录及税率三部分。商品分类目录将种类繁多的商品或按加工程度，或按自然属性、功能、用途等分为不同的类。随着经济的发展，各国海关税则的商品分类越来越细，这不仅是由于商品日益增多而产生技术上的需要，更主要的是各国开始利用海关税则更有针对性地限制有关商品进口和更有效地进行贸易谈判，将其作为实行贸易歧视的手段。

海关税则中的同一商品，可以采用一种税率征税，也可以采用两种或两种以上税率征税。按照税率表的栏数，可将海关税则分为单式税则和复式税则两类。

单式税则又称一栏税则，是指一个税目只有一个税率，即对来自任何国家的商品均以同一税率征税，没有差别待遇。目前只有少数发展中国家实行单式税则。

复式税则又称多栏税则，是指同一税目下设有两个或两个以上的税率，即对来自不同国家的进口商品按不同的税率征税，实行差别待遇。其中，普通税税率是最高税率；特惠税税率是最低税率；在两者之间，还有最惠国税税率、协定税税率、普惠制税税率等。目前大多数国家都采用复式税则。这种税则有二栏、三栏及四栏不等。我国目前采用二栏税则。通常，对同一税目所设置的税率栏次越多，税则的灵活性和区别对待的特性越强，同时，表现出的歧视性也越强。

在单式税则或复式税则中，依据制定税则的权限又可分为自主税则或国定税则和协定税则。前者是指一国立法机构根据关税自主原则单独制定而不受对外签订的贸易条约或协定约束的一种税率；后者则指一国与其他国家或地区通过贸易与关税谈判，以贸易条约或协定的方式确定的关税税率。协定税则是在本国原有的国定税则以外，通过与他国进行关税减让谈判而另行规定的一种税率，因此要比国定税率低。

此外，在单式税则或复式税则中，依据进出口商品流向的不同，还可分为进口货物税则和出口货物税则。

我国现行的关税税则由以下几个部分构成。

① 国家实施该税则的法令，即该税则的实施细则及使用税则的有关说明。

② 税则的归类总规则，即说明该税则中商品归类的原则。

③ 各类、各章和税目的注释，即主要解释类、章和税目商品的确切范围，说明它们各自应包括和不应包括的商品，以及对一些商品的形态、功能、用途等方面的说明。这些注释主要是为了消除人们由于理解不同而引起的分歧。

④ 税目表，即关税税则的主体，由商品分类目录和税率栏两大部分组成。商品分类目录是将种类繁多的商品加以综合，或按照商品的不同生产分类，或按照商品的自然属性、功能、用途把商品分为不同的类。类以下分章，章以下分税目，税目以下再分子目

（可以按照各国的实际需要而定），并且将每项商品按顺序排列，分别编号，称为税则号列，即税号。税率栏，则按商品分类目录的顺序，逐项列出不同商品的征税幅度，即税率。税率栏是税则的核心内容。

《进出口税则》中的税率是关税制度的核心部分，是一国关税政策的具体体现，税率的高低，不仅影响一国对外贸易的发展，影响纳税人的负担，影响国家的财政收入，影响进口国的市场供求关系，影响关税的各项职能，还进一步影响国家之间的政治、经济关系。

目前，我国的关税税率分为三个部分：进口货物关税税率、出口货物关税税率和进口物品关税税率。

（2）报关手续。

报关（Customs Clearance）手续或通关手续即关税的征收程序，是指进出口货物收货或发货人、运输负责人、物品所有人或其代理人按照海关的规定，办理货物、物品、运输工具进境或出境及相关海关事务的手续和步骤。不同国家（单独关税区）的海关都各自规定了货物的进出境报送程序。

在我国，海关规定进出境货物经过申报、查验、征税和放行 4 个海关作业环节即完成通关。与之相适应，进出口货物收、发货人或其代理人应当按程序办理相应的进出口申报、配合查验、缴纳税费、提取或装运货物等手续，货物才能进出境。报关程序按时间先后可以分为三个阶段：前期阶段、进出境阶段和后续阶段。

① 前期阶段。

前期阶段是指根据海关对保税加工货物、特定减免税货物和暂准进出口货物等的监管要求，进出口货物收、发货人或其代理人在货物进出境以前，向海关办理上述拟进出口货物合同、许可证等的备案手续的过程。

② 进出境阶段。

进出境阶段是指根据海关对进出境货物的监管制度，进出口货物收、发货人或其代理人在进口货物进境、出口货物出境时，向海关办理进出口申报、配合察验、缴纳税费、提取或装运货物手续的过程。

在进出境阶段，进出口货物收、发货人或其代理人应当按照步骤完成以下 4 个环节的工作。

a．进出口申报。进出口申报是指进口货物的收货人、出口货物的发货人或其代理人在规定的期限内，按照海关规定的形式，向海关报告进出口货物的情况，提请海关按其申报的内容放行进出口货物的工作环节。

b．配合察验。配合察验是指申报进出口的货物经海关决定察验时，进口货物的收货人、出口货物的发货人，或者办理进出口申报具体手续的报关员应到达察验现场，配合海关察验货物，并按照海关的要求负责搬移、开拆或重封被察验货物的工作环节。

c．缴纳税费。缴纳税费是指进出口货物的收、发货人或其代理人接到海关发出的税费缴纳通知书后，以支票、本票、汇票或现金的形式，向海关指定的银行办理税费款项的缴纳手续，由银行将税费款项缴入海关专门账户的工作环节。

d．提取或装运货物。提取或装运货物是指提取进口货物或装运出口货物。提取货物是指进口货物的收货人或其代理人，在办理了进口申报、配合察验、缴纳税费等手续，海关决定放行后，持凭海关加盖"放行章"的进口提货凭证（在无纸通关方式中，也可持凭海关通过计算机发送的放行通知书）提取进口货物的工作环节。

装运货物是指出口货物的发货人或其代理人，在办理了出口申报、配合察验、缴纳税费等手续，海关决定放行后，持凭海关加盖"放行章"的出口装货凭证（在无纸通关方式中，也可持凭海关通过计算机发送的放行通知书）通知港区、机场、车站及其他有关单位装运出口货物的工作环节。

③ 后续阶段。

后续阶段是指根据海关对保税加工货物、特定减免税货物或暂准进出口货物等的监管要求，进出口货物收、发货人或其代理人在货物进出境储存、加工、装配和使用后，在规定的期限内，按照规定的要求，向海关办理上述进出口货物核销、销案和申请解除监管的手续的过程。

> **知识窗**

《商品名称及编码协调制度》简称"协调制度"，又称"HS"（The Harmonized Commodity Description and Coding System 的简称），是指在原海关合作理事会商品分类目录和国际贸易标准分类目录的基础上，协调国际上多种商品分类目录而制定的一部多用途的国际贸易商品分类目录，是 1983 年 6 月海关合作理事会（现名"世界海关组织"）主持制定的一部供海关、统计、进出口管理及与国际贸易有关各方共同使用的商品分类编码体系。HS 编码"协调"涵盖了《海关合作理事会税则商品分类目录》（CCCN）和联合国的《国际贸易标准分类》（SITC）两大分类编码体系，是系统的、多用途的国际贸易商品分类体系。它除了用于海关税则和贸易统计外，对运输商品的计费、统计、计算机数据传递、国际贸易单证简化以及普遍优惠制税号的利用等方面，都提供了一套可使用的国际贸易商品分类体系。HS 于 1988 年 1 月 1 日正式实施，每 4 年修订 1 次，世界上已有 200 多个国家（地区）使用 HS，全球贸易总量 90%以上的货物都是以 HS 分类的。在现实工作中，为了适用于海关监管、海关征税及海关统计，需要按照进出口商品的性质、用途、功能或加工程度等将商品准确地归入《协调制度》中与之对应的类别和编号。

2.1.2 非关税壁垒措施

非关税壁垒（Non-tariff Barriers）是指除关税以外的各种限制进口的措施。非关税壁垒可分为直接和间接两大类。直接的非关税壁垒措施又称直接的数量限制，是由进口国直接对进口商品的数量或金额加以限制，或迫使出口国直接限制商品的出口。这类措施有进口配额制、进口许可证制、"自动"出口限制等。间接的非关税壁垒措施是对进口商品制定严格的条例或规定，间接地限制商品进口，如苛刻复杂的技术标准、进口最低限价、卫生安全检验和严格的社会标准等。

1. 非关税壁垒的特点与作用

（1）非关税壁垒的特点。

与关税壁垒相比较而言，非关税壁垒具有以下特点。

① 有效性。

关税壁垒对商品进口的限制是相对的，当面对生产成本特别低的进口产品时，关税调节也无能为力。而非关税壁垒对进口的限制是绝对的，使用的是一些禁止性的政策，所以这种方法更直接、更严厉，因此也更有效。

② 隐蔽性。

关税税率必须在《海关税则》中公布，毫无隐蔽性可言，而非关税壁垒则完全不同，其措施往往不公开，使进口商难以应付和适应。非关税壁垒能够巧妙地隐藏在合理进口政策的执行之中，容易转移人们的视线，具有很大的隐蔽性。

③ 灵活性。

关税税率的调整直接受到世界贸易组织的硬性规定，很难有大幅度提高。非关税壁垒则不同，制定和实施非关税壁垒措施通常采用行政手段，制定和改变都迅速简单，伸缩性大，所以在限制进口方面表现出更大的灵活性。

（2）非关税壁垒的作用。

对西方发达国家而言，非关税壁垒的作用主要表现在3个方面：一是作为防御性"武器"限制外国商品进口；二是作为国际贸易谈判砝码，逼迫对方妥协让步，以争夺国际市场；三是用作对其他国家实行贸易歧视的手段，甚至作为实现政治利益的手段。

发展中国家设置非关税壁垒的目的主要如下：一是限制非必要品进口，节省外汇；二是限制外国进口商品的强大竞争力，以保护民族工业和幼稚工业；三是发展民族经济，以摆脱发达资本主义国家对本国经济的控制和剥削。但总体来说，无论是过去的关税与贸易总协定还是现在的世界贸易组织，对于发展中国家采取非关税措施保护国内民族产业都缺乏实质性的保护条款。

2. 非关税壁垒的主要措施

（1）进口配额制。

进口配额又称进口限额（Import Quotas），是指一国政府在一定时期内对某种商品的进口数量或金额加以直接的限制。在规定的期限内，限额以内的商品可以进口，超过限额就不准进口，或征收较高的关税或罚款。

进口配额主要有两种：绝对配额和关税配额。

① 绝对配额。

绝对配额是指在一定的时期内，对某种商品的进口数量或金额规定一个最高额，达到这个数额后，不准进口。在实施中主要又分为两种：全球配额和国别配额。

全球配额属于世界范围内的绝对配额，对来自世界任何国家和地区的商品一律适用。进口国主管当局通常按进口商的申请先后或过去某一时期的实际进口额批给一定的额度，直至总配额使用完为止，超过总配额就不准进口。

国别配额是指在总配额内按国别或地区分配给固定的配额,超过各国或地区规定的配额便不准进口。实行国别配额可以使进口国根据它与有关国家或地区的政治经济关系分配给不同的额度。进口商必须提交原产地证书以区分来自不同的国家或地区的商品。

国别配额又可分为自主配额和协议配额。自主配额又称单方面配额,是由进口国完全自主地、单方面强制规定一定时期内从某个国家或地区进口某种商品的配额。协议配额又称双边配额,是由进口国家或出口国家政府或民间团体之间协商确定的配额。

② 关税配额。

关税配额是指对进口商品的绝对数量和金额不加限制,在规定的时期内,对关税配额以内的进口商品,给予低税或减免税待遇,超过配额的进口商品则征收较高的关税、附加税或罚款。

为了加强绝对进口配额的作用,一些国家往往对配额商品定得很细,比如按不同的商品规格、价格水平、原料来源、进口商等规定不同的配额。

1995 年世界贸易组织成立以后,进口配额的使用受到诸多多边协议的规范。各国进口配额的发放也必须贯彻公开、透明和非歧视的原则。

学以致用

2017 年粮食进口关税配额申领条件和分配原则

据中华人民共和国国家发展和改革委员会网站消息,发改委近日发布《2017 年粮食进口关税配额申领条件和分配原则》。明确 2017 年粮食进口关税配额量为:小麦 963.6 万吨,国营贸易比例 90%;玉米 720 万吨,国营贸易比例 60%;大米 532 万吨(其中:长粒米 266 万吨、中短粒米 266 万吨),国营贸易比例 50%。图 2-2 所示为粮食进口示意图。

图 2-2 粮食进口示意图

中华人民共和国国家发展和改革委员会明确,2017 年粮食进口关税配额申请者基本条件为:2016 年 10 月 1 日前在工商管理部门登记注册;具有良好的财务状况、纳税记录和诚信情况;2015 年以来在海关、工商、税务、信贷、检验检疫、粮食流通、环保等方面无违规记录；未列入"信用中国"网站受惩黑名单；履行了与业务相关的社会责任；没有违反《农产品进口关税配额管理暂行办法》的行为。

（资料来源：2016年10月13日　新华网）

◆**思考与分析：**
进口关税配额会对我国粮食市场及农民带来什么影响？

(2) "自动"出口配额制。

"自动"出口配额制（Voluntary Export Restraint，VER）是出口国在进口国的要求或压力下，"自动"规定在某一时期内某种商品对该国的出口配额，在限定的配额内自行控制出口，超过配额即禁止出口。"自动"出口限制往往是出口国在面临进口国采取报复性贸易措施的威胁时被迫做出的一种选择。就进口国方面而言，"自动"出口配额与绝对进口配额一样，起到限制商品进口的作用。

"自动"出口配额制一般有以下两种形式。

① 非协定的"自动"出口配额。

非协定的"自动"出口配额，即不受国际协定的约束，而是出口国迫于进口国的压力，单方面规定出口配额，限制商品出口。这种配额有的是由政府有关机构规定配额，出口商必须向有关机构申请配额，领取出口授权书或出口许可证才能出口；有的是由本国大的出口厂商或协会"自动"控制出口，以控制恶性竞争。

② 协定的"自动"出口配额。

协定的"自动"出口配额，即出口国与进口国通过谈判签订"自限协定"或有秩序的销售安排。在协定中规定有效期内的某些商品的出口配额，出口国应根据此配额实行出口许可证或出口配额签证制，自行限制这些商品的出口，进口国则根据海关统计进行检查。"自动"出口配额大多数属于这一种。出口国企业可以通过转移生产国别来回避"自动"出口配额。

(3) 进口许可证制。

进口许可证制度是一国规定某些商品的进口必须申领许可证，没有许可证海关不予进口的制度，是国际贸易中一项应用较为广泛的非关税措施。

① 从进口许可证与进口配额的关系上看，进口许可证的分类如下。

a. 有定额的进口许可证，即进口国管理机构预先规定一定的配额，然后根据进口商的申请发放。

b. 无定额的进口许可证，即进口许可证的发放不与配额结合，进口国在个别考虑的基础上，决定对某种商品的进口发给许可证。由于这种个别考虑没有公开的标准，所以能起到更大的限制进口的作用。

② 从进口商品的许可程度上看，进口许可证的分类如下。

a. 一般许可证，又称公开一般许可证，凡是列明属于公开一般许可证的商品，进口商只要填写了许可证，有关当局应立即批准和发给进口许可证，不包括对进口的任何限制，而只是一种申报程序。各国政府通过一般许可证管理，可以不用很多人力和财力就能得到进口统计数字和其他必要的信息。

b. 特种许可证，又称特种进口许可证，由政府有关机构对进口商品进行严格的监督和控制，只对允许进口的商品数量发给许可证。

在关税与贸易总协定乌拉圭回合谈判中，以上两种许可证又称自动许可证和非自动许可证。

进口许可证制是与世界贸易组织的基本原则相违背的，如果这种做法运用不当，不仅会妨碍贸易的公平竞争，还容易导致对出口国实行歧视性待遇。而且特种许可证的发放如果没有法律保障，就很容易成为进口国有关机构腐败的温床。所以世界贸易组织要求，如果有关成员国因特殊情况要采用进口许可证制，也要使用公开一般许可证，并且发放程序要透明。

◎ 学以致用

为加快落实外贸稳增长政策措施，进一步推进通关作业无纸化改革工作，提高贸易便利化水平，海关总署和商务部决定在现阶段已有10个海关开展自动进口许可证通关作业无纸化试点的基础上，将自动进口许可证通关作业无纸化工作在全国范围内推广实施。现将有关事宜公告如下。

一、自2016年2月1日起，在全国范围内实施自动进口许可证通关作业无纸化。有效范围为实施自动进口许可"一批一证"管理的货物（原油、燃料油除外），且每份进口货物报关单仅适用一份自动进口许可证。下一步将扩大到全部自动许可管理商品和全部证书状态。

二、对满足条件的，企业可依据《货物进出口许可证电子证书申请签发使用规范（试行）》（商办配函〔2015〕494号）申请电子许可证，根据海关相关规定采用无纸方式向海关申报，免于交验纸质自动进口许可证。海关将通过自动进口许可证联网核查方式验核电子许可证，不再进行纸面签注。

三、因海关和商务部门审核需要、计算机管理系统故障、其他管理部门需要验凭纸质自动许可证等原因，可以转为有纸报关作业或补充提交纸质自动进口许可证。

四、自动进口许可货物通关作业无纸化应用以外事项，按照《货物自动进口许可管理办法》（商务部 海关总署令2004年第26号）、自动进口许可证联网核查系统公告（商务部 海关总署公告2013年第2号）和《海关深入推进通关无纸化改革工作有关事项公告》（海关总署公告2014年第25号）执行。

（资料来源：2016年1月29日 海关总署网站）

◆ 思考与分析：

假设你所在的公司需要进口铁矿石，你首先要获得什么外贸管理证件才能进口？这项公告的宣布对你所在的公司有何影响？

（4）外汇管制。

外汇管制是一国政府通过法令对国际结算和外汇买卖实行限制来控制商品进口，平衡国际收支和维持本国货币的汇价的一种制度。其目的是控制外汇的使用，限制外汇资本流动，稳定货币汇率，改善或平衡国际收支。

在外汇管制下，进口商必须向外汇管制机构（如我国的外汇管理局）指定的银行购买外汇；本国货币出入国境的携带也受到严格的限制等。政府通过控制外汇的供应数量来掌握进口商品的种类、数量和来源国别,从而起到限制进口的作用。

外汇管制一般可分为以下 3 种。

① 数量性外汇管制。

数量性外汇管制是指国家外汇管理机构对外汇买卖的数量直接进行限制和分配。一些国家实行数量性外汇管制时,往往与进口许可证相结合。

② 成本性外汇管制。

成本性外汇管制是指国家外汇管理机构对外汇买卖实行复汇率制,利用外汇买卖成本的差异,间接影响不同商品的出口。实行外汇管制的国家对于国内需要而又供应不足或不生产的重要原料、机器设备和生活必需品,用较为优惠的汇率;对于国内可大量供应和非重要的原料及机器设备,用一般的汇率;对于奢侈品和非必需品,使用最不利的汇率。

③ 混合性外汇管制。

混合性外汇管制是指同时使用数量性和成本性外汇管制,对外汇实行更为严格的控制,以控制商品的进出口。

"二战"后,由于外汇储备短缺,国际收支长期失衡,许多国家实行外汇管制政策。20 世纪 50 年代以后,许多国家的国际收支逐渐改善,于是逐步放宽了外汇管制,最后实现了货币的自由兑换。一般来说,现在实行外汇管制的国家,要么是本国金融体系还不健全,不能马上实现货币自由兑换;要么是频繁经历金融危机,国际收支长期失衡,不得已而实行进口外汇管制。

(5)进口押金制。

进口押金制又称进口存款制。进口商若要进口商品,要预先按照进口金额的一定比例,在规定时间内到指定银行无息存入一笔现金,以增加进口商的资金负担,达到限制进口的目的。

(6)海关估价制。

海关估价是指进口国通过提高进口货物的海关估价来增加货物的关税负担和限制进口。同一种商品按不同的价格计征关税,其税额也不同。如果选择较高的一种价格作为完税的价格,则增加了进口商的税负。例如,美国海关对煤焦油产品按美国售价制征税,其进口税税率为从价税的 20%,进口价格为每磅 0.5 美元,应缴进口税为 0.5×20% =0.1 美元;这种商品美国售价每磅 1 美元,按同样税率每磅应缴税为 1×20% =0.2 美元,增加了一倍。

(7)进口和出口的国家垄断。

进口和出口的国家垄断是指在对外贸易中,对某些或全部商品的进口、出口规定由国家机构直接经营,或者把商品的进口或出口的专营权给予某垄断组织。各国的进口和出口垄断主要集中在烟酒、农产品、武器及石油 4 类商品上。

(8)歧视性政府采购政策。

歧视性政府采购政策是指国家制定法令,规定政府机构在采购时要优先购买本国产品。政府优先购买本国产品的政策,使进口商品大受歧视,从而限制了进口商品的销售。美国从 1933 年开始实行《购买美国货法》,并在 1954 年和 1962 年两次修改。这一法规要求政府购买美国货，除非货物不用于美国、美国没有足够的质量满意的货物，或者国货不符合公众利益或产生不合理的成本。

（9）征收各种国内税。

国内税是指在一国境内，对生产、销售、使用或消费的商品所应支付的关税，一些国家往往采用国内税制度直接或间接地限制某些商品的进口。对进口产品征收高于国内产品的税费，则构成对进口产品的不公平限制，与世界贸易组织的国民待遇相违背。但是由于国内税的制定和执行通常不受贸易条约和多边协定的限制，而且有些国家地方政府也有设税的权限，所以更能起到限制进口的目的。例如，美国和日本对进口酒精饮料所征收的消费税都高于本国同类产品。

（10）最低限价和禁止进口。

最低限价指一国政府规定某种进口商品的最低价格，若进口商品的价格低于最低价，则禁止进口或征收进口附加税。最低限价是根据某一商品生产国在生产水平最高的情况下生产出该商品的价格而定的。20世纪70年代，美国曾实行所谓的"启动价格制"来限制欧洲国家和日本的低价钢材和钢制品的进口，启动价格是以当时世界上效率最高的钢材生产者的生产成本为基础计算出来的最低限价，当进口价格低于这一限价时，便自动引发对该商品征收进口附加税或罚金。

3. 非关税壁垒的新发展

乌拉圭回合谈判的结果是关税壁垒进一步削弱，传统的非关税壁垒也受到众多诸边协议的约束。各国在保护环境、维持生物多样性和本国人民生命安全的名义下，实施或加强了一系列新的非关税壁垒措施，其中主要包括技术性贸易壁垒和反倾销措施壁垒等。

（1）技术性贸易壁垒。

技术性贸易壁垒（Technical Barriers）是指进口国对外国进口商品制定强制性和非强制性的、苛刻烦琐的技术法规、标准及检验商品的合格评定程序，从而提高产品进口的要求，增加进口难度，最终达到限制进口的目的。

世界贸易组织1994年在《技术性贸易壁垒协议》（WTO/TBT协议）中承认了技术性贸易措施存在的合理性和必要性，允许各国可以基于维护国家安全、人类安全与健康、动植物安全与健康、环境保护和防止欺诈行为等正当理由而采取技术性贸易措施。

各国的技术性贸易壁垒主要有以下几种。

① 严格、繁杂的技术法规和技术标准。

技术法规所包含的内容主要涉及劳动安全、环境保护、卫生与健康、节约能源与材料等。目前，工业发达国家颁布的技术法规种类繁多。尤其是近几十年来，随着贸易战的加剧，许多工业发达国家打着保护本国消费者安全和健康、保护劳工合法权益的旗号，制定了许多有关安全卫生方面的法律，来限制商品进口。

随着竞争的加剧，工业发达国家对许多产品规定了极为严格的技术标准，有意识地利用标准作为竞争的手段，把标准中的技术差异作为贸易保护主义的措施。有些标准的规定甚至是经过精心策划的，专门用以针对某个国家的出口产品。技术标准不仅在条文上可以对外国产品规定许多限制，而且在标准的实施上也可以设置重重障碍，以限制进口和销售。

② 复杂的合格评定程序。

许多国家规定对影响人身安全和健康的产品实行强制性认证。这些产品未经政府授权的机构进行认证,未获得特定的认证标志,不准在市场上销售。

③ 商品标签的规定。

标签是商品上必要的文字、图形和符号。许多国家为了保护消费者的利益,要求尽量向消费者提供产品质量和使用方法的信息,因而,对进口商品,特别是对消费品标签进行了严格的规定。

许多国家对商品包装和标签规定了苛刻的要求和烦琐的内容,使出口商增加商品成本,削弱了商品的竞争能力。自 1987 年以来,我国每年被美国海关扣留的食品中约有 25%是由于不符合《美国食品标签法》的规定造成的。

④ 绿色壁垒。

绿色壁垒是指以保护环境、保护生态平衡、节约能源等为由的限制或阻碍国际贸易的技术性措施。绿色壁垒所涉及的内容非常广泛,从对环境产生影响的角度出发,其内容可以从商品的生产、加工方法、包装材料、销售方式、消费方式甚至商品废弃后的处理方式等诸多方面加以限制。总体来讲,绿色壁垒可分为以下几大类。

a. 苛刻的绿色标准。发达国家在保护环境的名义下,通过立法手段,制定严格的强制性技术标准,限制国外商品的进口。这些标准都是根据发达国家生产和技术水平制定的,发展中国家很难达到。这种貌似公正、实则不平等的环保技术标准,势必导致发展中国家的产品被排斥在发达国家市场之外。其中比较著名的是 ISO14000 环境管理系列标准,这是国际标准化组织(ISO)发布的序列号为 14000 的一系列用于规范各类组织的环境管理标准。虽然 ISO14000 通过国际协调,在一定程度上消除了由于环保而造成的贸易冲突,协调了环境与贸易的关系。但是,人们普遍担心 ISO14000 将成为发达国家限制发展中国家市场准入的一个口舌,成为一种变相的贸易保护主义,原因如下:由于经济、技术信息等方面的原因,发展中国家实施 ISO14000 的速度及规模滞后,这将影响发展中国家的产品市场准入和竞争力;由于产业结构的不同,发展中国家高污染行业较多,而这些行业实施 ISO14000 需要的环保投入很大,这在短期内将影响发展中国家企业的竞争力;由于发展中国家的企业规模普遍较小,销售额较低,缺乏雄厚的资金和高素质的人员,而实施 ISO14000 费用昂贵,销售额较小的发展中国家的一些企业无力承担这种高昂的费用;由于制定 ISO14000 系列标准的各技术工作组均属于发达国家,它们在制定标准时往往只考虑自身利益而忽视发展中国家的国情,给发展中国家的企业提出了超出实际情况的要求。

b. 复杂苛刻的动植物卫生检疫措施。根据世界贸易组织《实施卫生与植物卫生措施协议》(以下简称《SPS 协议》)的有关规定,世界贸易组织成员有权采取以下措施,保护人类、动植物的生命和健康:保护世界贸易组织成员国领土内的动物或植物的生命或健康免受虫害或病害、带病有机体或致病有机体的传入及繁殖或传播所产生的风险;保护世界贸易组织成员国领土内的人类或动物的生命或健康免受食品、饮料或饲料中添加剂、污染物、毒素或致病有机体所产生的风险;保护世界贸易组织成员国领土内的动物或植物的生命或健康免受动物、植物或动植物携带的病害或虫害的传入、**繁殖**或传播所产生的风险;防止或控制世界贸易组织成员国领土内有害生物的传入、**繁殖**或传播所产生的其他损害。上述措施总称为 SPS 措施。

根据《SPS 协议》,世界贸易组织成员制定和实施 SPS 措施必须遵循科学性原则、等效性原则、与国际标准协调一致原则、透明度原则、SPS 措施的一致性原则、对贸易影响最小原则和动植物疫情区域化原则等。缺乏科学依据、不符合上述原则的 SPS 措施均构成贸易壁垒。

c. 绿色包装要求。绿色包装制度要求节约资源,减少废弃物,用后易于回收再用或者再生,易于自然分解。欧盟、英国、日本、美国等先后出台了"绿色包装"法规,虽然有利于环境保护,但却为发达国家制造"绿色壁垒"提供了可能,由此引起的贸易摩擦不断。例如,丹麦以保护环境为名,要求所有进口的啤酒、矿泉水和软性饮料一律使用可再装的容器,否则拒绝进口。此举受到欧共体其他国家的起诉。最后丹麦虽然胜诉,但欧共体仍指责其违反自由贸易原则。又如美国的环保法规中规定,对一些天然材料生产的包装物,要进行卫生和动植物检疫,以防止动植物病虫害的进入,而我国的出口产品包装往往不注重这方面的要求,加之包装材料较差,部分出口的包装中还在大量使用木材、稻草等材料,不仅外观粗陋,而且常常因为其中含有病虫害而一再受到美国的责难和限制,甚至经常因为通不过动植物检疫而影响有关产品的出口。

d. 绿色环境标志。这是一种印在产品或其包装上的图形,表明该产品不但符合质量标准,而且在生产、使用、消费和处理过程中符合环保要求,对生态环境和人类健康均无损害。发展中国家要进入发达国家市场,必须取得这种"绿色通行证",但是其中花费的时间和费用使许多中小型企业望而却步。它犹如无形的屏障,使发展中国家产品进入发达国家市场步履维艰,甚至受到巨大冲击。

视频资料:东盟欲降低非关税壁垒推进一体化

学以致用

日前,广东省质监局 WTO/TBT 中心透露,近日陆续收到了欧盟、美国、智利、乌干达等关于 LED(Light Emitting Diode,发光二极管)灯具方面的 TBT 贸易技术措施通报。通报法规对进入国的定向灯和 LED 灯具产品设置了更高的门槛,这将大幅度提高进入欧美多国市场的 LED 灯具产品的生产成本,对全省乃至全国的 LED 产业造成重大影响。

广东省质监局 WTO/TBT 中心指出,这次新通报的 TBT 中,有的对进入国的定向灯和 LED 灯具产品提出了覆盖节能环保、生态设计等更高、更严格的要求,如欧盟对定向灯和 LED 灯提出了高能效要求。该通报法规要求只有能效指数达到 0.2 以上的定向 LED 灯和定向荧光灯才能进入欧盟市场,直接导致生产成本提升 20%以上,为广东的 LED 企业总共带来 20 多亿元损失。

另外,美国此次通报了 LED 等测试程序,据初步估算,美国此次通报的 LED 测试程序仅对广东省 LED 出口企业就会带来超过 20 亿元的额外成本,将大大削弱广东省 LED 灯具产品在美国市场的竞争力。

(资料来源:2012 年 7 月 12 日　中国贸易救济信息网)

◆思考与分析:

为什么大多数国家都采用技术壁垒?它与关税的区别是什么?

(2)反倾销措施壁垒。

反倾销措施壁垒是指滥用世界贸易组织所允许的合理的反倾销手段,以达到限制外国产品进口的目的。

1995 年 7 月 1 日生效的世界贸易组织《反倾销协议》,是反倾销的主要行为准则,也是各成员国制定或修改国内反倾销法律的依据。《反倾销协议》规定,欲实施反倾销措施的成员方须遵守三个条件:一是确定倾销事实的存在;二是确定对其国内产业造成了实质损害或实质损害的威胁,或对建立国内相关产业造成了实质阻碍;三是确定倾销和损害之间事实上存在因果关系。界定倾销的要素在于外国商品价格与正常价格之间差距的大小。按照世界贸易组织的规定,倾销幅度不超过出口价格的 2%或者倾销产品进口量占同类产品进口的比例不超过 3%,都是可以忽略不计的。

反倾销措施的下述特点使其成为除技术贸易壁垒以外限制进口的另一个有效手段。

① 反倾销是得到世界贸易组织协议认可的。

世界贸易组织《多边货物贸易协定》中的《反倾销措施协议》使反倾销制度在世界贸易组织框架下取得了合法地位,相应地,维护公平竞争就成为实行贸易保护的一个有力借口。

② 损害认定标准较低。

实施反倾销行动所要求的利益损害(指倾销行为对进口国国内产业造成的损害或损害威胁)认定,要比采取关税与贸易总协定 1994 年第 19 条项目下的保障措施所要求的利益损害(指进口激增对进口国国内产业造成的损害或损害威胁)认定更为简单。采取保障措施的前提是认定进口对国内产业造成严重损害,而对反倾销措施来说,损害认定标准较低,有造成实际损害的举证就足够了。

③ 反倾销可以针对个别国家。

世界贸易组织并不要求反倾销行动必须对所有出口国同时进行。

④ 反倾销和自动出口限制具有互补效应。

反倾销和自动出口限制具有互补效应,反倾销的威胁会使出口国更容易接受自愿出口限制。

⑤ 反倾销限制进口的效果显著且迅速。

无论结果如何,单是反倾销调查本身就具有限制进口的作用。出口商将承受应诉和管理成本,同时还面临不确定性的风险。

从美国的反倾销法律程序,可以清楚地看到反倾销限制进口的作用。

a.案件审理的周期长。美国厂商提出投诉后 20 天内由商务部确定是否立案调查,45 天内由国际贸易委员会举行听证会,就该项商品是否对美国国内产业造成实质性损害或造成威胁进行初步裁决。投诉后 160 天内由商务部确定"公平价格",并对低于"公平价格"的幅度向进口商征收保证金（原告或商务部可提出延长 50 天）。商务部初裁后 75 天举行听证会，进行终裁（被告可要求延长 60 天）。商务部终裁后，案件又回到国际贸易委员会，由后者在 45 天内举行听证会，就产业损害问题进行终裁。终裁 7 天后公布结果并开征反倾销税。可见，自投诉到国际贸易委员会终裁，案件审理时间可长达 287 天，若原告和被告分别要求延长，则可长达 397 天。如此漫长的审理程序不仅使应诉企业必须付出高昂的费用，而且使之面临巨大的时间成本。

b. 占压资金。自商务部初裁之日起，海关根据初裁确定的低于"公平价格"的幅度向进口商征收保证金。反倾销税以商务部终裁的低于"公平价格"的幅度为准，进口商所交保证金多退少补。国际贸易委员会的终裁是在 9 个月之后，而进口商在起诉方投诉后 160 天内就必须缴纳保证金，即使被告最后获得胜诉，这中间的时间差也会使进口商付出巨大的资金成本。

c. 反倾销税具有回溯性。进口商必须缴纳的反倾销税可能高于保证金数额，因为只要起诉方请求，商务部就会对案件进行年度复审，以确定实际应缴的税额。若税额高于保证金，进口商将收到一份账单，效力可以追溯到进口之后两年内应缴的追加税款。

d. 程序复杂，案件的最终结果难以预料。整个审理过程可能需要 3 次听证会、4 次裁决，虽然除国际贸易委员会初裁外，其余 3 次裁决中只要有一次裁决否定倾销或损害，被告就能胜诉，但审理程序复杂，牵涉因素很多，结果很难预料。

这会对被诉国家及其他国家潜在的出口商构成巨大的心理压力，使他们对美国市场望而却步。

⑥ 在正常价格的认定上对所谓"非市场经济"国家实行差别待遇。

按照《反倾销协议》，界定倾销的要素在于外国商品价格与正常价格之间差距的大小。正常价格的确定方法有 3 种。

a. 出口产品在出口国市场上有可比价格的，以该可比价格为正常价格。

b. 出口产品在出口国市场上无可比价格的，以第三国的可比价格为正常价格。

c. 当出口产品无可比价格时，以相同或类似产品的生产成本加合理费用、利润为正常价格。如果被视为非市场经济国家，即便该出口产品在国内市场有可比价格，但进口国仍然选用参照国。由于参照国的人力成本一般大大高于出口国的人力成本，出口产品很容易被裁定为倾销。

我国到目前为止仍然不被大多数发达国家承认为市场经济国家，企业只能以个案形式由进口国认定是否符合市场经济条件，加大了企业的出口成本。所以，行业协会和政府有必要发挥各自的优势，争取使大多数发达国家承认我国的市场经济地位，进而获得更公平的出口待遇。

学以致用

欧盟决定延长对中国瓷砖反倾销税 执行期 5 年

外媒称，欧盟将继续对从中国进口的瓷砖征收 30.6% 至 69.7% 的反倾销税，直到 2022 年 11 月 23 日。据西班牙《世界报》网站 11 月 24 日报道，西班牙瓷砖行业协会会长伊西德罗·萨尔索索和欧洲瓷砖生产商联合会主席何塞·路易斯·拉努萨 24 日在一个记者会上证实，欧盟将延续对中国瓷砖的反倾销措施。欧盟在原有措施到期后进行了重新评估，最终决定将反倾销措施的执行期延长 5 年。

萨尔索索和拉努萨都强调了欧盟延续对中国瓷砖反倾销措施的重要性，因为如果不这样做的话，欧盟成员国恐将失去 6 万个瓷砖生产行业的就业机会。其中，西班牙主要瓷砖产区卡斯特利翁省将损失 1.5 万个直接就业机会。拉努萨说："中国拥有巨大的瓷砖产能，仅其处于休眠状态的 35%产能就已是欧盟国家瓷砖总产能的数倍。"拉努萨表示，将反倾销措施延长 5 年将帮助欧洲瓷砖行业继续保持竞争力，在公平的条件下从事生产，并继续在欧洲范围内进行投资和创新。

2016 年 9 月 21 日，在匈牙利布达佩斯唐人街建材中心，里面销售的瓷砖等建材都来自中国，如图 2-3 所示，每天都会迎来大批欧洲顾客。

图 2-3 中国瓷砖等建材在唐人街建材中心销售

（资料来源：2017 年 12 月 21 日 参考消息网）

◆思考与分析：
如何才能判定进口商品具有倾销的性质？这又将给相关企业及国家带来什么？

任务小结

本任务主要介绍了关税与非关税壁垒两大部分内容。关税是进出口货物在进出境环节需要向国家缴纳的税收，由海关代表国家征收。关税根据商品流向的不同分为进口税和出口税。进口关税根据其目的不同分为正税和附加税；根据计算方法不同分为从量税、从价税、混合税及滑准税。非关税壁垒是除了关税以外的其他限制进口的措施，如进口许可证、进口配额、外汇管理、技术壁垒、环境壁垒等，其目的都是限制外国商品进入国内，增强本国产品的国际竞争力，保护国内产业，维护本国经济、政治利益。

思考练习

一、单项选择题

1. （　　）是关税壁垒。
   A. 外汇管制　　　　　　　　　B. 对 LV 包征收的从价税
   C. 进口押金制　　　　　　　　D. 海关估价制
2. WTO/TBT 协议是（　　）。
   A. 岐视性政策采购　　　　　　B. 技术性贸易壁垒
   C. 反倾销措施　　　　　　　　D. 关税措施
3. （　　）是对进口商品征收正常关税以外再加征的额外关税。
   A. 出口税　　　　　　　　　　B. 进口税
   C. 过境税　　　　　　　　　　D. 进口附加税
4. 海关对进口商品不按货物进口到岸的金额征税而按国内同类商品的零售价进行征税，这种征税办法是（　　）。
   A. 从量税　　　　　　　　　　B. 征收各种国内税
   C. 海关估价制　　　　　　　　D. 最低限价和禁止进口
5. 从价税是按进口商品的（　　）为标准计征的关税。
   A. 数量　　　　　　　　　　　B. 价格
   C. 容量　　　　　　　　　　　D. 面积
6. 关税对本国产品的保护程度取决于（　　）。
   A. 税率　　　　　　　　　　　B. 税额
   C. 关税结构　　　　　　　　　D. 关税效应
7. 当前中国人民银行规定居民换汇额度为每人每年 5 万美元，这种限制外汇出境的办法是（　　）。
   A. 成本性外汇管制　　　　　　B. 混合性外汇管制
   C. 进口和出口的国家垄断　　　D. 数量性外汇管制

二、多项选择题

1. 进口配额主要有（　　）。
   A. 全球配额　　　　　　　　　B. 国别配额
   C. 进口专卖　　　　　　　　　D. 关税配额
2. 关税的征收标准有（　　）。
   A. 从量税　　　　　　　　　　B. 从价税
   C. 定量税　　　　　　　　　　D. 定价税
3. 海关税则分为（　　）。
   A. 单式税则　　　　　　　　　B. 独立税则

  C．复式税则   D．复合税则
4．下列（　　）是外汇管制。
  A．成本性外汇管制   B．数量性外汇管制
  C．混合性外汇管制   D．外汇平准基金
5．非关税壁垒措施包括（　　）。
  A．进口配额制   B．进口许可证制
  C．出口补贴   D．外汇管制
6．下列（　　）是技术贸易壁垒。
  A．欧盟 RHos 指令   B．报废电子电气设备指令 WEEE
  C．进口商品标签审批   D．SPS 措施
7．实行国家垄断的商品主要集中在三类商品上，分别是（　　）。
  A．糖   B．烟和酒
  C．农产品   D．武器
8．进口税的种类包括（　　）。
  A．普通税   B．特惠税
  C．最惠国税   D．普惠制税

三、简答题

1．我国对某些商品征收出口税的目的是什么？哪些商品要征收出口税？
2．关税可以分为哪些种类？
3．非关税壁垒和关税壁垒相比有何特点？
4．什么是普惠制待遇（Generalized System of Preference，GSP）？有何特点？
5．我国为何对某些特定商品征收进口附加税？现行规定下有哪些进口附加税？
6．什么是绿色壁垒？其主要内容是什么？

素质拓展

阿根廷对中国产厨房小家电征收高额反倾销税

  阿根廷生产部 9 日以官方公文正式宣布，对从中国进口的厨房小家电实施反倾销税，反倾销调查期间对此类产品的进口关税为 105.1%。阿政府此举将严重影响我小家电向阿出口。
  阿根廷政府根据当地一家电企业的申诉，以 521-E/2017 号公文宣布了反倾销措施。所涉及产品包括从中国进口的多功能厨房小电器及多用途配件，如食品加工用电器、果汁机，甚至包括部分手动食品加工器具。

（资料来源：2017 年 12 月 21 日 人民网）

  ◆思考与分析：
  为何阿根廷对我国产厨房小家电征收高额反倾销税？对双方有何影响？

任务 2.2　出口贸易措施分析

学习目标

知识目标：
▲ 理解鼓励出口的主要措施；
▲ 了解出口管制的内容和种类；
▲ 了解经济外交的重要性。

能力目标：
▲ 能够分析各种鼓励出口和出口管制措施对国际贸易的影响和作用。

知识重点：
▲ 出口信贷、出口补贴、商品及外汇倾销等出口贸易措施。

情境引入

中国推出鼓励出口新举措促外贸回稳向好

2016年5月11日，中国正在推出鼓励出口的新举措，进一步增加政府向企业提供的激励措施。这些措施意在推动经济增长，但正在加剧贸易摩擦。

在5月9日公布的指导意见中，中国国务院呼吁金融机构加大对小微企业和有效益的外贸企业的贷款支持力度，表示将调整完善出口退税政策。国务院还承诺会降低短期出口信用保险费率。出口信用保险的作用是保护出口企业不受外国客户拒付货款的影响。

虽然措施细节尚未公布，但中国政府表示，这些举措是为了应对复杂且不断恶化的贸易前景而提出的。

（资料来源：2016年5月11日　参考消息）

随着经济全球化和国际贸易日趋自由化，各国逐渐将贸易政策的重点从限制进口的关税和非关税措施转移到鼓励出口的措施上，如大量实施出口信贷、出口补贴等，通过增加出口来获得交易利润。限制进口和鼓励出口是国际贸易政策相辅相成的两个方面。无论采取自由贸易政策还是保护贸易政策的国家，都无例外地采用这种奖出限入的政策。另外，为了维护本国经济、政治或军事的安全，也会对某些重要资源和战略物资实施出口管制，限制或禁止出口。本任务主要分析鼓励出口和管制出口的措施。

2.2.1　鼓励出口措施

为了促进本国产品的出口，争取到更多的市场份额，各国政府千方百计地采取各种措施鼓励本国产品出口。鼓励出口措施是指出口国家的政府通过经济、行政、组织等方面的措施，促进本国商品的出口，开拓和扩大国外市场。下面介绍几种常见的鼓励出口的措施。

1. 出口补贴

出口补贴（Export Subsidies）又称出口津贴，是指政府在商品出口时给予出口厂商的现金补贴或财政上的优惠，目的在于降低出口商品的价格，加强其在国外市场上的竞争力。出口补贴的方式有直接补贴和间接补贴两种。

（1）直接补贴。

直接补贴（Direct Subsidies）是指政府对出口企业直接给予现金补贴。直接补贴的办法包括价格补贴（政府按照出口商品的数量或价值给予一定的现金补贴）和收入补贴（对企业出口亏损进行补偿）。世界贸易组织禁止对工业品出口进行直接补贴，因此直接补贴主要用于初级产品，特别是农产品的出口贸易。

（2）间接补贴。

间接补贴（Indirect Subsidies）是指政府对某些商品的出口给予财政上的照顾。间接补贴相对于直接补贴更加隐蔽和多样化。如给予某些商品的出口商减免出口税和国内损失税的优待；对出口产品开发国外市场提供补贴，如澳大利亚规定企业开发国外市场，特别是开发新市场时，其开发费用的70%由政府提供，加拿大政府则为企业开发市场的经费提供50%的补贴；对出口产品的技术研究开发给予援助或政府直接组织有关研究工作；对加工出口商品，所进口的原料、半成品实行暂时免税或退税；对于出口商品，降低运费或提供低价运输工具等。这些方法都是为了减少出口成本，扩大销路。

知识窗

补贴与反补贴问题一直是国际贸易中的突出问题。为了规范各国的反补贴行为，关税与贸易总协定乌拉圭回合谈判达成《补贴与反补贴协议》，将补贴分为3类。

禁止性补贴（Prohibited Subsidy）又称"红灯补贴"，任何成员不得维持此类补贴。

可申诉补贴（Actionable Subsidy）又称"黄灯补贴"，指允许使用的补贴，但若该补贴对世界贸易组织成员产生了不利的影响，则可对其采取磋商手段，或动用争议解决程序，或对其采取反补贴措施。

不可申诉补贴（Un-actionable Subsidy）又称"绿灯补贴"，是合法的补贴，不能受到反补贴制裁，它包括所有非专门补贴，即那些不是主要使某个企业、某个产业或某个产业集团受益的补贴。

学以致用

中国取消纺织等7大行业出口补贴

在美国向世界贸易组织（WTO）提起申诉后，中国已经同意取消其向出口企业提供的多种补贴。两国政府为此达成了一项双边协议，结束了持续一年多的一场纠纷。

美国贸易代表迈克尔·弗罗曼（Michael Froman）2016年4月14日宣布这项协议，称其"对于在从农业到纺织品的7个不同行业受雇的美国人是一个胜利"。

美国在2015年2月向中国发难，针对中国在7个行业向本国出口企业提供的激励。这些行业是：纺织、服装和鞋类；先进材料和金属；轻工业；特种化学品；医疗产品；五金建材；农业。

欧盟、日本和巴西后来加入了针对中国所称的"示范基地"（接受政府补贴以达到出口目标的产业集群）的申诉。美国官员们列出了179个这样的产业集群，此前他们在一起围绕汽车零部件的WTO案件中发现了他们所称的非法补贴。为了深挖细节，美国调查人员仔细研究了5 000多页从中文翻译过来的中国政府文件。

尽管中国正试图从依赖出口转向更加注重国内消费，但出口企业仍享受着一系列优惠，而美国认为这些优惠在WTO规则下是被禁止的。它们包括面向指定企业的现金补助、免费或优惠服务。

对华贸易成了2016年美国总统大选中的一个重要话题，共和党总统竞选领跑者唐纳德·特朗普（Donald Trump）经常猛轰北京方面不公平地占美国企业的便宜。2015年美国贸易赤字达到3 660亿美元。2016年迄今为止美国贸易赤字同比高出逾10%。

华盛顿彼得森国际经济研究所（Peterson Institute for International Economics）贸易专家加里·赫夫鲍尔（Gary Hufbauer）表示，该协议将无助于重塑贸易流动。"它不会带来任何大的改变"他表示。他补充说，它可能只会使不断攀升的美国贸易赤字降低50亿美元。

（资料来源：2016年4月15日 财经综合报道）

◆思考与分析：
美国为什么反对中国对7大行业进行出口补贴？

2. 出口信贷

（1）出口信贷的概念。

出口信贷（Export Credit）是指一个国家为了鼓励商品出口，增强商品的竞争能力，通过银行对本国出口商品所提供的一种信贷资助，它是一国的出口商利用本国银行的贷款扩大商品出口，特别是金额较大、期限较长商品（如成套设备、船舶等）出口的一种重要手段。对银行而言，这就是出口信贷业务，用于促进和扩大出口。

（2）出口信贷的种类。

出口信贷按借贷关系可分为卖方信贷和买方信贷。按时间长短可分为短期、中期和长期信贷（见表2-1）。

表2-1 出口信贷的分类

分类方法	种类	含义
按借贷关系划分	卖方信贷	卖方信贷（Supplier's Credit）是出口方银行向本国出口厂商（卖方）提供的贷款。这种贷款协议由出口厂商与出口方银行之间签订。进口商与出口商达成的买卖合同采用延期付款的方式。卖方信贷可以加速出口厂商的资金周转，但进口厂商多要求采用延期付款的方式付款，这意味着买方要在相当长一段时间后才能付贷款，对卖方来讲风险较大

续表

分类方法	种类	含义
按借贷关系划分	买方信贷	买方信贷（Buyer's Credit）是出口方银行直接向外国的进口厂商（买方）或进口方的银行提供的贷款。其附带条件就是贷款必须用于购买债权国的商品，因而起到促进商品出口的作用，这就是所谓的约束性贷款
按时间长短划分	短期信贷	一般指180天以内的贷款，主要适用于原料、消费品及小型机器设备的出口
	中期信贷	为期1～5年，常用于中型机器设备出口
	长期信贷	通常是5～10年甚至更长时期，用于出口成套设备、船舶、飞机、重型机器等大型商品

🔊 动动脑

卖方信贷和买方信贷有何异同？对进出口商来讲各有什么利弊？

3. 出口信贷国家担保制

出口信贷国家担保制（Export Credit Guarantee System）是国家为了扩大出口，对本国出口商或商业银行向国外进口商或银行提供的信贷，由国家设立的专门机构出面担保。当国外债务人拒绝付款时，这个国家机构即按照承保的数额给予补偿，如英国的出口担保署、美国的进出口银行、日本的输出银行和法国的对外贸易保险公司等。我国的进出口银行，除办理出口信贷业务外，也办理出口信用保险和信贷担保业务。

出口信贷国家担保制有以下特点：担保金额大，有时达信用额的70%～80%，有时达到100%；范围不断扩大，除一般商业性风险外，还包括政治风险、其他经济风险；整个出口贸易中，国家信贷担保额比重不断增加；国家出口信贷担保基金也不断扩大。出口信贷国家担保是国家替出口商承担风险，是扩大出口和争夺国外市场的一个重要手段。

▦ 小链接：中国进出口银行

4. 商品倾销

（1）商品倾销的概念。

商品倾销（Dumping）是出口国家的出口厂商以低于国内市场的价格，甚至低于商品生产成本的价格在国外市场上大量销售商品的行为。从表面上看，低于成本销售会使出口商受到损失，但实际上倾销的这种损失不仅可以通过各种途径获得补偿，而且出口商有可能还可以获得更多的利润。如以国内垄断高价补偿国外低价销售损失；或通过倾销击败竞争者，占领国外市场后，以垄断高价补偿倾销时期的损失；或接受国家的出口补贴来补偿损失。

（2）商品倾销的形式。

按具体目的不同，商品倾销一般可以分为以下几种形式。

① 偶然性倾销。

偶然性倾销（Sporadic Dumping）是指某种商品销售旺季已过，或因公司改营其他业务，导致在国内市场不能售出的货物，以倾销方式在国外市场抛售。此种倾销的目的是清理库存和减少费用，实现资金周转。由于这种倾销一般时间较短，进口国对此一般不会采取反倾销措施。

② 间歇性或掠夺性倾销。

间歇性或掠夺性倾销（Intermittent or Predatory Dumping）是指以低于国内市场的价格甚至低于成本的价格在国外市场销售商品，在夺取和垄断市场后再提高价格。此种倾销的目的是挤垮竞争对手，阻碍当地同类商品生产，或迫使竞争对手退出该商品市场。

③ 持续性倾销。

持续性倾销（Persistent Dumping）又称长期性倾销（Long-run Dumping），是指长期以低于国内市场的价格在国外市场销售。此种倾销的目的一般是为国内过剩商品或过剩生产力解决出路。

④ 社会性倾销。

社会性倾销（Social Dumping）是指利用廉价劳动力和原料，使生产成本降低，从而用较低的出口价格向国外销售商品。此种倾销的目的是扩大出口，增加外汇收入。

长期以来，商品倾销是发达资本主义国家对外竞争和争夺国际市场的一个重要手段。由于商品倾销易引起对进口国同类工业的损害或损害威胁，打击民族工业的发展，因此《关贸总协定》在 20 世纪 60 年代中期就通过了《反倾销守则》，规定进口国可以用反倾销税加以抵制。

阅读材料：2017 年各国针对中国反倾销案例汇总

5. 外汇倾销

外汇倾销（Exchange Dumping）是出口企业利用本国货币对外贬值的机会进行商品倾销，以争夺国外市场的一种特殊手段。当一国货币贬值后，出口商品以外国货币表示的价格降低，从而提高了竞争力，有利于扩大出口。一个国家的货币贬值后，进口商品的价格就会上涨，从而又会起到限制进口的作用。因此货币贬值起到了扩大出口和限制进口的双重作用。

但是，倾销要达到扩大出口的目的，必须具备两个条件：一是货币贬值的程度要大于国内物价上涨的程度；二是其他国家不同时实行同等程度的货币贬值或采取其他报复性措施。

6. 出口退税

出口退税（Export Rebate）是指国家为了增强出口商品的竞争力和扩大出口，由税务机关将其在出口前的间接税税款退还给出口企业，使出口商品以不含税的价格进入国际市场参与国际市场竞争的一种措施。这里的间接税是指对销售、执照、营业、增值、特许经营、印花、转让、库存和设备所征收的税。

视频资料：[甘肃新闻]兰州：出口退税政策让"走出去"企业享受发展红利

7. 经济特区措施

一些国家或地区为了促进出口，在其领土上的部分经济区域内实行特殊政策，在这个区域内，政府通过降低地价、减免关税、放宽海关管制和外汇管制，提供各种服务等优惠措施，吸引外国商人发展转口贸易，或鼓励和吸引外资，引进先进技术，发展加工制造业，以达到开拓出口及货物、增加外汇收入和促进本国或本地区经济发展的目的，这个地区称为经济特区。

目前，世界各国设置的经济特区主要分为以下4种。

（1）自由贸易区。

自由贸易区（Free Trade Zone）是划在关境以外的一个区域，对进出口商品全部或大部分免征关税，并且准许在港内或区内进行商品的自由储存、展览、加工、制造等业务活动，以促进地区经济及本国对外贸易的发展。

国际上通行的自由贸易区内基本没有关税或其他贸易限制，实施贸易与投资自由化的政策与法规，贸易区内人、财、物及信息的流动都比较自由，程序简便、透明，政府部门办事效率高，通关速度快及资金融通便利。自由贸易区通常还有完善的海、陆、空交通基础设施，有发达的国际化的各式联运体系和物流体系，有满足现代大型集装箱船舶需要的深水港及港务体系，有通向世界各地的航线及发达的内支线。

（2）出口加工区。

出口加工区（Export Processing Zone）是一国专门为生产出口产品而开辟的加工制造区域，在此区域内，一些以出口为导向的经济活动受到一系列政策工具的刺激和鼓励，而这些政策工具通常不适用于其他经济活动和其他经济区域。加工区生产的产品全部或大部分出口。

在不发达国家建立的大部分出口加工区内，生产活动占统治地位。加工区内的大部分公司是跨国公司的子公司，而这些公司生产的产品均销往国外，东道国提供各种鼓励措施以吸引外国公司进入出口加工区，这些措施包括免税、提供廉价的劳动力和土地租金、放宽管制和限制工会活动等。对跨国公司来说，所有这些特权（优惠政策）均可通过出口加工区转化成比投资其他地方获得更高的盈利的潜力。

（3）保税区。

保税区（Bonded Area）是海关所设置的或经海关批准注册的特定地区和仓库。外国商品存入这些保税区内，可以暂时不缴纳进口税，如果再出口，则不缴纳出口税。运入区内的商品可以进行储存、改装、分类、混合、展览、加工和制造。设置保税区主要是为了发展转口贸易，增加各种费用收入，并给予贸易商经营上的便利。

（4）自由边境区。

自由边境区（Free Perimeter）一般设在本国的一个省或几个省的边境地区，其目的和功能都与自由贸易区相似，只是在规模上小一些。对于在区内使用的生产设备、原材料和消费品可以免税或减税进口，若从区内转运到本国其他地区出售，则须照章纳税。外国货物可在区内进行储存、展览、混合、包装、加工、制造等业务活动。设置自由边境区的目的在于利用外国投资开发边境的经济，也可通过这些地区自由出口一些商品。美洲的一些国家就设有自由边境区，中国在中俄边境、中越边境也设有少量的自由边境区。

8. 促进出口的组织措施

（1）成立专门组织，研究和制定出口战略，扩大出口。

例如，为了研究与制定出口战略，扩大出口，美国在1960年成立了"扩大出口全国委员会"，其任务就是向美国总统和商务部部长提供有关改进鼓励出口的各项措施的建议和资料。1978年又成立了出口委员会和跨部门的出口扩张委员会，附属于总统国际政策委员会。为了进一步加强外贸机构的职能，集中统一领导，1979年5月成立了总统贸易委员会，负责领导美国对外贸易工作。此外，还成立了一个贸易政策委员会，专门定期讨论、制定对外贸易政策与措施。欧洲国家和日本为了扩大出口都成立了类似组织。

（2）建立商业情报网，加强商业情报的服务工作。

为加强商业情报的服务工作，许多国家都设立了官方的商业情报机构，在海外设立商业情报网，负责向出口厂商提供所需的情报。例如，英国设立出口情报服务处，装备有计算机情报收集与传递系统。情报由英国220个驻外商务机构提供，由计算机进行分析，分成近5 000种商品和200个地区或国别市场情况资料，供有关出口厂商使用，以促进商品出口。

（3）组织贸易中心和贸易展览会。

贸易中心是永久性的设施，在贸易中心内提供陈列展览场所、办公地点、咨询服务等。贸易展览会是流动性的展出，许多国家都十分重视这项工作。有些国家一年组织15~20次国外展出，费用由政府补贴。例如，意大利对外贸易协会对它发起的展出支付80%的费用，对参加其他国际贸易展览会的公司也给予其费用的30%~35%作为补贴。

知识窗

中国进出口商品交易会

中国进出口商品交易会即广州交易会，简称广交会，英文名为Canton Fair。创办于1957年春季，每年春秋两季在广州举办，迄今为止已有60余年历史，是中国目前历史最长、层次最高、规模最大、商品种类最全、到会客商最多、成交效果最好的综合性国际贸易盛会。

广交会由48个交易团组成，有数千家资信良好、实力雄厚的外贸公司、生产企业、科研院所、外商投资/独资企业、私营企业参展。广交会贸易方式灵活多样，除传统的看样成交外，还举办网上交易会。广交会以出口贸易为主，也做进口生意，还可以开展多种形式的经济技术合作与交流，以及商检、保险、运输、广告、咨询等业务活动，为本国商人向国外推销商品创造了良好的展示平台。

（4）组织贸易代表团和接待来访。

许多国家为了发展对外贸易，经常组织贸易代表团出访，其出国的费用大部分由政府补贴，如加拿大政府组织的代表团出访，政府支付大部分费用。许多国家设立专门机构接待来访团体，如英国海外贸易委员会设有接待处，专门接待官方代表团，并协助公司、社会团体接待来访的工商界人士，从事贸易活动。

（5）组织出口商的评奖活动。

"二战"后，许多国家对出口商给予精神奖励的做法日益盛行。对扩大出口成绩卓著的厂商，国家授予奖章、奖状，并通过授奖活动推广它们扩大出口的经验。例如，美国设立了总统"优良"勋章和"优良"星字勋章，获奖厂商可以把奖章样式印在它们公司的文件、包装和广告上。日本政府把每年6月28日定为贸易纪念日，每年在贸易纪念日这一天，由通商产业大臣向出口贸易成绩卓著的厂商和出口商社颁发奖状。

2.2.2 控制出口措施

一般而言，世界各国都会扩大商品出口，积极参与国际贸易活动。然而，在特殊的情况下，各国出于政治、经济或军事方面的原因，往往对某些商品实行出口管制。控制出口措施（Export Control）是指国家为了达到一定的政治、经济和军事目的，通过法令和行政措施，对本国出口贸易实行管理和控制。

1. 出口管制的商品

实行出口管制的商品主要有以下几个大类。

（1）战略物资和先进技术资料。

对军事设备、武器、军舰、飞机、先进的电子计算机和通信设备、先进的机器设备及其技术资料等这类商品实行出口管制，主要是从"国家安全"和"军事防务"的需要出发，从保持科技领先地位和经济优势的需要考虑的。

（2）国内生产和生活紧缺的物资。

其目的是保证国内生产和生活需要，抑制国内该商品价格上涨，稳定国内市场。如西方各国往往对石油、煤炭等能源商品实行出口管制。

（3）需要"自动"限制出口的商品。

为了缓和与进口国的贸易摩擦，在进口国的要求下或迫于对方的压力，不得不对某些具有很强国际竞争力的商品实行出口管制。

（4）历史文物和艺术珍品。

这是出于保护本国文化艺术遗产和弘扬民族精神的需要而采取的出口管制措施。

（5）本国在国际市场上占主导地位的重要商品和出口额较大的商品。

对于一些出口商品单一、出口市场集中，且该商品的市场价格容易出现波动的发展中国家来讲，对这类商品的出口管制，是为了稳定国际市场价格，保证其正常的经济收入。比如，欧佩克对成员国的石油产量和出口量进行控制，以稳定石油价格。

学以致用

特朗普访华在即 中方希望美国放宽出口管制

在中美贸易不平衡的问题上，中方也多次表示，希望美国放宽针对高科技产品的出口管制。"根据卡内基国际和平基金会2017年4月的报告，如果美国将对华出口管制程度降至对巴西的水平，对华贸易逆差最多可缩减24%；如果降至对法国的水平，最多可缩减34%。"7月19日，国务院副总理汪洋在中美全面经济对话上说道。

汪洋指出，受美方陈旧的出口管制法规政策影响，美国企业没有获得应有的"蛋糕"。2001年美国对华高技术产品出口，占中国同类产品进口的16.7%，2016年这一比重降至8.2%。以集成电路为例，2016年中国进口总额高达2 270亿美元，超过原油、铁矿砂、初级塑料三种大宗商品进口总额，但美国只占4%的份额。

不走常规路线的特朗普能否对中国放宽高科技产品出口，以应对他最在意的贸易赤字？蔡瑞德对《21世纪经济报道》记者表示，这方面恐怕不会有什么突破。他给出的理由是：第一，高科技产品在对华出口中的比例较小；第二，在美国看来这涉及国家安全。

（资料来源：2017年11月2日 21世纪经济报道）

◆ 思考与分析：

美国放宽出口管制对我国出口产生什么样的影响？美国会不会放宽对中国高科技产品出口管制？

2．出口管制的形式

（1）单边出口管制。

单边出口管制是指一国根据本国的出口管制法律，设立专门的执行机构，对本国某些商品的出口进行审批和发放许可证。单边出口管制完全由一国自主决定，不对他国承担义务与责任。例如，美国政府根据国会通过的有关《出口管制法》等在美国商务部设立贸易管制局，专门办理出口管制的具体事务，美国绝大部分受出口管制的商品的出口许可证都在该局办理。

（2）多边出口管制。

多边出口管制是指几个国家的政府，通过一定的方式建立国际性的多边出口管制机构，商讨和编制多边出口管制的清单，规定出口管制的办法，以协调彼此的出口管制政策与措施，达到共同的政治与经济目的。

3．主要的出口管制措施

目前许多国家在国际贸易中纷纷采取限制出口的措施。被管制出口的产品主要是资源性产品。一个国家对出口的限制措施对经济和贸易有一定的影响。出口管制的手段多样，使用广泛，具体如表2-2所示。

表2-2 各类出口管制措施一览表

形　式	含　义
出口禁止	绝对禁止出口
出口配额	确定出口数量的最高额度
出口许可证	以许可证形式由政府主管机构定夺是否允许出口
出口税	以关税或费用形式对出口征收税费，以提高出口产品价格
最低出口价格	以价格形式确定出口产品的最低价格，以提高出口产品价格，其作用与出口税相当
自愿出口限制	自愿出口限制是进口国的政府与出口国的政府安排的、对后者所出口的一种或一种以上产品的数量加以限制的措施
出口卡特尔	出口卡特尔是指企业之间为统一出口价格、控制出口数量、划分出口市场而达成的一种协议或安排
国营贸易	国营贸易是指国家（政府）出资设立的或经营的并具有进出口权的贸易企业所从事的具有强烈行政色彩的贸易活动，这里指的进出口权是指由国家对国营贸易企业特别授予的一种特权，具有排他性和垄断性

以下具体介绍两种主要的出口管制措施。

（1）征收出口税。

目前大多数国家对绝大部分出口商品都不征收出口税。因为征收出口税会抬高出口商品的成本和国外售价，削弱其在国外市场的竞争力，不利于扩大出口。但目前世界上仍有少数国家（特别是经济落后的发展中国家）征收出口税。

征收出口税的目的主要有以下几点。

① 对本国资源丰富、出口量大的商品征收出口税，以增加财政收入。

② 为了保证本国的生产，对出口的原料征税，以保障国内生产的需要和增加国外商品的生产成本，从而加强本国产品的竞争能力。例如，瑞典、挪威对于木材出口征税，以保护其纸浆及造纸工业。

③ 为保障本国市场的供应，除了对某些出口原料征税外，还对某些本国生产不足而又需求较大的生活必需品征税，以抑制价格上涨。

④ 控制和调节某些商品的出口流量，防止盲目出口，以保持在国外市场上的有利价格。

⑤ 为了防止跨国公司利用"转移定价"的方式逃避或减少在所在国的纳税，向跨国公司出口产品征收高额出口税，维护本国的经济利益。

我国历来采用鼓励出口的政策，但为了控制一些商品的出口流量，采用了对极少数商品征收出口税的办法。被征收出口税的商品主要有生丝、有色金属、铁合金和绸缎等。

（2）实行出口许可证管理。

出口许可证（Export License）是根据一国出口商品管制的法令规定，由商务部会同国务院其他有关部门签发的准许出口的证件。它是一国对外出口货物实行管制的一项措施。一般而言，某些国家对国内生产所需的原料、半制成品及国内供不应求的一些紧俏物资和商品实行出口许可证制。通过签发许可证进行控制，限制出口或禁止出口，以满足国内市场和消费者的需要，保护民族经济。2017 年实行出口许可证管理的商品有 44 种。

根据国家规定，凡是国家宣布实行出口许可证管理的商品，不论任何单位或个人，也不分任何贸易方式（对外加工装配方式，按有关规定办理），出口前均必须申领出口许可证。

任务小结

鼓励出口的措施是指出口国家的政府通过经济、行政、组织等方面的措施，促进本国商品的出口，开拓和扩大国外市场。本单元详细介绍了鼓励出口措施、管制出口措施等。

鼓励出口的措施主要有出口补贴、出口信贷、出口信贷国家担保制、商品倾销、外汇倾销、出口退税、经济特区措施等；不管鼓励出口措施的内容怎样不同，它们的目的都是支持本国出口部门特别是工业部门的发展，增强出口产品的国际竞争力，并以此带动国内经济的增长。

各国为维护本国的经济贸易权益，为了可持续发展和提高本国的政治和经济地位，在鼓励和促进出口的同时，也对某些产品尤其是一些重要资源实施出口管制。控制出口的措施主要包括征收出口税、实行出口许可证管理等。

思考练习

一、单项选择题

1. 以占领、垄断和掠夺国外市场，获取高额利润为目的的商品倾销方式是（　　）。
   A．偶然性倾销　　　　　　B．长期性倾销
   C．社会性倾销　　　　　　D．间歇性倾销
2. 出口方银行直接向外国的进口商或进口方银行提供的贷款是（　　）。
   A．卖方信贷　　　　　　　B．短期信贷
   C．买方信贷　　　　　　　D．中期信贷
3. 出口信贷一般用于（　　）。
   A．日用消费品的出口　　　B．初级产品出口
   C．资本货物出口　　　　　D．工业产品出口
4. 利用本国货币对外贬值的机会扩大出口的手段是（　　）。
   A．外汇倾销　　　　　　　B．价格垄断
   C．商品倾销　　　　　　　D．出口补贴
5. 出口直接补贴的形式是（　　）。
   A．提供给厂商比其在国内销售货物时更优惠的运费
   B．超额退还间接税

C. 退还或减免出口商品的直接税
D. 给予厂商先进补贴

二、多项选择题

1. 鼓励出口的措施有（   ）。
   A. 商品倾销   B. 出口补贴
   C. 外汇倾销   D. 出口信贷
2. 买方信贷（   ）。
   A. 是出口方银行向进口厂商或进口方银行提供的贷款
   B. 是进口方银行向国外出口厂商提供的一种贷款
   C. 又称约束性贷款
   D. 利率较低
3. 出口信贷国家担保（   ）。
   A. 由商业保险公司承担风险   B. 其担保对象主要是本国进出口商
   C. 分为短期、中期和长期   D. 主要担保经济和政治风险
4. 一国货币对外贬值可以（   ）。
   A. 扩大该国商品出口   B. 扩大该国商品进口
   C. 减少该国商品出口   D. 减少该国商品进口
5. 商品倾销的方式包括（   ）。
   A. 偶然性倾销   B. 掠夺性倾销
   C. 隐蔽性倾销   D. 长期性倾销
6. 外汇倾销（   ）。
   A. 指把本国外汇储备以低价在国际市场上抛售
   B. 利用本币贬值机会扩大出口
   C. 在本币贬值程度大于国内物价上涨程度的情况下有效
   D. 要求国外不同时实行同等程度的货币贬值措施
7. 目前，世界各国设置的经济特区主要有（   ）。
   A. 自由贸易区   B. 出口加工区
   C. 保税区   D. 自由边境区
8. 出口信贷按借贷关系可分为（   ）。
   A. 卖方信贷   B. 国家信贷
   C. 买方信贷   D. 民间信贷

三、简答题

1. 买方信贷比卖方信贷使用普遍的原因是什么？
2. 什么是出口管制？出口管制的基本形式有哪些？
3. 什么是商品倾销？它分为哪几种形式？
4. 什么是外汇倾销？外汇倾销有什么条件？

5. 鼓励出口的措施有哪些？

素质拓展

国务院印发《关于促进外贸回稳向好的若干意见》

新华社北京 5 月 9 日电 经李克强总理签批，国务院日前印发《关于促进外贸回稳向好的若干意见》（以下简称《意见》），提出要多措并举，促进外贸创新发展，努力实现外贸回稳向好。

《意见》指出，外贸是国民经济的重要组成部分和推动力量。当前，外贸形势复杂严峻，不确定、不稳定因素增多，下行压力不断加大。促进外贸回稳向好，对经济平稳运行和升级发展具有重要意义。

《意见》从 5 个方面提出了 14 条政策措施，如图 2-4 所示。

图 2-4 《关于促进外贸回稳向好的若干意见》的 5 个方面

一是加强财税金融支持。鼓励金融机构对有订单、有效益的外贸企业贷款。扩大出口信用保险保单融资，进一步降低短期出口信用保险费率，对大型成套设备出口融资应保尽保。对部分机电产品按征多少退多少的原则退税，完善出口退税分类管理办法。

二是巩固外贸传统竞争优势。进一步完善加工贸易政策，综合运用财政、土地、金融政策，支持加工贸易向中西部地区转移。东部地区加工贸易梯度转移腾退用地经批准可转变为商业、旅游、养老等用途。在全国范围内取消加工贸易业务审批。支持边境贸易发展，加大中央财政对边境地区转移支付力度。

三是培育外贸竞争新优势。支持企业建立国际营销网络体系，建设一批境外展示中心、分拨中心、批发市场和零售网点等。鼓励企业建立境外服务保障体系。加快培育外贸自主品牌，培育一批重点行业专业性境外品牌展，对外贸企业收购境外品牌、营销体系等加大信贷支持。

四是着力优化外贸结构。开展并扩大跨境电子商务、市场采购贸易方式和外贸综合服务企业试点。支持企业建设一批出口产品"海外仓"。重点支持先进设备和技术进口，降低部分日用消费品关税。稳定外商投资规模和速度，提高引进外资质量。大力推进"一带一路"建设和国际产能合作，带动我国产品、技术、标准、服务出口。

五是进一步改善外贸环境。降低出口平均查验率，加强分类指导。2016年年底前将国际贸易"单一窗口"建设从沿海地区推广到有条件的中西部地区。落实收费目录清单制度和《港口收费计费办法》，加大对电子政务平台收费查处力度。持续开展外贸领域打击侵权假冒专项行动，切实支持进出口企业应对境外知识产权纠纷。

《意见》要求，各地区、各部门要进一步提高认识，加强协调，形成合力。各地区要提高政策的精准度，出台有针对性的配套措施；各部门要明确责任分工，抓紧制定实施细则。

（资料来源：2016年5月9日 新华社）

◆**思考与分析：**

1. 以上案例中谈及了哪些鼓励出口贸易的措施？
2. 假设你是一家出口企业的外贸经理，对出台的这些鼓励出口贸易措施应作出怎样的反应？

项目 3

国际经济合作

导 读

国际分工是国际贸易的基础。国际分工随着生产力的发展而发展,同时又促进世界生产力和世界经济的发展。当今,各个国家和地区与其他国家和地区在经济上都既有联系,又有分工。国际分工在广度和深度上都迅速发展。

世界市场是世界各国之间交换商品和劳务的领域或场所,各国参与国际分工的形式最终表现为其在世界市场上的贸易活动。因此,世界市场的发展和完善对于各国顺利开展国际贸易有着举足轻重的作用。

"二战"以来,特别是 1947 年关税与贸易总协定成立之后,各国的贸易壁垒不断削减,经过 8 轮贸易谈判,各国的关税税率大大降低,非关税壁垒受到很大程度的约束和规范,市场准入程度得到明显提高,世界市场自由化成为主流。在世界贸易组织的努力下,世界市场中的各种贸易障碍逐步减少,商品和服务在各国间的流通更加自由。

20 世纪 80 年代以来,区域经济一体化发展形成一股浪潮,这种趋势既与世界贸易组织相互补充和促进,又在一定程度上构成对世界贸易组织多边贸易体制的挑战。

项目 3 包括三个任务:任务 3.1 介绍国际分工与国际市场价格;任务 3.2 介绍国际多边贸易体制;任务 3.3 介绍区域经济一体化。

项目 3　国际经济合作

任务 3.1　国际分工与国际市场价格

学习目标

知识目标：
- ▲ 了解国际贸易与国际分工的主要理论；
- ▲ 理解国际分工发展的影响因素及国际分工对国际贸易的影响；
- ▲ 掌握当代世界市场的构成及特征，懂得企业进入世界市场的途径；
- ▲ 掌握国际市场价格的构成和不同国际市场价格的特点。

能力目标：
- ▲ 能够运用国际分工有关原理，分析相关产业在国际分工中的地位；
- ▲ 能够认识我国产业结构调整优化措施；
- ▲ 能够对不同的国际商品市场的特点进行比较分析，并能基本熟悉企业进入世界市场的途径；
- ▲ 能够对不同的国际市场价格进行比较和分析。

知识重点：
- ▲ 国际分工的含义；
- ▲ 影响国际分工形成和发展的主要因素；
- ▲ 企业进入世界市场的途径；
- ▲ 国际市场价格种类；
- ▲ 影响国际市场价格的因素。

情境引入

产业漂移：走出去，重塑国际分工格局

英特尔的射频收发器、基带，TDK的天线开关模板，德赛的电池，海力士的内存……然后在富士康完成组装成型。一部iPhone7的诞生，是30多个国家和地区、数百家企业分工合作的成果。数十年来，这种大规模、精细化的国际分工日趋深化。小至运动鞋，大至飞机轮船，国际分工体系下的产品已囊括了现代生活的方方面面。同时，越来越多的国家和地区融入全球化浪潮，成为国际产业链条上的一环。

"很重要的一个原因，就是发展中国家和发达国家存在很强的互补性。"接受《瞭望》新闻周刊记者采访时，商务部研究院国际市场研究所副所长白明讲到，发展中国家存在劳动力、土地要素成本优势，而发达国家的资本、技术优势明显。基于这种互补性，国际分工受到追捧，跨国资本流动活跃，产业在国家和地区间实现"漂移"，更多国家进入工业化进程,全球贸易持续繁荣。在 1980—2014 年,全球贸易额从 2.4 万亿美元增长到 18.7 万亿美元,增长 7.8 倍。并且,期间绝大多数年份国际贸易增速两倍于全球经济增速。而作为资本流动和产业转移的微观落实主体,全球跨国公司母体由 1987 年的 2 万家快速增长至 2012 年的 8 万多家,控制了对外直接投资的 90%、国际贸易的 60%以上。

"但是,这种国际产业分工也存在明显的层次性。"白明提醒,从价值链的角度看,欧美国家处于价值链高端,"四小龙"处于承上启下的位置,中国主要处于价值链的中低端。换言之,所谓的国际分工协作,实质上是发达国家主导下的产业链布局。尽管将更多国家纳入其中,但财富分配的绝大部分都流向了发达国家。同样以苹果公司为例,根据加拿大马尼托巴大学终身名誉教授瓦科拉夫·斯米尔的计算,2009 年从中国出口到美国的 iPhone 导致美国的贸易逆差增加了 20 亿美元。但是中国进行的组装工序费用仅占全部成本的不足 4%。这意味着,20 亿美元中,超过 96%的部分实现了价值转移,其中 3/4 以上的价值来自日本、德国、韩国以及美国本土。全球化大生产下,为何"看上去很美"的国际分工体系在财富分配上却如此不美?在专家们看来,根本原因在于拥有资本、技术和品牌等核心优势的跨国公司,始终控制着具有战略价值的产业领域和具有高附加价值的关键生产环节,从而控制了产业链的价值增值与价值分配。"而世界主要跨国巨头,绝大部分来自于具有工业化先发优势的西方国家。"

20 世纪末的中国实行改革开放政策,自力更生与引进外资并行,融入全球分工的中国实现了快速发展,成长为世界经济、工业和贸易大国,但质变尚未到来。权威专家提醒,中国的技术、创新积累依然不够,整体上并未改变自己在国际产业分工中的"打工仔"角色。"事实一再证明,最核心、最关键的产业组成部分不能自我掌控,就不具有话语权和国际财富分配权,还是打工仔。"权威专家讲到,中国急需通过本土产业核心环节的自主、强大来实现在全球分工中的突围。"总体而言,伴随海外投资持续活跃,中国正由国际分工的追随者向重塑者转变。"权威专家讲到,国际资本与产业格局变迁的背后,是全球价值链的重塑,全球发展的再平衡,其实质是推动全球经济治理优化的过程。

(资料来源:2017 年 10 月 27 日　泰智会产业加速器公众号)

◆思考与分析:

什么原因使得中国可以在改革开放之初以"打工仔"的身份参与国际产业分工,又是什么样的原因使得中国至今未能改变"打工仔"的身份?

3.1.1　国际分工概述

国际分工是社会生产力发展到一定阶段的产物,并在生产力发展的作用下不断深化与完善。三次工业革命的发生赋予国际分工以新的内容与形式,同时也使国际分工成为国际贸易与世界市场最活跃、最有效的因素。

1. 国际分工的概念

分工是指劳动分工,即各种社会劳动的划分,它是人们在进行生产、改造自然的过程中形成的,是人类社会生产的基本形式。劳动分工是各种社会形态所共有的现象。生产力的发展是分工发展的前提条件,而分工又有利于提高劳动的熟练程度,改进技术设备,推动劳动生产率的提高。历史上有三次意义重大的社会分工:畜牧业和农业的分工;手工业和农业的分工;商业的出现。随着生产力的发展,分工越来越细,生产专业化程度越来越高。

国际分工是指世界上各国之间的劳动分工,它是社会分工发展到一定阶段、国民经济内部分工超越国家界限发展的结果。国际分工是国际贸易和世界市场的基础,国际贸易、世界市场是国际分工的具体表现形式。

2. 国际分工的产生与发展

国际分工的产生和发展不是一蹴而就的,而是生产力发展到一定阶段的结果,其产生与发展大致可分为以下4个阶段。

(1) 国际分工的萌芽阶段(16世纪—18世纪中叶)。

在资本主义社会以前的社会,自然经济占统治地位,生产力水平低。各个民族、各个国家的生产方式和生活方式的差别较小,商品生产不发达,所以只存在不发达的社会分工和不发达的地域分工。

随着生产力的发展,11世纪欧洲城市兴起,手工业与农业进一步分离,商品经济有了较快的发展。15世纪末到16世纪上半期的"地理大发现",16、17世纪手工业向工场手工业的过渡,资本进入原始积累时期,西欧国家推行殖民政策,使国际分工进入萌芽阶段。

在这个时期,西欧殖民主义者用暴力手段和超越经济的强制手段,在拉丁美洲、亚洲和非洲进行掠夺。他们开发矿山,建立甘蔗、印度兰、烟草等农作物的种植园,为本国生产和提供本国不能生产的农作物原料,来扩大本国工业品的生产与出口,出现了宗主国与殖民地之间最初的分工形式。

(2) 国际分工的发展阶段(18世纪中叶—19世纪中叶)。

18世纪60年代到19世纪60年代的工业革命,使国际分工进入发展阶段。

随着工业革命的完成,以英国为首的西方较为发达的国家建立了大机器工业,资本主义统治得以完全确立,商品经济高度发展,推动了国际分工的迅速发展。

① 大机器工业的建立为国际分工的发展奠定了物质基础。

a. 大机器生产使生产能力和规模迅速扩大,源源不断生产出来的大批货物使国内市场饱和,需要寻求新的销售市场;生产的急剧膨胀引起对原材料的大量需要,大机器工业要求开辟丰裕的廉价原材料来源。

b. 大机器工业生产的物美价廉的商品成为英国资产阶级征服国外市场的武器,使得其他国家按照英国生产和消费的需要改变它们的产业结构,成为原料产地和货物销售市场。

c. 大机器工业改革了运输方式，提供了电报等现代化的通信工具，把原材料生产国家和工业品生产国家联系在一起，使国际分工成为可能。

d. 大机器工业成为开拓市场的"重炮"，它消灭了古老的民族工业，打破了以往地方和民族的自给自足和闭关自守的市场，把各类型的国家卷入世界经济中。

② 这一时期的国际分工基本上是以英国为中心形成的。英国首先完成了工业革命，它的生产力和经济迅速发展，竞争能力大大加强。英国在实行全面的自由贸易政策以后，加强了对农产品、矿产品尤其是对进口的谷物和棉花的依赖，推动国际分工进一步发展。

③ 随着国际分工的发展，世界市场上交换的货物已由大宗货物取代了满足贵族和商人需要的奢侈品。这些货物有小麦、羊毛、咖啡、铜、木材等。

（3）国际分工体系的形成阶段（19世纪中叶—"二战"时期）。

从19世纪70年代到"二战"时期是国际分工体系的形成阶段。在此期间出现了第二次工业革命，垄断代替了自由竞争，资本输出代替了商品输出并占据统治地位。资本主义国际分工的重要形式，即宗主国与殖民地之间的分工、工业产品生产国与初级产品生产国之间的分工日益加深，形成了国际分工体系。

① 亚非拉国家的经济变为畸形的单一经济，其主要作物和出口货物只限于一两种或两三种产品。这些产品绝大部分对工业发达国家出口，造成了亚非拉国家在经济上对发达国家和世界市场的高度依赖。

② 国际分工的中心从英国一个国家变为一组国家，即日、美、欧资本主义国家，它们之间也形成了以经济部门为主的国际分工体系。

③ 随着国际分工体系的形成，世界各国之间的相互依赖关系加强，各国对国际分工的依赖性加强。

（4）国际分工的深化阶段（"二战"后）。

"二战"后，随着第三次工业革命的兴起和殖民体系的瓦解，资本的国际化与生产的国际化，以及经济一体化趋势的加强，国际分工向纵深和广阔方面发展，并表现出以下特点。

① 发达国家之间的国际分工在国际分工格局中占主导地位。

"二战"后第三次工业革命成果的广泛应用，极大地促进了生产专业化和生产国际化的进程，改变了战前工业国与农业国、矿业国之间的分工格局，使国际分工在工业国之间得到迅速发展。发达国家间的贸易发展较快，在世界贸易中所占比重增大。而发展中国家与发达国家间的贸易额却相对下降。2002年，美国、日本、欧盟三代经济体的贸易量占世界商品贸易总量的55%。全部发达国家占2002年世界贸易总量的71.4%，占2002年世界商业服务出口的73.7%和进口的71.1%。发展中经济体占2002年世界商品出口的29.5%，商业服务出口的22.5%，其中49个最不发达国家仅占世界商品贸易的0.6%和服务贸易的0.4%。

② 垂直型国际分工逐渐减少，水平型和混合型国际分工取而代之。

"二战"前，国际分工主要集中在工业国与农业国、矿业国之间，体现了以自然资源为基础的纵向分工关系。战后，随着科学技术的进步，发达国家之间加强了生产协作，国际分工主要表现为以现代工艺、科学技术为基础的横向分工关系。

③ 各国间工业部门内部的分工趋于加强。

"二战"前的国际分工中，工业制成品生产国与初级产品生产国之间的分工居于主导地位。但是"二战"后，发达国家间工业部门内部不同产品之间的交换日益增多，产业内的分工不断发展，并形成国际范围的产业内分工。产业内分工的发展是以技术为基础的国际分工迅速发展的结果，是产品差异化、零部件生产专业化的结果，其在国际贸易中的表现为中间产品的贸易增长加快，产业内贸易迅速发展。而且，出于对自身利益的考虑，发达国家把需要使用大量劳动力的工艺放在发展中国家，将需要知识或复杂劳动的工艺放在本国或其他发达国家。如精密机械产品在中、日两国产业内贸易指数较高，但日本向中国出口技术含量及附加值高的照相机、复印机、医疗仪器、计量仪器、化学分析仪器、电气测定仪器、温控器、钟表等产品，而中国仅向日本出口技术含量及附加值低的照相机、复印机、钟表等产品。

④ 参加国际分工的国家与地区经济所有制形式日益多样化。

"二战"后，参加国际分工的不仅有资本主义国家，还有一批社会主义国家。在独立自主、平等互利的基础上，在有利于其民族经济发展的条件下，通过对外贸易参加国际分工，加强了世界各国的经济联系，使国际分工真正具有世界性。

⑤ 国际分工的领域从有形货物的生产与贸易领域向服务业发展，并且彼此间相互结合，相互渗透。

"二战"后，随着服务业的迅速发展，服务业在各国经济生活中的重要性越来越突出。发达国家服务业产值占国民生产总值的比重、服务业从业人数占国内就业人数的比重均超过50%；而发展中国家的服务业也在其国民经济内部发展较快。因此，国际分工的广度也从制造业向服务业延伸，服务贸易迅速发展。技术贸易也得到很大发展，但发展不平衡。

⑥ 国际分工的传导机制发生了变化。

"二战"前，国际分工的传导机制主要有殖民统治、垄断与资本输出，价值规律在一定范围内能起到调节市场的作用。"二战"后，国际分工的传导机制则主要表现为跨国公司、经济一体化组织等形式。当代国际分工在很大程度上不过是跨国公司内部分工的外在表现。数以千计这样的网又交织成巨大无比的、无所不包的全球经济网，把世界各个国家、各个地区都囊括在内。

我国实行改革开放以来，积极参与国际分工和国际贸易，特别是加入世界贸易组织后，参与国际分工的广度和深度都跃上了一个新台阶，被外界誉为"世界工厂"，体现了我国在国际分工中的重要作用，推动了我国国民经济不断调整和发展。

（发展国际贸易 深化国际分工）

知识窗

一国参与国际分工的原因

一国参与国际分工的原因可能是劳动生产率的绝对优势，也可能是劳动生产率的比较优势。以中美两国为例，美国在生产飞机上的劳动生产率高于中国，在成衣生产上则不如中国，在国际分工体系中，美国依据本国劳动生产率的绝对优势选择专业化生产飞机，中国则选择专业化生产成衣，于是飞机和成衣的国际分工就形成了。

再以"中挪"两国为例，挪威在铝业制造和造船上均具备劳动生产率的绝对优势，但在造船上的优势不如铝业生产那么大，中国在铝业制造和造船上的劳动生产率均不如挪威，但在造船上的劣势不如铝业制造上的劣势那么大。比较而言，挪威在铝业制造上有比较优势，中国在造船上有比较优势。在国际分工体系中，本着"两害相权取其轻，两利相权取其大"的原则，挪威选择专业化铝业制造，中国选择专业化造船，于是铝业和造船业的国际分工就形成了。

3. 国际分工对国际贸易的影响

国际分工是国际贸易和世界市场的基础，国际分工的发展变化必然对各国对外经济贸易的发展产生重大影响。具体来说，国际分工从以下几个方面影响着国际贸易。

（1）国际分工与国际贸易的发展速度呈正比例方向变化。

国际分工的发展速度决定了国际贸易的发展速度。凡是国际分工发展快的历史时期，国际贸易的发展速度也快；反之，在国际分工发展缓慢的历史时期，国际贸易的发展速度也较为缓慢，甚至处于停滞状态，所以国际分工是国际贸易发展很重要的决定因素。国际分工形成时期，由于受到社会生产速度仍低于工业生产增长速度的影响，国际贸易发展速度较低。"二战"后贸易自由化及新技术革命加速了生产力的发展，国际分工的广度和深度都有了深刻的变化，极大地推动了国际分工的发展，也加速了国际贸易的发展，使国际贸易的发展速度达到7.8%。20世纪80年代中期以来，各国加快了经济贸易的合作与交流，国际分工的发展在产业内（服务业内）进一步加快，国际货物贸易与服务贸易的发展速度也相应加快。为此，认为国际分工与国际贸易是同向发展变化的。

（2）国际分工极大地影响着国际贸易的地区分布、地理方向。

国际分工发展的历史表明，在国际分工中处于中心地位的国家，在国际贸易的地区分布中也必然处于中心地位。从18世纪初到19世纪末，英国始终处于国际分工的中心地位，它在资本主义直接对外贸易总额中一直独占鳌头。"二战"后，美国的经济地位迅速上升，其在国际分工中处于相对中心的地位。1950年，其出口额占世界出口额的16.7%，占发达市场经济国家出口额的27.5%。作为国际分工主体的发达国家的出口贸易始终处于国际贸易的中心地位。

国际分工的变化，也使国际贸易的地理方向发生了与国际分工大致相同的变化。19世纪到"二战"前，国际分工的主要形式为宗主国与殖民地等落后的发展中国家、最不发达国家间的分工，在国际贸易中表现为宗主国、发达国家出口工业制成品，发展中国家出口农矿产品、原材料及自然资源产品。"二战"后，国际分工从垂直型向水平型、混合型过渡和发展，从而使国际贸易的地理方向也发生了相应变化，发达国家之间及发达国家与发展中国家之间的工业制成品贸易居于国际贸易的主导地位，特别是发达国家之间的双向贸易发展迅速，发达国家与发展中国家之间的贸易居于次要地位。

(3) 国际分工对国际贸易的商品结构产生重要影响。

上述国际分工的发展变化，使国际贸易货物结构及各国的进出口货物结构均发生了较大变化，主要表现在以下几个方面。

① 国际货物贸易发展规模扩大，国际服务贸易发展速度加快，货物贸易在世界贸易中的比重下降，服务贸易比重相对上升。

② 在国际货物贸易中，工业制成品的贸易比重上升，初级产品的贸易比重下降，工业制成品在国际贸易中的比重超过初级产品所占比重。这些都与国际资本流动，特别是大量的直接投资资本集中于制造业有着密切的联系。"二战"后的工业革命促进了发达国家产业结构的调整，一系列新兴部门建立，企业在大举对新兴工业部门投资的同时，大量迁出夕阳产业，这些行业的企业通过国外直接投资，利用其他国家和地区的有利资源条件和政策，在当地开展生产和经营活动，产品除供应东道国市场外，还出口到其他国家，包括返销本国市场。

③ 发展中国家尤其是新兴工业化国家出口中的工业制成品贸易增长较快。20 世纪 60 年代后，发展中国家工业化战略的实施及外资的引入加速了国内工业的发展，改变了出口商品结构中严重依赖初级产品的状况，提高了工业制成品的出口比重。

④ 在工业制成品贸易中，中间性机械产品的贸易比重提高。中间产品的比重持续增长在一定程度上与跨国企业的经营方式有关。跨国企业从全球的角度依照各地的具体条件进行资源配置，其经营方式为内部企业之间分工协作，定点生产、定点装配、定向销售，这样使大量零部件在国家间往返运输，由此增加了中间产品的贸易比重。

(4) 国际分工对国际贸易政策产生重要影响。

国际分工状况如何，是各个国家制定对外贸易政策的依据。第一次工业革命后，英国工业力量雄厚，其产品竞争能力强，同时它又需要以工业制成品的出口换取原料和粮食的进口，所以，当时英国实行了自由贸易政策。而美国和西欧一些国家的工业发展水平落后于英国，它们为了保护本国的幼稚工业，采取了保护贸易的政策。第二次工业革命后，资本主义从自由竞争阶段过渡到垄断阶段，国际分工进一步深化，国际市场竞争更加剧烈，在对外贸易政策上，采取了资本主义超保护贸易政策。20 世纪 70 年代中期以前，以贸易自由化政策为主导倾向，20 世纪 70 年代中期以后，贸易保护主义又重新抬头。西方国家贸易政策的这种演变，是和世界国际分工的深入发展分不开的，也与各国在国际分工中所处的地位变化密切相关。

(5) 国际分工影响着国际贸易的利益分配。

国际分工是在资本主义生产方式的产生和发展过程中形成和发展的，它体现了资本主义社会的生产关系。因此，在资本主义国际分工体系中，国际分工也必然是旧的、不平等的国际经济秩序的重要组成部分，从而决定了宗主国、资本主义国家对落后的殖民地、半殖民地、落后国家的不平等贸易关系。

"二战"后，随着民族解放运动的兴起，许多发展中国家在政治上取得了独立，经济的自主性增强，在世界贸易中的地位有了较大改善，贸易利益也随之增多。尽管如此，发展中国家在世界贸易中的地位仍然较低，需要依据本国的具体情况，制定适宜的对外经济贸易政策，扬长避短，发挥优势，彻底改变不合理的国际分工格局，使贸易利益的分配相对合理。

动动脑

国际分工与国内分工有何联系？
国际分工与国际贸易和世界市场有何关系？

知识窗

国际分工的形式

根据不同的标准进行分类，可以有不同类型的国际分工。

按国家性质划分，可以分为发达国家之间的分工、发展中国家之间的分工、发达国家与发展中国家之间的分工。

按生产关联性划分，可以分为两种类型：垂直型分工和水平型分工。

垂直型分工是指经济发展水平不同的国家之间的分工，一般指先进国家与落后国家之间的分工。这种分工主要表现在初级产品和工业制成品、劳动密集型和资本密集型产品。

产品之间的分工。采用这种类型分工的产业间有较强的关联度，从历史上看，主要集中在工业部门。随着科技的进步，当代国际分工的垂直性体现为科研与生产的分工。

水平型分工是指经济发展水平相同的国家之间的分工，一般指发达国家之间的分工。采用这种类型分工的产业间没有较强的关联度。水平型的国际分工体现了平等合作的关系。

3.1.2 世界市场

1. 世界市场的概念

世界市场是指世界各国或地区进行商品、服务、科技交易的场所。它是由各个贸易参加国或地区的市场，通过国际分工联系在一起的市场综合组成的。在世界市场上流通的内容包括货物本身、科技、信息、服务等。世界市场的发达程度取决于参加世界市场的国家数量、商品总额、各国经济的发展水平，以及国际分工的深度。

2. 世界市场的形成与发展

世界市场的形成大致经历了3个阶段：萌芽期、迅速发展期和最终形成期。

16世纪至18世纪是世界市场的萌芽期。16世纪初的"地理大发现"为新兴的资产阶级开辟了新的活动场所，东西半球有了经济联系，使人类的交换活动突破了原来的地区限制，扩大到整个世界领域。因此，"地理大发现"使世界市场进入萌芽状态。

18世纪60年代到19世纪70年代是世界市场的迅速发展期。在这一阶段发生了工业革命。大机器工业的产生和发展，客观上需要一个不断扩大的市场，既迫使资本家到国外寻求新市场、新原料供应地，为大工业开拓更广阔的领域，又使得市场交换的商品日益增多。同时，大工业的迅速发展推动了世界人口向城市的移动，形成许多大工业中心、食品销售市场和劳动力市场，加强了地区性经济的发展，促进了世界范围内铁路、海运、通信事业的发展，把各国市场有效地联系在一起，使市场处于迅速发展阶段。

19世纪80年代到20世纪初期是世界市场的最终形成时期。这一时期垄断代替了自由竞争，第二次工业革命使货币资本输出加强，国际分工进一步发展，多边贸易与支付体系形成，国际金本位制度建立，世界货币形成。在资本主义各种经济规律的制约下，形成了比较健全、固定的销售渠道，最终形成了统一的、无所不包的世界市场。

3．世界市场的构成

世界市场主要由签约人、信息网络、运销渠道及市场调节机制构成。

（1）签约人。

世界市场的签约人是市场运行的主体，包括国家政府、法人、个人等。由于他们的供求，商品和劳务在国家（地区）之间的流通成为现实。

（2）信息网络。

世界市场信息网络是世界市场的重要组成部分，也是世界市场活动的中枢。随着科技的不断进步，世界市场信息网络不断多样化与现代化，如电话国际网的建立，电报、电传等大众交流工具在贸易与银行金融业的应用，通信卫星系统的民用/商用功能的开发，电子计算机网络的开通，信息机构的激增与专业化、国际化，都为世界市场的顺利运行提供了保障，为世界市场的繁荣创造了条件。

（3）运销渠道。

世界市场的运销渠道包括国际贸易中心、运输渠道和销售渠道，它是世界市场运行的重要环节。

① 国际贸易中心。

国际贸易中心是集结国际商品和国际贸易机构的地方。它主要有两种类型：一是以交通枢纽、地理位置等条件而形成的国际商品集散中心；二是为开展国际贸易提供交易场所的中心城市，设有国际博览会、商品交易所、国际商品拍卖中心和国际贸易中心。

国际博览会又称国际集市，是开展国际贸易和经济交流的重要场所，有综合性和专业性两种。前者是各种商品均可展出与交易；后者只限某类商品的展出与交易。商品交易所是世界市场上进行大宗商品交易的、有固定组织形态的一种特殊交易场所。商品交易所与普通市场不同，其具有以下特点：第一，交易必须在交易所内、在规定的时间内进行；第二，通常根据商品的品质标准或样品进行交易并采用标准合同；第三，交易成交后，大多无须交割；第四，交易的商品大都属于供求量较大、价格波动频繁的初级产品。国际商品拍卖中心是指经过专门组织，在一定地点定期举行、按一定的章程和规则、以公开叫价的方式把货物卖给出价最高的竞买者的场所。国际贸易中心具有以下特点：第一，向世界各国的公司提供办公地点；第二，建立现代化信息手段的信息中心，提供信息服务；第三，为客商提供商品储存和交易场所；第四，开办具有大学水平的贸易和语言教育；第五，具有齐全的金融、商业、服务设施。

② 运输渠道。

世界市场的运输渠道又称世界运输网，由海运航线、铁路干线、航空线、公路网、河道和管道运输构成。

③ 销售渠道。

商品从生产者到消费者手中所要经过的途径叫销售渠道。世界市场的销售渠道通常由出口国国内销售渠道、出口国与进口国之间的销售渠道、进口国国内销售渠道3部分构成。

（4）市场调节机制。

市场调节机制包括市场组织结构，国际贸易规章、条约、契约与惯例等，这些规定做法或习惯做法是在世界市场上从事贸易活动的行为准则，有助于市场的规范运行。如果某一方不遵守这些规则，就会遭到其他相关国家的贸易报复。目前在世界上影响较大的市场调节机制主要有世界贸易组织规则、《联合国国际货物销售合同公约》等。

4．世界市场的分类

世界市场是一个广泛的概念，人们根据不同的标准，可以把它划分为不同的类型。如果以参加国的经济发展水平为标准，可以划分为发达国家市场和发展中国家市场。如果以参加国的地理分布为标准，则可以划分为北美市场、欧洲市场、亚洲市场、拉美市场、非洲市场、澳洲市场等。也有人把地理位置划分得更细一些，划分为西欧市场、中东市场、东南亚市场等；或按国别划分为美国市场、日本市场、德国市场等。如果以产品的种类为标准，可以划分为世界纺织品市场、世界粮食市场、世界钢铁市场、世界汽车市场、世界飞机市场、世界电子计算机市场等。总体来看，按照地理位置或国别来划分，以及按照产品种类来划分这两种方法比较常见。

> 知识窗

国际贸易中心

世界市场的交易活动是通过多种形式进行的，在其交易过程中，国际贸易中心城市起着重要作用。

国际贸易中心是集结着国际商品和国际贸易机构的大城市，它通常是交易便利的港口或者铁路枢纽城市，在经济发展的过程中成为国际商品的集散中心，或者设有国际博览会、商品交易所、国际商品拍卖中心和国际贸易中心，为国际贸易提供各种信息、通信、金融等各方面服务。它们吸引众多的来自世界各地的客商，为他们提供办公场所和相应的服务设施，使国际贸易活动能高效率地进行。国际贸易中心的形成要受多方面因素的影响，除了地理位置、经济发展水平等因素以外，也有历史和政治方面的因素。许多国际贸易中心都具有固定组织形式的国际贸易市场，如商品交易所、国际商品拍卖中心、国际博览会、展览会等。

5. 当代世界市场发展的主要特征

"二战"后，随着生产国际化和专业化程度的提高，国际经贸关系得到了进一步发展，世界市场继续扩大和发展，并呈现出一些新特征。

（1）世界市场的规模迅速扩大。

"二战"之后，工业革命蓬勃发展。随着工业革命的进步，社会生产力不断发展，国际分工进一步向纵深发展，使世界市场的容量迅速扩大，一个主要标志就是国际贸易额的迅速增长。1938—1985 年，按当年价值计算，世界出口贸易值增加了 78 倍，世界出口贸易量增加了 8 倍。特别是"二战"以后，出口贸易量增长更快。1948—1981 年，出口贸易量增加了 7.7 倍，年均增长率达到了 6.8%，而在 1900—1938 年，世界出口量只增加了 1 倍，年均增长率仅为 1.8%。进入 20 世纪 80 年代中期以后，贸易增长速度加快，1987 年国际贸易量比 1986 年增长了 7.8%。20 世纪 90 年代以来，随着世界政治局势的缓和，和平与发展成为世界的主旋律，国际贸易得益于这种环境，出现了持续发展的势头。据世界贸易组织 1995 年度的报告，1994 年世界商品贸易额比 1993 年增长了 9.5%，1995 年又比 1994 年增长了 8%。并且，该年商品和服务贸易总额突破了 6 万亿美元。

（2）参加世界市场的国家类型日益广泛。

"二战"之前，世界市场的国家构成较为单一，由少数资本主义国家主宰世界市场。"二战"之后，一批社会主义国家出现在世界市场上，这些社会主义国家分布在亚洲、欧洲和拉美，成为世界市场的新生力量，同时，100 多个亚、非、拉的发展中国家摆脱了殖民地、半殖民地的境地，以独立主权国家的身份加入世界市场，与发达资本主义国家展开竞争。因此，战后的世界市场是一个由各种经济类型的国家组成的既对立又统一的复合体，发达国家、发展中国家，资本主义国家、社会主义国家在统一的世界市场上并存，相互依赖又相互矛盾。

由于历史和现实的原因，发达资本主义国家在世界市场上所占的比重一直在 60%~70%，发展中国家和地区仅占到 20%~30%，社会主义国家则一直占 10%左右。"二战"后，发达国家一统天下的局面已被打破，形成了多种经济制度的国家、不同经济发展水平并存的局面。

（中国这一超级工程打破外国技术垄断，突围世界市场，外国被"打脸"）

（3）世界市场的商品结构发生了显著变化。

这种变化主要表现在以下几个方面。

第一，国际贸易中，初级产品比重下降，而工业制成品比重上升。"二战"之前，初级产品和工业制成品在世界贸易中所占的比重分别基本保持在 60%和 40%以下，"二战"之后，工业制成品在贸易中所占比重逐渐上升，而初级产品比重逐步下降。

第二，燃料在初级产品贸易中所占的比重急剧上升。"二战"后能源结构的变化和石化工业的发展，合成材料代替天然原料和 20 世纪 70 年代两次石油提价，使燃料贸易额在初级产品贸易中的比重急剧上升，1955年是22.2%，1970年上升到27.6%，1987年增长到39.9%，1994年比重虽有所下降，但仍高居34.25%。

第三，劳务贸易发展迅速。由于世界经济尤其是发达国家第三产业的迅速发展，劳务贸易在世界范围内经历着国际化和相互渗透。发达国家增加向发展中国家的技术劳务输出，发展中国家则向劳动缺乏的新兴工业化国家和发达国家输出廉价劳动力，由此导致世界劳务贸易迅猛发展。

第四，新技术贸易发展迅速。20世纪60年代以来，世界技术贸易不仅超过了工业，而且赶超了世界贸易的增长，1965年世界技术贸易总额仅为25亿美元，到1985年已超过500亿美元，增长了约20倍。

（4）世界市场上的垄断与竞争更为剧烈。

"二战"后，世界市场由卖方市场转向买方市场，垄断进一步加强，使得市场上的竞争更为激烈，为了争夺市场而出现的方式各种各样：组织经济贸易集团控制市场，通过跨国公司打入他国市场，各个国家积极参与世界市场的争夺，开拓新市场、使市场多元化，从价格竞争转向非价格竞争。非价格竞争的手段和方法主要包括提高产品质量和性能、改进产品设计、做好售前与售后服务等。

（5）世界市场信息网络逐步完善。

信息网络是世界市场的中枢，由电话国际网、大众交流工具（印刷品、电话、电报、电传、电视、广播等）、通信卫星系统、计算机互联网络构成。"二战"后，世界市场信息网络手段不断多样化和现代化，信息网络机构不断增加和专业化，信息系统日益国际化。各国为了在竞争中处于优势地位，政府、大公司、银行、高校、科研机构等有关部门，都直接从事市场信息情报的收集、分析和处理工作，并对外提供咨询服务，使得信息网络机构不断增加且专业化程度提高。不同国家之间的信息机构也开始建立长期合作关系，实现资源共享。

学以致用

"2008年爆发的世界金融危机对我国战略性新兴产业发展带来挑战和机遇。当前，世界经济仍旧处于调整动荡期，中国经济进入新常态。在国际分工视角下，中国工业需要重新定位，在发展战略性新兴产业过程中，核心问题是中国工业在国际产业分工中，如何从价值链低端的比较优势达到价值链高端的绝对优势？这就需要了解国际产业分工全景和我国发展战略新兴产业的短板何在。

进入工业社会以后，国际产业分工发生过3次变化，这些变化从创造财富角度看以工业革命的形式表现出来，即科学技术的进步带来的财富生产效率的提升。国际产业分工从两个方面变化观察才能得到全面的图景：一方面，新技术的应用带来的生产效率提高，是国际产业生产效率方面的变化，可以归类为产业分工变化的"硬件"，这个工业发展的硬环境对于发展中国家而言，有比较优势；另一方面，主要是国际贸易规则、金融规则的变化，这些是国际产业财富分配方面的变化，可以归类为"软件"，这个工业发展的"软件"对发达国家而言，有绝对优势。发展战略性新兴产业，改变本国工业在国际产业分工中的地位，"软件"的改变必不可少。因为国际产业分工的"软环境"决定了世界范围内财富的分配规则,"软件"的公平程度决定了国际财富的流向,决定了哪个国家能在国际产业分工中处于主导地位,获得竞争优势,掌握最大份额的资源分配,取得最大份额的经济利益。

我国的工业生产能力虽然规模很庞大,但如果想实现战略突破——实现战略性新兴产业可持续发展,必须从提升技术标准掌控能力的"硬件"和改变战略新兴产业发展的"软件"两方面同时入手。在现有工业发展"硬件"环境下,发达国家用以控制全球财富创造环节主力军——跨国公司会在发展战略新兴产业方面双管齐下:在产业发展"硬件"方面充分利用知识产权保护,甚至过度保护的方式阻止竞争对手出现;在"软件"方面,充分利用金融资源和各种衍生金融产品。两者相辅相成,巩固国际产业分工优势地位。

跨国公司的核心竞争力不仅仅是技术先进、管理科学,更重要的是控制产业标准,进而输出标准,利用所掌握的金融资源进行放大,以在国际产业分工中获取最大份额的利润。其中最典型的例子就是全球新一代信息技术的领先者——苹果平板电脑的利润和成本分解,如图 3-1 所示。

"苹果"的构成　16GB WiFi iPad的价值构成,2010年
利润/成本分解:美元(占零售的%)

零售价:499美元

利润
苹果 150 (30.1)
分包商:
韩国34 (6.8)
未分类27 (5.4)
其他美国公司12 (2.4)
日本7 (1.4)
中国台湾7 (1.4)
欧盟1 (0.2)

成本
全球范围内原材料与零部件 154 (30.9)
劳动成本:
未分类部分 25 (5.0)
中国 8 (1.6)
全球范围内批发与零售 74 (14.8)

资料来源:Economist (2012) Comparative Advantage: The Boomerang Effect.Apr21th,2012.

图 3-1　苹果平板电脑的利润和成本分解

从图 3-1 中不难看出,苹果 iPad 利润为 150 美元,占零售价格的 30.1%。其中关键分配因素并不只是苹果公司的高科技,而更多的是苹果公司控制整个国际产业链的高端——行业标准,通过输出行业标准利用"比较优势"获得最大份额的利润。苹果公司的优势还不仅在制造环节控制行业标准,更是在企业金融环节将"绝对优势"发挥到极致:以内源融资主导(通过国际产业分工获取的高额利润,仅仅 2015 年第二财季,苹果公司的净利润就达到 135.69 亿美元,比 2014 年同期增长 33%)、低负债率和无现金股利分配的公司金融战略,维持公司极低的资金成本。截至 2011 财年年末,苹果公司 17 年来不曾有任何形式的分红,尽管 2015 年 4 月 28 日,苹果公司的股价高达 132.47 美元。以股权融资和内源融资为主、持有大量现金准备随时收购新技术专利(从而抬高进入门槛)

的公司金融战略又进一步强化了苹果公司在国际产业价值链上处于的高端位置。苹果公司就是利用技术比较优势和资本绝对优势的战略称霸全球新一代信息技术产业。

金融危机之后,为了应对世界经济和国际产业分工的变化,我国政府先后提出了"发展战略新兴产业"和"中国制造2025"工业发展战略,在"中国制造2025"发展战略下,我国战略新兴产业发展核心问题是如何推动我国工业发展从比较优势到绝对优势。入世以后,经过多年发展,中国的战略新兴产业发展有了世界影响力,甚至在国际贸易规则、国际金融领域有了一定的话语权,但也面临着一些深层次挑战。制约中国产业升级有以下两个短板。

第一个短板是从比较优势环节看,即从战略新兴产业发展的"硬件"来看,中国企业大而不强的主要原因,不仅仅是技术、管理问题,更多是不掌握行业的标准控制。第二个短板是从绝对优势环节看,即从战略新兴产业发展的"软件"来分析,国际贸易规则和金融规则对中国战略新兴产业提升在国际产业分工中的地位不利。结果之一是作为参与国际产业竞争主力军的中国大型企业,面临变化多端的国际市场,面临不公平的贸易规则,风险比较大,在资本结构上受制于生产环节没有占据国际产业分工的制高点,利润不足,内源融资有限。这种情况不利于中国企业评估国际市场风险,参与国际市场竞争,增大权益性融资。

解决在国际分工下中国战略新兴产业发展的瓶颈,中国政府首先从制约战略新兴产业发展的"软件"入手,针对发达国家提出的"再工业化""国际贸易再平衡"战略,实质是新的贸易壁垒,制定新的有利于本国的贸易规则。我国战略新兴产业当前更加需要进行全行业整合,需要主要以企业兼并收购形式进行比较优势行业的产业整合,做大做强主力军,实现从资本输出到工业标准输出、增大利润份额的跨越。

◆思考与分析:

当前国际产业分工的前景是什么?我国政府为何要大力推进"战略新兴产业"?这对于我国在国际分工中的地位有何积极意义?

3.1.3 国际市场价格

控制出口措施(Export Control)是指一国为了达到一定的政治、经济和军事目的,通过法令和行政措施,对本国出口贸易实行管理和控制。

1. 商品的国际价值

商品的国际市场价格是商品国际价值的货币表现,商品的国际价值是商品市场价格变动的基础和中心。国际市场价格是指商品在国际市场上一定时期内具有代表性的成交价格。一种商品在不同的国家有不同的价格,国际间的商品交换是按照商品的国际价格进行的。国际价格的变动以国际生产价格为中心。国际生产价格主要是指生产某种产品的国际平均生产成本,而国际生产价格的变动,最终取决于商品国际价值的变动。因此,国际价值是商品国际价格的决定因素。

具有代表性的成交价格通常指:某些国际市场集散中心成交的商品价格,集散地的市场价格；某些商品主要出口国（地区）具有代表性的出口价格；某些商品主要进口国（地区）具有代表性的进口价格；某些重要商品的拍卖价格、开标价格等。

对于在国际贸易中进口业务和出口业务互相联系的商业合同价格，买卖双方进行价格磋商时，一般都参照当时的国际市场价格，如在国际集散中心、国际交易所、著名的国际交易会和博览会，以及经常大量进出口的地区等。例如，棉花的买卖一般都参照纽约棉花交易所的价格；谷物的买卖一般都参照芝加哥谷物交易所的价格；有色金属的买卖一般都参照伦敦金属交易所的价格。对于那些首次进入国际市场的新产品，或不能获得国际市场价格的商品，其成交价格一般由买卖双方商定，或参照类似商品的国际市场价格作价。

2. 影响国际市场商品价格的因素

商品的国际价格并不总是与国际价值相一致，它还受到世界市场供求关系的影响。商品供不应求，则国际市场价格高于国际价值；商品供过于求，则国际市场价格低于国际价值。影响供求关系的因素有以下几种。

（1）垄断。

垄断组织为了最大限度地获取利润，会直接或间接地影响市场价格。例如，跨国公司内部通过调拨价格、相互约定价格或者通过控制生产达到控制供给与需求，实现其垄断的目的。

（钢铁大国力争铁矿石定价权）

（2）经济周期。

资本主义国际周期性的经济循环，使得商品的市场价格和利润都随着周期的变动而变动。如在经济危机期间，生产骤然下降，失业率升高，大批商品找不到销路，造成大量积压，价格会下跌。而危机过后，生产逐渐上升，人们对各种产品的需求增加，价格又开始上涨。

（3）各国政府采取的政策措施。

"二战"后，各国采取许多政策措施，如支持价格政策、出口补贴政策、进出口管制政策、外汇政策、税收政策、战略物资收购及抛售政策等，对世界市场的价格有很大影响。

知识窗

中国出口税率调整对国际价格的影响

2005年，中国政府以一个"负责任的大国"的态度对进出口税率进行了调整。对进口税率倾向于调低，而对出口税率倾向于调高。政府的这一举动除了出于履行入世承诺的动机之外，更重要的是基于对中国经济发展和结构调整需要的认识，此次税率调整的背景是中国的出口竞争力提高，外汇储备快速增长和国内产业升级。中国实行盯住美元的固定汇率制度，但是美元近三年来大幅贬值，人民币也随之贬值，这直接导致了中国消费品领域出口竞争力的提高，而经常性的长期顺差使人民币面临着巨大的升值压力。

随着热钱大量涌入国内，中国的外汇储备超常规快速增长，此时提高出口税率，缩小贸易顺差有利于减轻人民币升值的压力。随着中国经济问题基数的增大，经济增长对上游资源类商品出现了巨大的缺口，同时国内资源利用率较低，使进口需求加大。降低进口税率则有助于缓解国内的资源短缺状况。

尤其值得注意的是，对电解铝、铜等高能耗产品恢复出口关税，则是出于对国内环境承受能力的考虑，而对部分纺织品征收出口关税的做法更多的是缓解国际贸易争端的压力，对整个纺织品行业的压力并不会太大。税率的调整可以看作整个"宏观调控"的一个组成部分，对相关行业的影响更多体现在"结构优化、产业升级"方面，对总量的影响并不是特别大。因此对价格的影响并不十分显著，长期来看，此次税率调整的最终目标是产业升级和提高效率，资源类商品使用效率的提高会使其价格下降。但短期内来看，由于进口税率的降低会使进口额增加，对资源类商品的国际价格是短期利多效应，对于农产品的影响也大体相同。

（4）商品销售因素。

商品销售中的各种因素，如包装、运输、质量、季节、品牌、广告宣传、售前/售后服务、人们的消费观念等都会影响供求关系，导致价格的变动。

（5）国际通用货币币值的变动。

在世界市场上，用以表示商品国际价值的国际通用货币升值或贬值，都可能引起商品世界市场价格的下跌或上涨。例如，2007年美元的大幅度贬值进一步导致了原油、有色金属等商品的市场价格上涨。

（6）非经济因素。

自然灾害、政治混乱、战争及投机等非经济因素也会对世界市场价格产生影响。例如，美国总统选举曾引起美元币值变动，从而引起世界市场上以美元表示的商品价格变动等。

总之，商品的国际市场价格是由其国际价值所决定的，同时又受国际供求关系影响而围绕国际价值上下波动。价值规律在世界市场中仍然起作用。

学以致用

铁矿石价格又近80美金！谈谈中国"定价权"和外汇双失

铁矿石的价格又到80美金了，比2016年年初的低点36美金翻了一倍，国外"四大矿山"赚着超过成本一倍以上的利润和自由现金流，但国内钢厂利润却徘徊在亏损边缘（以现货铁矿石和螺纹焦炭价格计算）。中国政府在推行供给侧改革和努力搞基建托底，果实却被国外"四大矿山"夺取。这不但是中国在产业价值链上失败，在目前国家严防外储流失的背景下，"高价"进口的铁矿石也是一个重大的美元流失项。

中国每年进口超过10亿吨铁矿石，进口金额仅次于原油，占单项大宗商品第二位。由于中国的钢铁出口量只约占产量的10%，可以说进口铁矿石绝大部分都用于国内建设，而不是像进口电子元器件一样可以通过加工出口赚取差价从而重新获得美元。铁矿石和原油一样，是实实在在的外汇消耗项目。政府在这两个星期密集出了一堆加强资本项目管制的举措，但在经常项目方面除了打击虚假贸易外却鲜有其他举措。分析员认为，铁矿石是中国目前少有具备潜在议价能力的进口商品之一，政府应该重视如何在铁矿石方面施加影响以确保中国在产业链上获得应有的利润份额。

那么施加影响的潜在"收益"有多大呢？每年进口10亿吨铁矿石，每吨铁矿石80美金的话就是800亿美金的货值。在业内普遍认为未来2~3年铁矿石都是供过于求的情况下，每吨价格80美金的铁矿石就意味着中国每年要"多付"300~400亿美金，而2016年4月到10月的外汇储备也只是下降了700亿美金而已。诚然，商品价格会围绕其公平价值波动，短时间内价格偏离公平价值是现实的。但是在铁矿石持续供大于求的情况下价格还是大幅高于公平价值，并且上游（铁矿石）持续赚取超高利润而下游（钢厂）只能在亏损边缘"喝汤"，这就很不正常了。在中国严重依靠海外铁矿石进口的情况下，这基本上就是一个中国政府印人民币搞基建，然后每年拿800亿美金去澳大利亚和巴西买铁矿石的过程。

而反观"四大矿山"则在"有意无意"地影响铁矿石价格。以上周淡水河谷（VALE）开的年度投资者会议为例，淡水河谷再次调低了其2017年和2018年产量预期（约5%）。之前淡水河谷已经将其新开的9000万吨S11D项目（占海运铁矿石产量7%）由原来两年达产目标"调控延期"到4年达产，以达到降低市场对新增供给预期的效果。在商言商，淡水河谷这样做是聪明的，因为每1美金变动就是3.5亿美金利润的变化，当然是宁愿控制产量来保价了，而股东也是力挺的。所以，既然中国面对的是有意控制价格的垄断型对手，中国积极采取措施去影响铁矿石价格也就无可厚非了。

我国对海运铁矿石的需求占全球铁矿石的需求的比例在2015年大约是55%，和中国钢产量占世界一半这个事实也是相符的。海运铁矿石市场大约每年13亿吨，其中中国占了10亿吨。铁矿石出口大国是澳大利亚和巴西，分别是8亿吨和将近4亿吨。可以看出，中国钢铁业对海运铁矿石的依赖度是很高的。相反，由于中国是焦煤/动力煤生产大国，虽然中国占全球焦煤/动力煤消费量一半，但是对海运焦煤/动力煤消费量才占16%~20%，所以煤炭供给侧改（涨）革（价）的果实还是大部分留在了国内，最起码煤炭企业是复活了。

在中国进口的大宗商品中，按照美元货值计算，铁矿石仅排列在原油之后。但是中国的原油需求只占了全球需求的10%，对原油影响更多的是边际需求的增加（有利于涨价）。而在铁矿石方面，如何积极利用自己70%的购买份额去影响铁矿石价格应该是中国要考虑的问题。我们可以说中国对海运铁矿石有很高的依赖，但硬币的另一面就是中国也是海运铁矿石最大的买家，那么就牵涉下一个讨论了N年的问题：定价权（议价能力）。

在7~8年前中国钢铁工业协会就开始喊着作为最大买家要有定价权，不可以被海外矿山欺负了。当时媒体也喊着中国多付了3 000亿美金之类的，基本上就是和铁矿石低位时期的价格比较，将价格差额乘以进口数量得出来那么一个数字。这种方法与"分析员"用的和公允价值比较价差不同，它忽视了供需状况和成本的上涨因素。在"分析员"看来，中钢协和媒体用定价权的概念是错的。定价权一般是从商品生产方说的，指的是生产方在不影响需求数量情况下的提价能力。而作为买方，在一定采购数量下其降低采购价格或者获得更加优惠条件的能力被定义为"议价能力"。所以中国作为买方，争夺的不是定价权，而是议价能力。而且在资源领域，卖方的所谓定价权也不是由其自己掌控，而是取决于在成本曲线上能满足需求的边际供给的成本。

在当时那个环境，"分析员"对中钢协和部分媒体这种论调是不以为然的，因为中国钢产量每年上涨10%，而海外"四大矿山"的供应增长根本就跟不上，边际需求只能靠中国国内矿山和海外小矿山支持。由于后两者成本比"四大矿山"高很多，而铁矿石在供不应求的情况下价格是由边际供给决定的，所以当时即使中国是最大买家也没有所谓的定价权，只能被动接受边际供给的价格。

我们比较一下矿山和中国钢铁业的利润，可以说是冰火两重天的境界。首先看一下中国钢铁业，2016年号称是翻身的一年，结果是1月份至9月份，中钢协会员钢企营收总额达到人民币1.99万亿元，同比扭亏，利润为人民币252亿元，折合37亿美金（我就按6.8算吧）。那我们来看一下"四大矿山"中最小的FMG能赚多少钱，即使是按照前三季度铁矿石每吨60美金算，那么它的每吨利润也有26美金，按照前9个月1.2亿吨产量算，它的利润就有31亿美金了。也就是说，"四大矿山"中最小的一家，利润也顶大半个中国钢铁业了，更不要说现在铁矿石每吨已经80美金，而中国钢铁企业利润还在进一步收缩了。如果拿铁矿石老大力拓（Rio Tinto）的3.3亿吨年产量计算，前9个月光它的铁矿石部门就赚了将近80亿美金。看看中国钢铁业可怜的吨钢利润，在焦炭和铁矿石的压榨下甚至已经回到了2015年年底的低点，而那时候是中国"旧经济"最黑暗的时候。

总结起来，就是2016年中国政府用了"洪荒之力"去搞了基建托底和供给侧改革，钢价虽然涨起来了，但是中国钢厂仍然是"喝汤"，"肉"大部分都被国外"四大矿山"夺去了。

（资料来源：2016年12月7日　和讯名家）

◆**思考与分析：**

我国基建扩张对世界铁矿石价格有什么影响？为什么作为铁矿石的全球最大买主，我国不掌握铁矿石的定价权？

3. 商品国际市场价格的分类

货物的国际市场价格按其形成条件、变化特征可分为以下几类。

(1) 世界"自由市场"价格。

世界"自由市场"价格是指在国际间不受垄断组织或国家垄断力量干扰的条件下，由独立经营的买者和卖者之间进行交易的价格。国际供求关系是这种价格形成的客观基础。

"自由市场"是由较多的买主和卖主集中在固定的地点，按一定的规则，在规定的时间进行的交易。这种市场在一定程度上会受到国际垄断和政府干预的影响，但这时的价格毕竟是通过买卖双方公开竞争形成的，所以它能够比较客观地反映商品供求关系的变化。

(2) 世界"封闭市场"价格。

世界"封闭市场"价格是买卖双方在一定的约束关系下形成的价格，一般受商品供求关系的影响较小。它包括以下几种。

① 调拨价格。

调拨价格又称转移定价，是指跨国公司为了最大限度地减轻税赋、逃避东道国的外汇管制等，在公司内部规定的购买商品的价格。

② 垄断价格。

垄断价格是指国际垄断组织利用某种经济力量和市场控制力量决定的价格。在世界市场上，国际垄断价格有两种：一种是卖方垄断价格，另一种是买方垄断价格。前者是高于商品国际价值的价格，后者是低于商品国际价值的价格。在两种垄断价格下，均可取得垄断超额利润。

此外，在世界市场上，由于各国政府通过各种途径对价格进行干预，出现了所谓国家垄断价格或管理价格。

动动脑

垄断价格是不是一定可以带来超额利润？

③ 区域性经济贸易集团内的价格。

"二战"后，随着地区经济贸易集团的成立，形成了集团内部价格，如欧盟在建立农产品统一市场时实行的农产品共同价格。

知识窗

欧洲经济共同体的共同农业政策中的共同价格的内容

"二战"后成立了许多区域性的经济贸易集团。在这些经济贸易集团内部，形成了区域性经济贸易集团内价格，如欧洲经济共同体的共同农业政策中的共同价格。共同农产品价格的主要内容如下：共同体内部农产品实行自由贸易；对许多农产品实行统一价；支持农场主的收入；通过规定最低的进口价格来保证农产品价格稳定，并对内部生产提供一定的优惠幅度；征收进口差价税以保证最低价格的实施；以最低价格进行农产品支持性采购；对过剩农产品采用补贴出口和加速国内消费的方法。

④ 商品协定下的协定价格。

国际商品协定通常采用最低价格和最高价格的办法来稳定商品价格，当有关商品价格降低到最低价格以下时，就减少出口，或用缓冲基金收购商品；当市场价格超过最高价格时，则扩大出口或抛售缓冲存货，使价格维持在正常水平。

任务小结

本单元按历史发展的先后顺序介绍了国际分工和世界市场的演变及特征。国际分工是指世界上各国之间的劳动分工，它是社会分工发展到一定阶段、国民经济内部分工超越国家界限发展的结果。国际分工是国际贸易和世界市场的基础，国际贸易、世界市场是国际分工的具体表现形式。

世界市场是指世界各国或地区进行商品、服务、科技交易的场所。它是由各个贸易参加国或地区的市场，以及通过国际分工联系在一起的市场综合组成的。世界市场的形成大致经历了萌芽期、迅速发展期和最终形成期3个阶段。

商品的国际市场价格是商品国际价值的货币表现，商品的国际价值是商品市场价格变动的基础和中心。国际市场价格是指商品在国际市场上一定时期内具有代表性的成交价格。一种商品在不同的国家有不同的价格，国际间的商品交换是按照商品的国际价格进行的。因此，国际价值是商品国际价格的决定因素。影响供求关系的因素有垄断、经济周期、各国政府采取的政策措施、商品销售因素、国际通用货币币值的变动、非经济因素等。

商品的国际市场价格是由其国际价值决定的，同时又受国际供求关系影响而围绕国际价值上下波动。价值规律在世界市场中仍然起作用。

商品国际市场价格的分类有世界"自由市场"价格和世界"封闭市场"价格，世界"封闭市场"价格又包括调拨价格、垄断价格、区域性经济贸易集团内的价格和商品协定下的协定价格。

思考练习

一、单项选择题

1. 世界自由市场价格形成的客观基础是（　　）。
   A. 国际价值　　　　　　　　　B. 国际生产成本
   C. 国际供求关系　　　　　　　D. 国际价值量
2. 确定商品国际市场价格的是（　　）。
   A. 供求关系　　　　　　　　　B. 国际价值
   C. 国别价值　　　　　　　　　D. 生产成本
3. 政府间关于大宗农产品的协定价格是（　　）。
   A. 垄断价格　　　　　　　　　B. 转移价格
   C. 管理价格　　　　　　　　　D. 自由市场价格
4. 发达资本主义国家的橡胶工业和发展中国家的橡胶农业之间的分工是（　　）。
   A. 水平型分工　　　　　　　　B. 垂直型分工
   C. 混合型分工　　　　　　　　D. 产业内分工
5. 下面不属于世界市场的组成部分的是（　　）。
   A. 海淘买家　　　　　　　　　B. 与贸易联系的IT网络
   C. 深圳港口班轮航线　　　　　D. 中华人民共和国产品质量法

二、简答题

1. 一国的国际分工地位对其国际贸易政策有何影响？
2. 国际分工形成阶段呈现的特点是什么？
3. 世界"自由市场"价格与世界"封闭市场"价格有何不同？
4. 影响国际市场价格的因素有哪些？
5. 世界市场由哪几个方面构成？

素质拓展

星巴克等跨国公司逃税 用转让定价来转移利润

全球性的"税收稽查"正使诸多跨国公司陷入重重"围追堵截"。

4月初，包括星巴克、谷歌、微软、苹果在内的多家跨国巨头在不同国家相继曝出"涉嫌利用非法会计手段逃税"的质疑，问题的核心则直指"这些公司在当地的营收高达数亿甚至数十亿美元，但却可以堂而皇之地不用纳税"。

根据国外媒体4月8日的报道，澳大利亚政府决定严厉打击国内跨国公司逃税问题，而谷歌、苹果和微软这三家互联网巨头将相继涉嫌逃避公司税而受到澳大利亚议会的质询。同一天，星巴克因为涉嫌逃税问题正在接受欧洲委员会调查的消息也不胫而走。根据《华尔街日报》报道，这家美国咖啡连锁企业在其最大的欧洲市场的年销售额数以亿计，但却报告亏损，这引发了关注和质疑。

事实上，星巴克早在2012年就曾因同样问题在英国被指控，麦当劳也被指涉嫌在欧洲逃税10亿欧元。包括汇丰最近被曝出的"逃税门"丑闻，都直指跨境逃税和税收欺诈问题。一位多年为跨国公司提供税务服务的专家告诉笔者，"与多年前为跨国公司提供利用'离岸避税岛''转让定价'进行避税的培训不同，如今的形势则是各国通过税制改革强化税收监管，同时加大对跨境税收问题的稽查，因此各大跨国企业都应该对曾经看似'合理'的一些避税行为多加斟酌。"同样的案例发生在谷歌、苹果和微软身上，公开报道显示，苹果2014年在澳大利亚与新西兰赚入59亿澳元，但是，通过增加花费后，其净收益降至0.584亿澳元，因此，苹果只需要缴纳0.4亿澳元的税收，而苹果在2011年缴纳的税收额为0.947亿澳元。而谷歌在其向澳方政府提交的报告中表示，谷歌每年在全球内缴纳公司税数十亿美元，2014年的公司税占到19%，"略低于经合组织中25%的平均值"。

尽管看起来苹果、谷歌等在当地的经营完全遵守当地的税收条例，但澳大利亚政府也心知肚明，因此它指责谷歌和苹果等一些公司通过所谓的"双爱尔兰（指爱尔兰的一个税收漏洞）"的避税方式进行利润转移，将资金转移到国外，同时，帮助其在澳大利亚获得高额营收时却缴纳很低的税收。

澳大利亚绿党领导人克里斯汀·米尔恩（Christine Milne）在2014年10月针对加强跨国公司税收行为透明度问题提出质询动议时曾经表示，"我很想听听为什么我们不能知道这些公司赚了多少钱，它们都在哪儿，他们是怎样转移利润的？"显然，这不仅仅是米尔恩的问题，如何有针对性地进行本国的税制改革以围堵跨国公司的"逃税"通路正成为当下各国的热点话题。北京华税律师事务所主任合伙人刘天永告诉笔者，"真正的秘密就在于转让定价，它是跨国公司避税甚至逃避税收的重要手段。"

根据相关专家常季芳在其《关联方交易及转移定价浅析》中给出的定义，转移定价一般指大企业集团尤其是跨国公司，利用不同企业不同地区税率以及免税条件的差异，将利润转移到税率低或可以免税的分公司，实现整个集团的税收最小化。据刘天永介绍，从税务机关稽查的经验来看，跨国公司经常采用的转移定价方式主要有4种。其中最重要也是使用最频繁的一种方式是实物交易中的转移定价，具体包括产品、设备、原材料、零部件购销、投入资产估价等业务中实行的转移定价，主要手段是采取"高进低出"或"低进高出"，借此转移利润或逃避税收。而且企业还不断在金融、专利领域进一步挖掘"逃税"空间。例如跨国公司关联企业间货币、证券借贷业务中采用的转移定价，通过自行提高或降低利率，在跨国公司内部重新分配利润。例如，某中国内地香港合资企业向其香港关联公司举借年利率高达15%的高息贷款，超过同期香港市场商业银行贷款利率一倍，贷款利息作为费用可免除所得税，纳税时予以扣除，借此大量转移利润，还同时享受"开始获利年度"的税收时间优惠待遇，推迟纳税时间。再比如，一家在欧洲经营的跨国公司，在欧洲各国普遍实施量化宽松的低利率货币政策的时候，其放弃在当地银行的借款，转而向另外一个低税收国家的关联公司举借高利息贷款，就是明显的逃税行为。而劳务、租赁中的转移定价的方式则更普遍存在于境内外关联企业之间相互提供的劳务和租赁服务中，按照各地不同的税收来选择高报、少报甚至不报服务费用，更有甚者，将境外企业发生的庞大管理费用摊销到境内公司，以此转移利润，规避税收。

在不同的行业，还有更加多样的"逃税"花样，如高科技行业跨国公司更容易采用的逃税方式就是无形资产的转移定价，主要指获得专有技术、注册商标、专利等无形资产过程中的转移定价，跨国公司企业间通过签订许可证合同或技术援助、咨询合同等，以提高约定的支付价格，转移利润。这种方式隐蔽而难以举证，"因为对关联企业间的非专利技术和注册商标使用权的转让，其价格确定存在着极大的困难，包括我国在内的很多国家没有收费的明确规定，而且由于其专有性、无可比的市场价格，价格确定更是难以掌握。这也给转移定价的调查审计和调整实施增加了难度。"刘天永指出。

可以说，对于这些深谙法律知识和法律技术的跨国企业来说，利用钻法律的"空子"来实现"合理"逃税并不是一件难事。不过，转移定价的违法行为一旦被所在国查出，跨国公司将面临补征税款和利息处罚。事实上，在此之前，不少跨国公司曾因转让定价的问题补缴过巨额税款和罚金。

（资料来源：2015年4月20日 中国经营报）

◆思考与分析：

星巴克等跨国公司为什么可以逃脱东道国政府的税收？此案例对我国公司海外投资时可以提供什么启示和借鉴？

任务 3.2　国际多边贸易体制

学习目标

知识目标：
▲掌握世界贸易组织的内容、特点及重要作用。

能力目标：
▲能够运用世界贸易组织的相关知识对当今国际贸易中的一些现象、问题进行分析和判断。

知识重点：
▲世界贸易组织的基本原则；
▲世界贸易组织的争端解决机制。

情境引入

阿富汗正式成为第 164 个 WTO 成员

近日，WTO 迎来了其第 164 个正式成员。阿富汗在经过 12 年的入世谈判之后于 7 月 29 日正式成为 WTO 成员，同时阿富汗也正式接收了 WTO 的新《贸易便利化协定》（TFA）。截至目前，阿富汗是第 9 个自 WTO 成立以来加入该组织的最不发达成员（LDC）。对此，WTO 总干事阿泽维多表示欢迎，认为这对于阿富汗而言是一个历史性时刻，也是其融入全球经济的历史性时刻。阿泽维多对阿富汗表示了祝贺，称这也是阿富汗未来发展的基石，并赞赏所有 WTO 成员在该多边贸易体系内对最不发达成员提供的援助。

（资料来源：2016 年 8 月 6 日　每日经贸）

◆思考与分析：
世界贸易组织是一个怎样的组织？阿富汗为什么要加入其中？

"二战"后的国际多边贸易体制以关税与贸易总协定为代表，关税与贸易总协定自成立以来，制定了一整套规范世界大多数国家政府贸易政策行为的准则，成功地组织了多次贸易谈判，维护了世界贸易秩序，促进了全球贸易自由化。而世界贸易组织在调整国际经济贸易关系方面发挥了更大的作用。

3.2.1　关税与贸易总协定

世界贸易组织正式运行之前，关税与贸易总协定（General Agreement on Tariff and Trade，GATT）是协调和规范缔约方之间关税与贸易政策方面相互权利和义务的主要多边协定。

1. 关税与贸易总协定的产生与发展

（1）关税与贸易总协定的产生。

关税与贸易总协定的产生可以追溯到"二战"结束以后，当时，各个参战国的经济一片衰败，各国政府都忙于战后的重建工作。美国由于国土处于战争的大后方而未受到破坏，加上受战时军需品大量生产的刺激，美国经济急剧膨胀和强大起来。在这种背景下，美国急于确立自己在全球经贸关系中的地位，于是倡导成立一个旨在削减关税、促进贸易自由化的国际贸易组织。

1945年11月，美国提出"扩大世界贸易与就业方案"，提出建立新的国际贸易体系的一系列基本原则，倡导组建"国际贸易组织"，以专门协调各国对外贸易政策和国际经济与贸易关系。1946年2月，联合国经济与社会理事会通过决议，决定召开"联合国贸易与就业会议"，着手筹建国际贸易组织，并成立了筹备委员会。同年10月，经济与社会理事会在伦敦召开第一次筹委会，讨论美国提出的《国际贸易组织宪章》草案（以下简称《宪章》草案），并成立了起草委员会对《宪章》草案进行修改。1947年4—8月，经济与社会理事会在日内瓦召开了第二次筹委会，对《宪章》草案进行审议。在审议期间，考虑到短期内难以建立国际贸易组织，当时亟待解决的问题是各国的高关税，于是在美国的积极策动下，包括美国、英国、法国、加拿大与中国在内的23个国家就具体产品的关税减让进行了谈判，共达成了123项双边关税减让协议，这次谈判后来被称为关税与贸易总协定第一轮多边贸易谈判。23国还将达成的双边关税减让协议与《宪章》草案中有关商业政策的部分加以合并，命名为《关税与贸易总协定》，并于1947年10月30日在日内瓦签署了该协定。为尽快实施关税谈判的成果，美国联合英国、法国、比利时、荷兰、卢森堡、澳大利亚和加拿大，于1947年11月15日签署了《关税与贸易总协定临时适用议定书》，宣布从1948年1月1日起临时适用关税与贸易总协定。1948年又有15个国家签署该议定书，签署国达到23个，这23个国家就成为关税与贸易总协定的创始缔约方。各缔约方还约定国际贸易组织成立后，以《宪章》草案的贸易规则部分取代关税与贸易总协定的有关条款。

1948年3月，在古巴哈瓦那召开的联合国贸易与就业会议上审议通过了经修改的《国际贸易组织宪章》即《哈瓦那宪章》。但后来由于美国国会认为《哈瓦那宪章》中的许多规定与美国国内立法相抵触，限制了美国的立法主权，最终未予批准。受其影响，绝大多数国家没有批准《宪章》，建立国际贸易组织的计划因此夭折，关税与贸易总协定一直以临时适用的多边协定形式存在，从1948年1月1日开始实施，到1995年1月1日世界贸易组织正式运行后与之并行一年，共存续了48年。

（2）关税与贸易总协定在组织上的发展。

关税与贸易总协定最初有23个缔约国，后来发展到100多个，其对外贸易额在世界贸易总额中约占85%。东欧国家参加总协定的有罗马尼亚、前南斯拉夫、前捷克斯洛伐克、匈牙利、波兰。中国为创始国之一，1971年11月，中国台湾被取消了作为成员的资格，1986年7月，我国正式向总协定提出了恢复缔约国地位的申请。

最初，总协定并无正式的常设机构，后以"国际贸易组织临时委员会"作为秘书处，设于日内瓦,无任何立法权。最高机构是缔约国全体大会,每年举行一次,休会期间若遇紧急问题则召开特别会议或交临时委员会处理。由于事务繁杂,成立了常设委员会。后来,一些重要的缔约国向日内瓦派遣常驻代表。在这个基础上,1960年产生了缔约国家代理事会,一年举行9次例会,负责处理日常事务,总协定于是成为正式国际组织。1979年又设立了一个永久性机构"十八国咨询组",负责协调与国际货币基金组织的活动,防止干扰多边贸易体制事态的发展。此外,还有几个常设的专门机构,其中最重要的是"贸易和发展委员会"和"国际贸易中心"。前者专门研究与发展中国家利益有关的贸易问题,并提出报告和建议;后者从1968年起由总协定和联合国贸易与发展会议共管,主要任务为帮助发展中国家扩大出口,免费提供有关信息,传授推销技术,训练专门人才等。

总协定通过联合国经济及社会理事会与联合国进行合作,但它不是联合国所属的专门机构,而是联合国的联系机构。

2. 关税与贸易总协定八大回合谈判概况

从1947年以来,在总协定的主持下,共举行过8次多边贸易谈判。通过这些谈判,实现了世界各国贸易政策的逐步自由化,大幅度减低各国关税水平,推动了国际贸易的发展。具体情况如表3-1所示。

表3-1 关税与贸易总协定历次贸易谈判概况

名 称	地点与起止时间	参加国家和地区(个)	谈判主要成果
第1轮 日内瓦回合	瑞士日内瓦 1947年4—10月	23	就45 000多项商品达成关税减让协议,使占资本主义国家进口值54%的应税商品平均降低关税35%,影响世界贸易额近100亿美元;关税与贸易总协定也随谈判的成功和临时适用协定的签订而临时生效
第2轮 安纳西回合	法国安纳西 1949年4—10月	33	谈判总计达成双边关税减让协议147项,增加关税减让商品5 000项,使占应税进口值56%的商品平均降低关税35%
第3轮 托奎回合	英国托奎 1950年9月—1951年4月	39	达成关税减让150项,又增加关税减让商品8 700项,使占应税进口值11.7%的商品平均降低关税26%
第4轮 日内瓦回合	瑞士日内瓦 1956年1—5月	28	达成近3 000项商品的关税减让,但仅涉及25亿美元的贸易额,使占应税进口值16%的商品平均降低关税15%
第5轮 狄龙回合	瑞士日内瓦 1960年9月—1962年7月	45	达成约4 400项商品关税减让,共涉及49亿美元的贸易额,使占应税进口值20%的商品平均降低关税20%
第6轮 肯尼迪回合	瑞士日内瓦 1964年5月—1967年6月	54	达成约60 000项商品关税减让,工业品进口关税税率下降35%,影响了400亿美元的商品贸易额;制定第一个反倾销协议;为发展中国家新增了贸易与发展部分;开创了波兰作为"中央计划经济国家"参加关税与贸易总协定多边贸易谈判的先例

续表

名称	地点与起止时间	参加国家和地区（个）	谈判主要成果
第7轮 东京回合	瑞士日内瓦 1973年9月—1979年4月 （在东京发起）	99	以一揽子关税减让方式达成关税减让与约束，涉及3 000多亿美元贸易额，平均关税水平下降35%；达成多项非关税壁垒协议和守则；通过了给予发展中国家优惠待遇的"授权条款"
第8轮 乌拉圭回合	瑞士日内瓦 1986年9月—1994年4月 （1994年4月签字） （在乌拉圭发起）	117	涉及21个领域，达成28个协议。（1）在货物贸易方面，促进国际贸易的进一步自由化和规模的扩大，加强关税与贸易总协定的作用，改善多边贸易体制，增强关税与贸易总协定对不断变化的国际经济环境的适应能力，鼓励合作以加强国际经济政策决策的一致性。（2）在服务贸易方面，明确服务贸易规则新框架的目标。（3）建立世界贸易组织，取代关税与贸易总协定

3．关税与贸易总协定的作用与局限性

（1）关税与贸易总协定的作用。

① 总协定制定了国际贸易活动的"行为准则"，使国际贸易行为规范化、国际市场秩序化。

a. 23个创始缔约国在1947年所建立的《关税与贸易总协定》，初步而全面地确定了"二战"后国际贸易应当遵循的基本原则。

b. 由总协定所主持的战后8轮多边国际贸易谈判，通过了一系列协议，这些协议又进一步地规范了国际贸易行为。

② 关税与贸易总协定通过大幅度削减关税和限制非关税壁垒，奠定了国际自由贸易的基础。

a. 大幅度地削减关税。通过前7轮谈判，发达国家的平均关税税率已从1948年的36%，降低到20世纪80年代的5%，发展中国家的平均关税税率，也在同期下降到13%左右。

b. 积极地限制各种非关税壁垒。在第7轮"东京回合"谈判中，非关税壁垒成为重要的谈判议题，并最终达成了6个限制非关税壁垒的协议。这些协议是《海关估价协议》《进口许可证手续协议》《技术性贸易壁垒协议》《补贴和反补贴协议》《反倾销守则》和《政府采购协议》。

c. 反对各国政府制定外贸政策方面的"内部规定"，增强国际贸易的透明度。总协定明确要求各国政府要增强对外贸易的透明度。为了实现外贸的透明度，关税与贸易总协定定期汇总世界各国的贸易统计和投资数据，并向各缔约国公布。关税与贸易总协定秘书处定期编写国际贸易方面的刊物、专题研究资料等出版物。其主要的出版刊物有《国际贸易》、季刊《论坛》《出口促进技术手册》《市场研究》和不定期的一些专家的专题报告。这些刊物和资料的出版有利于各国对世界贸易情况进行了解。

③ 充当国际"商务法庭",发挥贸易仲裁作用。

总协定运用其调解、仲裁机构有效地解决了众多的国际贸易纠纷。虽然总协定所做出的裁决不可能像法院那样具有权威性,但仍具有一种道义上的约束力。因为,任何一国都不愿因违反总协定而受到缔约国全体的公开谴责。由此,关税与贸易总协定事实上起到了国际"商务法庭"的作用。总协定的这一作用,对于处理发展中经济小国的贸易纠纷来说,具有重要的意义。当与经济大国发生贸易争端时,它们借助总协定的争端解决程序,可以取得有共同利益的其他国家的支持,从而加强自己的谈判地位,通过多边渠道促成双边问题的解决。

④ 推动发展中国家的经济发展。

总协定为广大发展中国家提供了一系列优惠,从而为推动发展中国家的贸易发展和经济发展起到了一定的作用。

在总协定设立之初,发展中国家处于无权的地位。但是随着形势的发展,越来越多的发展中国家加入了关税与贸易总协定,并积极参与了总协定的各项活动,在可能的范围内运用有关规定,努力扩大自己的出口贸易。

(2) 关税与贸易总协定的局限性。

① 关税与贸易总协定在成立之初就是一个"临时协定"。

1948年1月1日生效后,关税与贸易总协定逐步演变成一个越来越庞大的国际组织,但又不是正式的国际组织,只能算一个准国际组织。

② 关税与贸易总协定的许多规则不严密,执行起来有很大"空隙",有些缺乏法律的约束力。

一些国家按照各自的利益理解协定条文,总协定又缺乏必要的核查和监督手段。如总协定"用倾销手段将一国产品以低于正常价值的办法进入另一国国内市场,如因此对某一国领土内已建立的某项工业造成实质性损害或产生实质性威胁"的规定,实际执行起来很难界定。于是一些国家就用国内立法来征收倾销税,使其成为这些国家推行贸易保护主义的重要手段。后来"东京回合"虽补充了有关的多边协议,但贸易保护主义浪潮迭起。

③ 关税与贸易总协定中还存在着大量"灰色区域",有很多例外。

某些缔约国违背关税与贸易总协定的原则,用国内立法和行政措施来对别国实行贸易歧视。它们利用"灰色区域",通过双边安排,强迫别国接受某些产品的出口限制的事屡见不鲜。由于关税与贸易总协定原则的例外过多,致使许多原则不能得到很好的贯彻实施。例外过多和滥用例外,已侵害到关税与贸易总协定的一些基本原则。尽管关税与贸易总协定在关税减让方面成绩显著,但由于总协定中存在着漏洞,许多缔约国便绕开关税采用非关税壁垒。尽管规定了一般取消数量限制,但由于例外,数量限制仍是贸易保护主义的主要手段。

④ 解决纠纷常常无法议决,难以取得实际成效。

关税与贸易总协定在解决国际经济贸易纠纷上起到了不小的作用,但关税与贸易总协定解决国际经济贸易纠纷的主要手段是协商,最后是缔约方的联合行动,至今没有具有法律约束性的强制手段,这就使许多重大国际贸易争端无法解决。

3.2.2 世界贸易组织

1. 世界贸易组织的概念

世界贸易组织（World Trade Organization，WTO），是一个由关税与贸易总协定发展而来，以市场经济为前提，以多边贸易法律框架为基础，具有国际法人资格的国际经济组织。它规定了主要的协定义务，以决定各缔约方政府如何制定和执行国内贸易法律制度和规章。同时，它还是各国通过集体辩论、谈判和裁判，发展其贸易关系的场所。

2. 世界贸易组织成立的历史背景

世界贸易组织的建立是乌拉圭回合多边贸易谈判的一项重大意外成果。

关税与贸易总协定虽然取得了巨大成就，但由于它毕竟只是一项临时性的多边协议，缺乏一定的组织框架，法律地位不明确，又缺乏强有力的约束机制，而且它对贸易争端的解决主要采用协商形式。因此有必要建立一个正式的国际贸易组织，来协调、监督和执行乌拉圭回合谈判的成果。

在此背景下，1990年年初，意大利首先提出了建立一个多边贸易组织的倡议，得到了很多国家的赞成。1990年12月，布鲁塞尔贸易部长会议决定责成关税与贸易总协定体制职能小组负责"多边贸易组织协议"的谈判。经过历时一年的紧张谈判，该小组于1991年12月形成"关于建立多边贸易组织协议"草案。时任关税与贸易总协定总干事的阿瑟·邓克尔将该草案和其他议题的案文汇总，形成"邓克尔最后案文"。后又经过两年的修改、完善和磋商，最终于1993年11月形成了"多边贸易组织协议"。

1993年12月15日，根据美国的建议，"多边贸易组织"更名为"世界贸易组织"。1994年4月15日，在摩洛哥马拉喀什部长会议上，104个缔约方政府代表（包括中国政府）通过并签署了《建立世界贸易组织的马拉喀什协定》（简称"建立世界贸易组织的协定"），它与其他附件协议和部长宣言及决定共同构成了乌拉圭回合多边贸易谈判的一揽子成果。根据该协定，世界贸易组织于1995年1月1日正式成立，在与关税与贸易总协定并存一年后，自1996年1月1日起完全担当起全球经济与贸易组织管理者的角色。

（视频：WTO世界贸易组织成立与发展简介）

3. 世界贸易组织的宗旨

《建立世界贸易组织的协定》在其序言部分开宗明义地对世界贸易组织的宗旨做了明确阐述："协定的成员方认识到在发展贸易和经济关系方面应当按照提高生活水平、保证充分就业和大幅度稳步地提高实际收入和有效需求，扩大货物、服务的生产和贸易的观点；并为着可持续发展的目的扩大对世界资源的最优利用，保护和维护环境；并以符合不同经济发展水平下各成员需要的方式，加强采取各种相应的措施，积极努力以确保发展中国家，尤其是最不发达国家在国际贸易的增长中获得与其经济发展相适应的份额和利益。"

4．世界贸易组织的目标和实现途径

世界贸易组织的目标是建立一个完整的包括货物、服务、与贸易有关的投资及知识产权等更具活力、更持久的多边贸易体系，以包括关税与贸易总协定贸易自由化的成果和乌拉圭回合多边贸易谈判的所有成果。

为了有效地实现上述目标和宗旨，世界贸易组织规定各成员应通过达成互惠互利的安排，大幅度削减关税和其他贸易壁垒，在国际经贸竞争中，消除歧视性待遇，坚持非歧视贸易原则，对发展中国家给予特殊和差别待遇，扩大市场准入程度及提高贸易政策和法规的透明度，以及实施通知与审议等原则。从而协调各成员间的贸易政策，共同管理全球贸易。

5．世界贸易组织的管辖范围

世界贸易组织为其成员在处理有关世界贸易组织协定、协议而产生的贸易关系时，提供一个统一的制度框架。世界贸易组织管辖范围的相关协定，如图3-2所示。

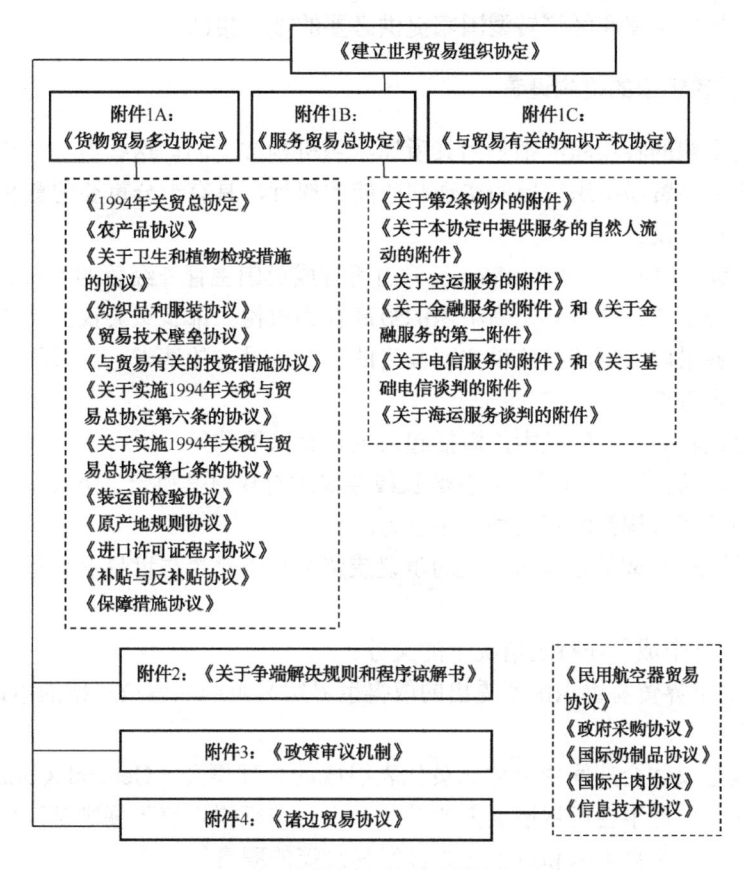

图3-2 世界贸易组织管辖范围的相关协定

6. 世界贸易组织的职能

世界贸易组织作为一个专门国际组织，有其特有的工作范围和职能。对世界贸易组织职能的规定见乌拉圭回合的各项协定和决议，其中最主要的条款是《建立世界贸易组织的协定》第 3 条。根据第 3 条，世界贸易组织作为一个正式的国际组织，为处理和协调成员方间的多边贸易关系提供了一个重要的、完整的机制。世界贸易组织的主要职能（作用）具体包括以下几条。

（1）组织实施世界贸易组织负责管辖的各项贸易协定、协议，积极采取各种措施努力实现各项协定、协议的目标。并对所辖的不属于"一揽子"协议项下的诸边贸易协议如《政府采购协议》《民用航空器贸易协议》等的执行管理和动作提供组织保障。

（2）为成员提供处理各协定、协议有关事务的谈判场所，并为世界贸易组织发动多边贸易谈判提供场所、谈判准备和框架草案。

（3）解决各成员间发生的贸易争端，负责管理世界贸易组织争端解决协议。

（4）对各成员的贸易政策、法规进行定期审评。

（5）协调与国际货币基金组织和世界银行等国际经济组织的关系，以保障全球经济决策的凝聚力和一致性，避免政策冲突。

（6）向发展中国家和经济转型国家提供必要的技术援助。

7. 世界贸易组织的机构设置

世界贸易组织的各项职能都是由其所属组织机构实现的，这些组织机构的设置和运作，对于促进世界贸易组织宗旨的实现和职能的履行，具有十分重要的意义。

（1）部长级会议。

部长级会议（Ministerial Conference）由所有成员国主管外经贸的部长、副部长级官员或其全权代表组成，是世界贸易组织的最高权力机构。部长级会议应当履行世界贸易组织的职能，并采取必要的措施以实现其目的。应成员方的请求，部长级会议对各多边贸易协定的事项有权做出决定。

部长级会议具有广泛的权力，概括起来主要有以下几条。

① 立法权。从法律角度论，只有部长级会议才有权对其协定、协议做出修改和权威性解释，其他任何机构都没有这种法律权力。

② 准司法权。对成员之间所发生的争议或贸易政策是否与世界贸易组织相一致等问题做出裁决。

③ 豁免某一个成员在特定情况下的义务。

④ 审批非世界贸易组织国所提出的取得世界贸易组织观察员资格的申请。

（2）总理事会。

在部长级会议休会期间由全体成员代表组成的总理事会（General Council）代行部长级会议职能。总理事会可视情况需要随时开会，自行拟定议事规则及议程，随时召开会议以履行其解决贸易争端和审议各成员贸易政策的职责。

（3）分理事会。

分理事会是总理事会的下属机构，由所有成员方代表组成，每一理事会每年至少举行 8 次会议。其中，货物贸易理事会、服务贸易理事会和知识产权理事会为最重要的理事会。

（4）专门委员会。

部长级会议下设专门委员会，以处理特定的贸易及其他有关事宜。已设立的专门委员会有以下几个。

① 贸易与发展委员会。负责定期评审有关最不发达成员方优惠的特别规定执行情况，并向总理事会提出报告，以便采取适当行动。

② 国际收支限制委员会。负责审议以国际收支困难为理由而采取的贸易限制措施。

③ 预算、财务与管理委员会。

④ 贸易与环境委员会等十多个专门委员会。

（5）秘书处与总干事。

世界贸易组织设有秘书处，它由世界贸易组织总干事领导，总干事和秘书处在履行义务方面，不应当接受任何政府的指示。

总干事是世界贸易组织秘书处的首脑，其人选由部长级会议选定。总干事的权力、职责、服务条件和任期均由部长级会议确定。

世界贸易组织秘书处的工作由总干事领导，其主要职能是为世界贸易组织的各种机构提供秘书性工作。

（6）争端解决机构和贸易政策审议机构。

这两个机构都直接隶属于部长会议或总理事会。争端解决机构下设立专家小组和上述机构，负责处理成员国之间基于各种有关协定、协议所产生的贸易争端。贸易政策审议机构定期审议成员国的贸易政策、法律与实践，并给予一定指导。

8．世界贸易组织的运作机制

世界贸易组织的运作机制贯穿在该组织的很多方面，从而使世界贸易组织成为一个真正意义上的完整的国际组织。

（1）成员的加入机制。

根据《建立世界贸易组织协定》，世界贸易组织成员分为创始成员和新加入成员两类。

① 创始成员。

世界贸易组织创始成员要求具备两个条件。第一，在 1995 年 1 月 1 日《建立世界贸易组织协定》生效之日前，已经是关税与贸易总协定缔约国，并在《建立世界贸易组织协定》生效两年内接受该协定及其多边贸易协定。第二，在货物贸易和服务贸易领域作出关税减让和承诺。最不发达国家成为世界贸易组织创始人，必须具备相同的基本条件，但是只需要作出与其发展水平和管理能力相符的关税减让和承诺即可。

② 新加入成员。

凡在《建立世界贸易组织协定》生效以后，任何国家或在处理其对外贸易关系及世界贸易组织的协议、协定规定的其他事项方面拥有完全自主权的单独关税区，都可以向世界贸易组织提出加入申请。加入的程序如下。

　　a. 提出申请：首先要向世界贸易组织提出正式申请，并以备忘录的形式对其与《世界贸易组织协定》有关的贸易和经济政策情况加以全面说明，有疑问的还要进行解释和答疑。

　　b. 贸易体制的审议：由处理申请的工作组对申请者的贸易体制进行审议，以确定申请者的贸易体制是否符合世界贸易组织的基本原则与规则。

　　c. 双边谈判：一对一的谈判，内容涉及关税、具体的市场准入承诺、货物与服务等其他政策。

　　d. 完成加入条件：完成审议，双边谈判结束后，进入最终完成加入条件阶段，在这一阶段，工作组将审议结果和双边谈判达成的协议列入工作组报告、加入议定书和减让表中。

　　e. 通过加入：提交世界贸易组织总理事会或部长级会议审议，2/3 多数票同意即可签订议定书，加入世界贸易组织，成为正式的成员方。

　　（2）决策运行机制。

　　世界贸易组织的决策实行协商一致制度，但如果不能达到协商一致，则采取投票的办法。每个成员国在部长级会议和理事会上各拥有一票投票权，一般以获得多数为通过。但是也针对一些特别情况制定不同的规则。

　　① 全体通过规则：适用于决策制度（投票规则）的修改、各项协定中涉及最惠国待遇规定、关税减让规定的修改等。

　　② 3/4 通过规则：适用于条款的解释，各协定的修改，豁免义务。

　　③ 2/3 多数通过原则：适用于世界贸易组织协定附件 1 中的《货物贸易多边协定》《服务贸易总协定》《与贸易有关的知识产权协定》中关于成员国权利和义务的修改、新成员的加入、财务规则和年度预算等。

　　（3）世界贸易组织争端解决机制的运作程序。

　　《谅解协议》规定了一套完整的争端解决程序，包括协商程序，斡旋、调解和调停程序，专家小组程序，上诉评审程序和执行程序。

　　① 协商程序。

　　如有争端应先行协商。一成员方提出协商请求后，被请求方应在收到请求后 10 日内做出答复，并应在收到请求后 30 日内进入协商程序。如果被请求方未在上述期限内做出答复或进入协商程序，或者当事方在收到请求后的 60 天内不能通过协商解决争端，则申诉方可要求成立专家小组，除非双方另有协议。如果各当事方都认为没有协商解决争端的可能，则申诉方可在 60 天内要求成立专家小组。在涉及易腐货物等紧急情况下，被请求方应在收到协商请求之日起 10 日内进入协商，如果收到协商请求后 20 日内未能通过协商解决争端，则申诉方可请求成立专家小组。

　　② 斡旋、调解和调停程序。

　　斡旋、调解和调停程序是争端当事方自愿选择的程序。这一程序及当事方在程序中所持立场应是秘密的，并且无损于当事方在以后程序中的权利，争端的任何一方在任何时候可请求斡旋、调解和调停。这些程序既可以在任何时候开始，也可以在任何时候终止。一旦斡旋、调解和调停程序被终止，申诉方可请求成立专家小组。但是，当斡旋、调解和调停在收到协商请求后的 60 天内进行时，申诉方不得在收到协商请求后的 60 天内请求成立专家小组，除非争端当事方一致认为斡旋、调解和调停程序已不能解决争端。经争端当事方同意，在进行专家小组程序的同时，斡旋、调解和调停程序仍可继续进行。世界贸易组织总干事可参与斡旋、调解和调停程序，协助各方解决争端。

③ 专家小组程序。

专家小组一般由三人组成。小组成员由争议双方共同选择，如有不同意见，由总理事选定。专家小组按有关规定所授予的职权接管案件。一般情况下，专家小组进行审查的期限，自专家小组的组成和职权确定之日起至最后报告送交当事方之日止，不应超过 6 个月。在紧急情况下，上述期限应为 3 个月。如果专家小组不能在上述时间内完成报告，可书面请求争端解决机构延长期限，但最长不应超过 9 个月。最终报告提交争端解决机构后，应在 60 天内对该报告做出通过和否决的决定。

④ 上诉评审程序。

上诉主体应仅限于争端当事方。但是，与案件有重大利害关系并已将此情况通知争端解决机构的任何第三方，都可以向上诉机构陈述意见及提交书面陈词。自争端当事方正式通知其上诉决定之日起至上诉机构发送其报告之日止，整个上诉程序一般不得超过 60 天。特殊情况下，经上诉机构请求，可以延长，但最长不超过 90 天。上诉评审的工作程序由上诉机构经与争端解决机构主席和世界贸易组织总干事协商后起草，并通知各成员方。上述机构报告应在该报告发送到各成员方后的 30 天内由争端解决机构通过并应无条件地为争端当事方接受，除非争端解决机构协商一致决定不通过该报告。自争端解决机构成立专家小组之日起至争端解决机构考虑通过专家小组或上诉机构报告之日止这段期间，原则上不应超过 9 个月（若当事方不上诉）或不应超过 12 个月（若当事方上诉），除非争端当事方另有协议。

专家小组或上诉机构的报告，经争端解决机构通过后就成为争端解决机构正式的建议或裁决。

⑤ 执行程序。

a．对执行建议或裁决的监督。在专家小组和上诉机构报告通过后的 30 天内举行的争端解决机构会议上，有关成员方应就其执行争端解决机构的建议或裁决进行监督。

如果对某项因执行有关裁决而采取的措施是否与有关协议一致产生争议，则该争议仍可诉诸争端解决程序，并尽可能求助于原专家小组。专家小组应在此争议提交之日起的 90 天内公布报告，否则应告知争端解决机构延期的理由及提交报告的预计期限。

b．补偿与中止减让或其他义务。补偿与中止减让或其他义务，是在败诉方未于合理期限内执行争端解决机构通过的建议或裁决时，为胜诉方提供的一种临时性救济措施，并且补偿是出于自愿的。

申诉方在考虑中止减让或其他义务时，应遵循下列原则和程序：首先应在其利益受到损害或丧失的同一部门内寻求中止减让或其他义务；若上述第一种方法不可行或没有效力，则可寻求在相同协议下的其他部门中止减让或其他义务；若上述第二种方法也不可行或没有效力，且情况十分严重，则可寻求在其他协议下的部门内中止减让或其他义务。后两种方法就是通常所说的"交叉报复"。但是，中止减让或其他义务也受到限制。首先是其中止义务的程序应与有关成员方利益受到损害或丧失的程度相同；其次是有关协议禁止减让其他义务，则应遵守此协议。

如果有关成员方反对中止义务的程序，或认为上述原则和程序未能得到遵守，此类异议应提交仲裁。仲裁应由原专家小组进行，或由世界贸易组织总干事指定的仲裁员裁定。仲裁程序应在上述合理期限届满后60天内完成，仲裁期间不得中止减让或其他义务。仲裁员不得审查将被中止的减让或其他义务的性质，而只能确定中止义务的程度是否与利益受到损害或丧失的程度相当。仲裁员也可决定所建议的中止措施是否为有关协议所允许，以及有关中止减让或其他义务的各项原则和程序是否得到遵循。仲裁员的裁定具有终局性，当事方不得寻求第二次仲裁。

中止减让或其他义务是临时性措施，这种措施在下列情况下应予终止：败诉方已取消违反有关协议的措施；应执行建议或裁决的有关成员方对于利益的损害或丧失提出了解决方法；争端当事方达成了各自满意的解决方法。无论何种情况，争端解决机构仍应继续监督所通过的建议或裁决的执行。

9. 世界贸易组织的基本原则

世界贸易组织的基本原则主要来自于关税与贸易总协定、服务贸易总协定及历次多边贸易谈判，特别是乌拉圭回合谈判达成的一系列协定，包括非歧视原则、关税保护原则、透明度原则、公平贸易原则、互惠原则、市场准入原则和公平解决争端原则。

（1）非歧视原则。

非歧视原则又称不歧视待遇或无差别待遇原则，是世界贸易组织全部规则体系的基础，它充分体现了平等精神，完全符合各国主权平等的国际法原则。非歧视原则规定：成员方在实施某种优惠或限制措施时，不得对其他成员方采取歧视待遇。该原则主要通过关税与贸易总协定中的最惠国待遇条款和国民待遇条款予以体现。

① 最惠国待遇。

最惠国待遇（Most-Favored Nation Treatment）是《1947年关税与贸易总协定》实施以来最基本的一条原则。它的含义是，一成员现在和将来给予另一成员的优惠、特权和豁免，都不应低于该成员给予任何第三方的优惠、特权和豁免，否则就构成差别待遇或者歧视。也就是说，成员方可以不直接就每个商品项目同其他成员方谈判就可以享受任何成员方通过谈判达成的所有优惠待遇。可见，通过最惠国待遇，世界贸易组织将双边互惠推广到了多边，这种多边无条件最惠国待遇使成员方享受到比双边协议中更为稳定的最惠国待遇。

最惠国待遇适用于进出口商品的关税和费用的征收、征收方式及进出口规章手续等方面。世界贸易组织还规定了最惠国待遇的例外，主要是边境贸易、关税同盟和自由贸易区及关税与贸易总协定的一般例外和安全例外等。

② 国民待遇。

国民待遇（National Treatment）要求在国内税费和规章等政府管理措施方面，进口商品与本国商品享受同等待遇。这一原则保证了进口商品和本国商品能在同等条件下竞争，避免成员方利用征收国内税费的办法保护国内产业、抵消关税减让效果。

但是，国民待遇义务并不适用于有关政府采购的法令、规章和条例，这里的政府采购专指日用品采购而非商业用途的采购。至于服务贸易，由于它的特殊性，《服务贸易总协定》中采用了具体承诺的方式，国民待遇并未成为普遍义务。这些构成国民待遇的例外。

最惠国待遇和国民待遇都体现了非歧视原则，其区别在于：最惠国待遇强调一国不得针对不同进口来源的商品实行歧视待遇，而国民待遇则强调一国不得在进口商品与本国商品之间实行歧视待遇；最惠国待遇的目的是使来自不同国家的进口商品在成员方市场上处于同等竞争地位，不受歧视，而国民待遇的目的是使进口商品在成员方的国内市场上与其本国商品处于同等竞争地位，不受歧视。

（2）关税保护原则。

世界贸易组织主张各成员方主要通过关税来保护国内产业和市场，也就是说，关税是唯一合法的保护手段。关税保护原则在肯定关税保护是合法手段，限制、取消或禁止使用各种非关税措施的同时，要求各成员方在互惠基础上通过多边谈判削减关税，各成员方政府不得征收高于其在关税减让表中所承诺的税率。因此关税保护的原则不是提倡用关税进行保护，而是只允许采用关税这种透明的保护措施而不是非关税壁垒进行保护，而且在原则上税率应当不断降低。

关税保护原则也有例外规定，例如，发展中国家以促进经济发展或国际收支平衡需要等为由修改或撤销已做出的关税减让。

（3）透明度原则。

透明度原则要求各成员方正式实施的有关进出口贸易的所有法律、法规、条例及与其他成员方达成的所有影响贸易政策的条约与协定等都必须事先正式公布，否则不得实施。透明度原则的目的是为了保证各成员方在货物贸易、服务贸易和知识产权保护方面的贸易政策实现最大程度的透明。

透明度原则不要求成员方公布那些可能会影响法令的贯彻执行、会违反公共利益或会损害某一公私企业正常商业利益的机密资料。

（4）公平贸易原则。

公平贸易原则又称公平竞争原则，是指各国在国际贸易中不应采用不公正的贸易手段进行竞争，尤其是不应以倾销或补贴方式出口商品。进口国如果遇到其他国家出口商以倾销或补贴方式出口商品，可以采取反倾销或反补贴措施来抵制不公平竞争，维护公平竞争的贸易环境。为防止滥用反倾销和反补贴措施达到贸易保护主义目的，世界贸易组织对反倾销和反补贴规定了严格的程序和标准。

但是，世界贸易组织中有一些协议构成公平贸易原则的例外。例如，《与贸易有关的知识产权协议》旨在改善涉及智力成果和发明的竞争条件，《服务贸易总协定》则规范与改善服务贸易的竞争条件，《政府采购协议》则对政府机构的采购活动予以约束，这些协议与货物贸易相比，贯彻公平贸易原则的力度较小。

（5）互惠原则。

互惠互利是世界贸易组织成员方之间利益、优惠或特权的相应让与，是成员方之间确定贸易关系的基础,也是多边贸易谈判的行为规范。互惠原则要求成员方在互惠互利基础上通过多边谈判进行关税或非关税措施的削减,对等地向其他成员方开放本国市场,以获得本国产品或服务进入其他成员方市场的机会。此外,当新成员加入时,要求申请加入方保证通过关税及其他事项的谈判做出一定的互惠承诺,以此作为享受其他成员方给予优惠的先决条件。

互惠原则的例外主要体现在世界贸易组织允许成员方在某些特殊情况下可以援引"免责条款"撤销已做出的关税减让。例如,当发展中国家出现严重的国际收支困难时可暂时免除互惠义务。

(6)市场准入原则。

市场准入是指一国允许外国的货物、劳务与资本参与国内市场的程度,准入体现了国家法律上的一种含义,是国家通过实施各种法律和规章制度对本国市场向外开放程度的一种宏观掌握和控制。市场准入原则允许缔约国根据经济发展水平,在一定的期限内逐步开放市场。

世界贸易组织一系列协定或协议都要求成员分阶段逐步实行贸易自由化,以此扩大市场准入水平,促进市场的合理竞争和适度保护。

(7)公平解决争端原则。

世界贸易组织争端解决机制以公正、平等为原则,这些原则体现在调节程序、上诉机构、从关税与贸易总协定的全体一致通过到世界贸易组织的全体一致否决机制的转变、对违反上诉和非违反上诉的规定及对发展中国家和最不发达国家的特殊规定等。公平解决争端原则要求缔约方之间一旦出现国际贸易争端,应通过公正、客观、平等和友好的方式使有关贸易争端得到妥善解决。

学以致用

螺母的"战争" 中国在WTO胜诉欧盟第一案始末

中国是世界上紧固件制造大国,2007年之前欧盟是我国紧固件主要出口市场。然而,由于我国紧固件行业在低端市场的同质化恶性竞争,出口市场相对集中,导致欧盟对中国紧固件产品频繁发起反倾销调查。2007年11月9日,欧盟对中国紧固件产品启动反倾销立案调查,中方提出应诉,并启动世贸组织争端解决程序。2016年1月18日,世贸组织最终裁定中国胜诉,时间跨度长达十年。2016年2月27日,欧盟正式取消对原产于中国钢铁紧固件的反倾销措施。

案件的重要意义

从WTO争端解决流程来看,本案历经了从原审阶段磋商、专家组审查、上诉机构审查,到针对欧盟执行WTO裁决的措施启动执行之诉磋商、执行专家组审查,到最终裁决等多个阶段,成为我国首个向WTO争端挑战欧盟滥用替代国并获全胜的案件,也是中国首个在WTO争端获胜后败诉方完全撤销违规措施的案件。取消反倾销税除了带给行业和企业实质性利好之外,该案还具有重大体制性利益和意义。

首先,该案已经动摇了欧盟长期以来针对中国实施的反倾销立法,在执行阶段欧盟根据上诉机构报告修改了反倾销法律，取消了对"市场经济地位"的五条标准的规定，事实上就将欧盟对华反倾销长期以来实施的"一国一税"做法送入"坟墓"。

其次，改变了欧盟反倾销调查实践中的不合理做法。在执行之诉中，中方主要挑战了欧盟替代国做法中的暗箱操作、缺乏透明度的歧视性行为，比如欧盟以保密信息为由拒绝向中方披露替代国企业的任何数据等。而欧盟的上述做法被 WTO 裁决违规，这将有利于我国企业在应对欧盟反倾销调查中提高应诉实效，具有重要体制性意义。

与此同时，本案胜诉具有普适意义，即对于正在对我国适用替代国做法的、欧盟以外的其他 WTO 成员，也具有重要的警示意义。

（资料来源：2016 年 5 月 26 日 浙江在线）

3.2.3 中国和世界贸易组织

1. 中国"复关""入世"的历程

（1）中国是关税与贸易总协定的创始缔约国。

中国是关税与贸易总协定的 23 个创始缔约国之一。1949 年 10 月 1 日，中华人民共和国成立并成为代表中国的唯一合法政府，国民党政府败退台湾。1950 年 3 月 6 日，国民党政府非法宣布退出关税与贸易总协定，退出于 1950 年 5 月 5 日起生效，从此中国失去了在关税与贸易总协定的席位。

（2）中国"复关"历程。

1971 年 10 月，中国恢复了在联合国的合法席位，此后逐步恢复了与关税与贸易总协定的联系。1986 年 7 月 11 日，中国正式提出恢复关税及贸易总协定缔约国地位的申请，从此开始了漫长而曲折的复关和入世征程。概括起来，中国的复关谈判经历了以下 3 个阶段。

第一阶段，从 1986 年 7 月中国提出复关申请到 1989 年 6 月。这期间，中国与主要缔约方进行了十几次双边磋商，就复关的一些核心问题基本达成了谅解与共识。中国工作组召开了 7 次会议，基本结束了对中国外贸制度的答疑和综合评估工作。中国复关议定书框架草案基本形成。

第二阶段，从 1989 年 6 月到 1992 年 2 月中国工作组第 10 次会议召开。各缔约方就中国复关的一些核心问题基本形成了详解和共识，完成了中国外贸体制的评估工作，基本上结束了对中国贸易制度的审议，开始进入有关中国复关协定书内容的实质性谈判阶段。

第三阶段，从 1992 年 2 月到 1994 年 12 月。1992 年年初，邓小平南巡讲话引发了中国深化改革和全方位对外开放，党的十四大又确立了建立社会主义市场经济的目标，并做出了深化改革的一系列重大举措，从而为中国的复关谈判注入了新的动力。1992 年 2 月的中国工作组第十次会议上，复关谈判重新启动后便有了重大转折和突破性进展，进入权利与义务如何平衡的实质性谈判阶段。但由于美国、欧盟及日本等国家无视中国现实的经济发展水平，不断提出超出我国承受能力的过高要价，导致最终未能达成协议，中国未能在乌拉圭回合一揽子协议生效前恢复关税与贸易总协定缔约方席位,未能成为世界贸易组织的创始成员。

(3) 中国"入世"历程。

世界贸易组织成立后,中国的复关谈判转为加入世界贸易组织的谈判。1995年7月11日,中国正式提出加入世界贸易组织的申请。同年11月,应中国政府的要求,"中国复关谈判工作组"更名为"中国入世工作组"。中国政府根据实际情况,多次重申了入世的基本立场,概括起来为以下3个基本原则:第一,根据权利与义务对等的原则承担与本国经济发展水平相适应的义务;第二,以乌拉圭回合多边协议为基础,与有关世界贸易组织成员方进行双边和多边谈判,公正合理地确定入世条件;第三,作为一个低收入发展中国家,中国坚持以发展中国家身份入世,享受发展中国家的待遇。

1996年3月,世界贸易组织中国工作组第一次正式会议在日内瓦召开,中国代表团出席了会议。同时,为加快经济建设及国内经济与世界经济接轨的速度,1996年4月1日和1997年10月1日,中国政府两次大幅度降低关税税率,逐步取消了各种名目繁多的非关税壁垒。在1998年4月中国工作组第7次会议上,中国代表团向世界贸易组织秘书处提交了一份近6 000个税号的关税减让表。但总体而言,这一阶段的工作组会议与双边磋商进展缓慢。

1999年后,中国入世进程明显加快。1999年11月10日,美国贸易代表团访华,与中国就中国入世问题进行双边谈判,最终在11月15日双方签署了《中美关于中国加入世界贸易组织的双边协议》,这标志着中国与美国就此正式结束双边谈判,也为中国与其他主要贸易伙伴的谈判奠定了基础。2000年5月19日,中国与欧盟达成双边协议。2001年9月13日,中国与墨西哥签署双边协议。至此,中国与要求同中国进行双边谈判的37个世界贸易组织成员方全部结束了谈判。

2001年9月17日,世界贸易组织中国工作组第18次会议举行正式会议,通过了中国入世的所有法律文件,其中包括《中国工作组报告书》《入世议定书》及《货物贸易减让表》和《服务贸易减让表》等附件,同时也结束了世界贸易组织中国工作组的全部工作。2001年11月10日,在多哈举行的世界贸易组织第4次部长级会议上审议并批准了中国加入世界贸易组织,2001年12月11日中国正式成为世界贸易组织成员。

(视频:中国加入WTO)

2. 中国在世界贸易组织中的权利与义务

(1) 中国加入世界贸易组织所享有的权利。

① 享有多边的、无条件的和稳定的最惠国待遇。入世前,中国只能通过双边贸易协定在某些国家获得最惠国待遇,而这种双边的最惠国待遇是非常不稳定的,容易受到双边政治关系的影响。入世后,中国可以享受150多个成员国给予的多边的、无条件的和稳定的最惠国待遇。

② 享受发展中国家成员的大多数优惠或过渡期安排。入世前，中国只能在一定范围内和一定程度上从向我国提供普惠制的发达国家享受普惠制。普惠制是按照关税与贸易总协定的第四部分、东京回合的"授权条款"及乌拉圭回合的有关规则制定的，工业发达国家对发展中国家或地区出口的制成品和半制成品给予普遍的、非歧视的、非互惠的关税制度。入世以后，中国享受的普惠制则来自所有的给惠国。此外，世界贸易组织还给予发展中国家成员某些特殊优惠，这些优惠对我国扩大出口、提高出口的经济效益提供了有利条件。

③ 利用世界贸易组织的争端解决机制。西方有些国家常常以本国的是非准则和贸易法案去评判和制裁其他国家，这种做法有失公平。世界贸易组织提供了一套各国都赞同的机制来审议和裁决国际贸易上的摩擦与纠纷，公平、客观、合理地解决问题，营造良好的经贸发展环境。

④ 参加多边贸易体制的活动，获得国际经贸规则的决策权。入世前，中国在世界贸易组织的身份为观察员，只有表态权，没有表决权。入世后，中国可以参与各个议题的谈判、有关规则的制定和修改、多边贸易体制的建设。这些都有利于维护我国在世界贸易组织中的合法权益，为维护公正合理的国际经济秩序发挥更大的作用。

⑤ 享受世界贸易组织成员利用各项规则、采取例外、保证措施等促进本国经贸发展的权利。

⑥ 享受其他世界贸易组织成员开放或扩大货物、服务市场准入的利益。

（2）作为世界贸易组织的成员，中国所承担的一般义务。

① 给予其他成员方最惠国待遇、国民待遇。

② 给予其他成员方以关税减让或承担进口增长义务。

③ 取消进口数量限制或减少约束非关税措施。

④ 谅解其余成员方，根据其情况，采取"豁免"与紧急行为；实施保障措施。

⑤ 应邀与其他成员方进行磋商与协商，解决贸易争端。

⑥ 向其他成员方提供本国贸易政策、措施等方面的资料。

⑦ 缴纳会费。

知识窗

世贸组织正式号召大家一起推动马云设想的 eWTP（Electronic World Trade Platform，电子世界贸易平台）

在第 11 次世界贸易组织部长级会议期间，马云代表 eWTP 与世界贸易组织、世界经济论坛宣布"赋能电子商务"合作机制。

马云表示："eWTP 旨在用互联网建立一个平台，赋能每一个国家和企业，让他们可以全球买、全球卖、全球运、全球付、全球游。我们很有信心，我们也相信，通过和 WTO、世界经济论坛的合作，未来十年，小企业和发展中国家都可以在全球做生意，升级全球化，完善全球化，让全球化从今天的状况变得更加普惠。"

（资料来源：2017 年 12 月 7 日　今日头条）

任务小结

本单元介绍了关税与贸易总协定和世界贸易组织的知识。

关税与贸易总协定部分主要介绍了关税与贸易总协定产生的历史背景、八大回合谈判的概况及关税与贸易总协定的积极性与局限性。

世界贸易组织部分介绍了世界贸易组织产生的历史背景、宗旨、管辖的范围、职能、组织机构等,重点介绍了世界贸易组织的争端解决机制及世界贸易组织的基本原则。

中国与世界贸易组织部分,回顾了中国与世界贸易组织的关系变迁,简单介绍了中国加入世界贸易组织后享有的权利和应尽的义务。

思考练习

一、单项选择题

1. 关贸总协定的(   )谈判达成了一个有关反倾销的协议。
   A. 狄龙回合   B. 肯尼迪回合
   C. 东京回合   D. 坎昆回合

2. (   )是世贸组织全部规则体系的基础。
   A. 非歧视原则   B. 关税保护原则
   C. 互惠原则   D. 透明度原则
   E. 市场准入原则

3. 世贸组织还规定了最惠国待遇的例外,例如(   )。
   A. 进出口规章手续 B. 关税和费用的征收方式
   C. 关税同盟

4. 透明度原则要求成员方在(   )基础上迅速公布现行有效的有关贸易法律、法规、条例以及条约与协定等。
   A. 非歧视   B. 互惠
   C. 公平竞争   D. 市场准入

5. 关税保护原则要求各成员方在(   )基础上通过多边谈判削减关税,各成员方政府不得征收高于它在关税减让表中所承诺的税率。
   A. 非歧视   B. 互惠
   C. 公平竞争   D. 市场准入

6. (   )是世贸组织的最高权力机构。
   A. 部长级会议   B. 总理事会
   C. 秘书处   D. 总干事

7. 在部长级会议休会期间,其职能由(   )代为行使。
   A. 部长级会议   B. 总理事会

C. 秘书处 D. 总干事

8. 世贸组织（ ）部长级会议决定成立"贸易与投资""贸易与竞争政策""政府采购透明度"三个工作组。
   A. 新加坡 B. 日内瓦
   C. 西雅图 D. 多哈
   E. 坎昆

9. 世贸组织（ ）部长级会议就电子商务达成了临时协议，即在未来18个月内所有成员对电子商务实行零关税。
   A. 新加坡 B. 日内瓦
   C. 西雅图 D. 多哈
   E. 坎昆

10. 由于有关各方存在严重分歧，世贸组织（ ）部长级会议未能启动新一轮多边贸易谈判。
    A. 新加坡 B. 日内瓦
    C. 西雅图 D. 多哈
    E. 坎昆

11. 世贸组织（ ）部长级会议的重要成果是批准了中国加入世贸组织。
    A. 新加坡 B. 日内瓦
    C. 西雅图 D. 多哈
    E. 坎昆

12. 2004年8月达成的多哈回合框架协议决定在多哈回合启动（ ）谈判。
    A. 贸易与投资 B. 贸易与竞争政策
    C. 政府采购透明度 D. 贸易便利化

二、多项选择题

1. 下列哪些类型的国家属于世界贸易组织的成员国（ ）。
   A. 发达国家 B. 发展中国家
   C. 经济体制转轨国家 D. 最不发达国家
   E. 计划经济体制国家

2. 世界贸易组织的宗旨是（ ）。
   A. 提高生活水平 B. 保障充分就业
   C. 保证实际收入的提高 D. 审议各国贸易政策
   E. 保护、维护世界环境

3. 世界贸易组织的职能包括（ ）。
   A. 制定和规范国际多边贸易规则
   B. 组织多边贸易谈判
   C. 解决成员国之间的贸易争端
   D. 审议各国贸易政策

E. 与其他国际组织合作
4. 世界贸易组织帮助发展中国家的方式有（　　）。
   A. 技术援助　　　　　　B. 政策培训
   C. 开办短期培训班　　　D. 长期贷款
   E. 短期贷款
5. 世界贸易组织包括下面哪些机构（　　）。
   A. 首脑会议　　　　　　B. 部长会议
   C. 外长会议　　　　　　D. 特使会议
   E. 秘书处
6. 贸易政策审议机制规定成员国的报告应符合（　　）要求。
   A. 固定格式　　　　　　B. 经常性
   C. 非固定格式　　　　　D. 随意性
   E. 细节性

三、判断题

1. 关贸总协定第一轮至第六轮多边贸易谈判仅涉及关税的削减。（　　）
2. 1944 年 7 月召开的联合国货币与金融会议成立了国际货币基金组织、国际复兴开发银行和国际贸易组织。（　　）
3. 1946 年，为筹建国际贸易组织，联合国经济与社会理事会提出了《国际贸易组织宪章》草案，并召开筹委会对其进行修改与审议。（　　）
4. 1947 年 11 月 15 日，美国等 23 个国家签署了《关税与贸易总协定临时适用议定书》，这 23 个国家就成为关税总协定的创世缔约方。（　　）
5. 《国际贸易组织宪章》审议通过后，由于受美国影响，大多数国家没有批准《宪章》，建立国际贸易组织的计划因此夭折。（　　）
6. 关贸总协定东京回合谈判达成了一系列一揽子非关税措施协议，包括反倾销协议、反补贴协议、政府采购协议、海关估价守则、进口许可证程序协议等。（　　）
7. 乌拉圭回合谈判是关贸总协定所主持的历次多边关税与贸易谈判中涉及的范围和内容最广、参与谈判的国家和地区最多，以及涉及全球贸易金额最多的一次谈判。（　　）
8. 关贸总协定存续了 47 年。（　　）
9. 建立世贸组织是乌拉圭回合谈判启动时拟定的谈判议题之一。（　　）
10. 国民待遇义务并不适用于所有有关政府采购的法令、规章、条例。（　　）

四、汉译英

1. 世界贸易组织　　　　　　2. 乌拉圭回合
3. 非歧视原则　　　　　　　4. 最惠国待遇
5. 国民待遇　　　　　　　　6. 关税保护原则
7. 透明度原则　　　　　　　8. 公平贸易原则
9. 互惠贸易原则　　　　　　10. 市场准入原则

五、简答题

1. 世界贸易组织的宗旨是什么?
2. 世界贸易组织具有国际法人的主体资格,其法律地位体现在哪些方面?
3. 世界贸易组织在解决成员国之间的贸易争端方面,起了什么作用?
4. 简要叙述贸易政策审议机制的作用。

素质拓展

中美贸易摩擦

2001年中国加入世界贸易组织后,中美两国经济相互依赖、相互促进,同时两国之间的经济摩擦也不断出现。

据世界贸易组织的估计,2009年世界商品贸易总额为248 950亿美元,数据显示中国于2009年成为第一大出口国,美国成为第一大进口国。成为第一大出口国,对于中国出口商意味着更严峻的外贸形势。根据世界贸易组织的数据,2008年世界上34%的反倾销案是针对中国发起的。商务部数据显示,仅仅在2009年的前10个月,我国已遭受贸易救济调查99起,共涉及116亿美元,我国在应对贸易摩擦和维护贸易安全方面面临着前所未有的严峻形势。

商务部表示,中美经贸关系一进入2010年就急转直下,首先是贸易摩擦迅速升级,美国对中国所设置的贸易壁垒接连不断:

1月5日,美国商务部初裁决定,对从中国进口的价值超过3亿美元的钢丝层板征收43%~289%的临时反倾销关税;

2月6日,美国商务部决定对中国生产的礼物盒及包装丝带征收最高超过230%的反倾销税;

2月24日,美国商务部又初裁决定,对从中国进口的无缝钢管征收11.06%~12.97%不等的反补贴关税。

与此同时,美国要求人民币升值的压力也在不断加大。

前商务部部长陈德铭表示,美国对中国设立了非常严格的、单独的出口管制,中美贸易之间并不平衡。数据显示,2010年对美贸易的增长态势明显落后于行业回暖大势。1月上海海关对美实现进出口总值79.6亿美元,比2009年同期增长15%,但在同期关区前五大贸易伙伴中增速最低,其中对美出口的增长只有6.5%。广州海关的统计结果也非常类似,2010年1月广州海关对美贸易总值虽比2009年同期增长8.3%,但在对中国香港、欧盟、美国三大贸易伙伴的贸易中增幅最小,比同期广东外贸进出口总体增幅低25个百分点。

经贸关系是中美双方联系中尤为重要的一部分。针对中美之间的贸易摩擦,中国需要及时采取一些积极的措施使中美两国之间的贸易关系向健康方向发展:(1)慎重应对人民币汇率升值压力与汇率机制问题;(2)妥善处理中美双边经贸关系,积极应对中美贸易纠纷；（3）鼓励我国有竞争优势的产业和企业"走出去"；（4）扩大出口范围，增加对美贸易的产品种类，提高产品附加值，并且加强我国的综合国力以增强国际竞争力。

◆思考与分析：

"入世"后我国遭遇的贸易摩擦越来越多，是否因此否定"入世"的战略意义？你如何看待中美的贸易摩擦？

任务 3.3　区域经济一体化

学习目标

知识目标：
▲ 掌握区域经济一体化的概念、主要形式及其对世界经济和国际贸易的影响；
▲ 了解主要区域经济一体化组织。

能力目标：
▲ 会运用经济一体化的有关知识分析中国区域经济一体化的发展对区域内和区域外的分工与贸易产生的影响。

重点问题：
▲ 区域经济一体化的概念；
▲ 区域经济一体化对世界经济和国际贸易的影响。

情境引入

中国—东盟自贸区：经济合作的加速器

世界最大的自由贸易区——中国—东盟自由贸易区，于 2010 年 1 月 1 日正式全面启动。这一自由贸易区将拥有 19 亿人口、接近 6 万亿美元年国内生产总值和 4.5 万亿美元的年贸易总额。

这一自贸区的启动必将为中国和东盟的贸易发展和经济合作增添新的动力，也将有力地推进世界经济发展。

中国—东盟自贸区启动后，中国与东盟双方约有 7 000 种产品将享受零关税待遇，实现货物贸易自由化。也就是说，双方 90% 的贸易产品将实现零关税。

在服务贸易方面，中国与东盟将实质性地彼此开放市场。在投资领域，自贸区的全面建成将使双方相互投资更加自由、便利、透明和公平。

前中国商务部部长陈德铭强调，中国—东盟自贸区的建立"使双方人民得益"。他说，中国 13 亿人平时吃的用的许多产品（比如一些来自东盟的新鲜水果）的价格会下降；与此同时，中国的一些优势产品（比如一些轻纺、电子产品），也将以零关税出口至东盟国家。

东盟秘书长素林说："明年自贸区正式启动以后，我们（东盟）与中国之间的经贸合作将得到进一步加强，双方贸易关税将进一步降低，同时双方的相互投资也会更加自由。"

新加坡太平洋经济合作委员会主席陈企业认为，中国—东盟自贸区的启动将促进亚洲国家间的贸易增长，降低对出口欧美的依赖度，这有助于亚洲经济的稳定。

（资料来源：2009年12月29日 新华网）

中国—东盟自由贸易区是中国与其他国家建立的第一个自由贸易区，是中国走向区域经济一体化的重要一步。中国通过与东盟建立自由贸易区，逐步降低关税，取消贸易壁垒，由案例可以看出双边从区域一体化中获得了巨大的贸易利益。

中国—东盟自由贸易区只不过是国际经济一体化的一个缩影。自"二战"后，由于科学技术的不断发展和生产力水平的快速提高，以自由贸易协定为中心的区域经济一体化进程在不断加快，20世纪90年代以后出现了迅速的发展，各国经济冲破国界的限制朝着一体化和全球化的方向发展。据世界贸易组织统计，截至2016年，向世界贸易组织通报的各种区域经济一体化组织达635个，并正以平均每月签订1个的速度递增，经济一体化和全球化的形成和发展对"二战"后世界经济和国际贸易产生了很大的影响。本单元将着重对国际经济一体化相关问题进行详细阐述。

3.3.1 国际经济一体化的兴起及其对国际贸易的影响

1. 国际经济一体化的概念和形式

经济一体化（Economic Integration）的含义有广义和狭义之分。广义经济一体化，即世界经济一体化（World Economic Integration），又称国际经济一体化，它是指各国国民经济之间彼此相互开放，取消歧视，形成一个相互联系、相互依赖的有机整体。

狭义经济一体化，即区域经济一体化（Regional Economic Integration，REI），它是指区域内两个或两个以上的国家或地区，在一个由政府授权组成的并具有超国家性质的共同机构下，通过制定统一的对内、对外经济贸易政策、财政与金融政策等，消除区域内各成员国之间阻碍经济贸易发展的障碍，实现区域内的互利互惠、协调发展和资源优化配置，最终形成一个政治、经济高度协调统一的超国家机体。其表现形式是各种地区的经贸集团。

总体来说，区域经济一体化组织应具备以下几个特点：①契约性组织，即国与国之间通过签订某种协议而建立的经济合作组织和经济联合关系；②排他性组织，即对组织内提供优惠待遇和保护，资源配置向区域内组织集中，对区域外则相对排斥；③区域性组织，组织内国家间地理上相连或相近，同时在历史、文化上联系密切，有着开展经济合作的传统历史；④互惠性组织，即区域内各成员国之间相互提供非成员国享受不到的贸易优惠安排，而且优惠可能涉及商品、资本、劳动力流动等各方面。

小链接：区域经济一体化与世界经济一体化的关系

根据一体化的程度，区域经济一体化有以下几种主要形式。

（1）按一体化的程度划分。

① 优惠贸易安排。

优惠贸易安排（Preferential Trade Arrangements）是一种较低级和松散的区域经济一体化形式，在实行优惠贸易安排的成员间，通过协议或其他形式对全部货物或部分货物规定特别的关税优惠或非关税方面的优惠。

② 自由贸易区。

自由贸易区（Free Trade Area）是指由签订有自由贸易协定的国家组成的贸易区。在自由贸易区内，各成员国之间取消了所有的商品和服务贸易的壁垒，使区域内各成员国的商品可以完全自由流动。但各个成员国保持独立的对区外非成员国的贸易壁垒。自由贸易协定是区域经济一体化最普遍的形式，几乎占了区域性协定的 90%，如 1960 年成立的欧洲自由贸易联盟（EFTA），1994 年 1 月 1 日建成的北美自由贸易区（NAFTA）。

③ 关税同盟。

关税同盟（Customs Union）是指成员国之间完全取消关税和其他贸易壁垒，实现内部自由贸易，取消成员国之间的对外贸易政策差别，并对非成员国实行统一的关税税率而缔结的同盟。关税同盟是比自由贸易区更高一级的区域经济一体化的组织形式，它除了包括自由贸易区的基本内容外，还规定了成员国对同盟外的国家建立共同的、统一的关税税率。关税同盟开始带有超国家的性质。例如，安第斯共同体，由玻利维亚、哥伦比亚、厄瓜多尔、秘鲁和委内瑞拉组成。安第斯共同体在成员国之间实现了自由贸易，并对从区域外进口的产品征以 5%～20%的共同关税。

④ 共同市场。

共同市场（Common Market）是指成员国之间的贸易是没有障碍的，建立对非成员国的统一关税税率，有共同的对外贸易政策，并允许共同市场成员国之间的生产要素（劳动力、资本）可以完全自由流动。建立一个共同市场需要在财政、货币和就业政策上有相当程度的协调与合作，达到这种程度的合作是很困难的。例如，南锥体共同市场——由巴西、阿根廷、巴拉圭、乌拉圭和委内瑞拉（2006 年）组成的南美组织，希望最终把自己建成为共同市场。

⑤ 经济同盟。

经济同盟（Economic Union）是指成员国之间商品和生产要素可以完全自由流动，建立统一的对外关税，还要求有共同的货币和成员国税率协调一致，以及共同的货币和财政政策，逐步消除各国在政策方面的差异，形成一个庞大的超国家的经济实体。例如，20 世纪末建立的欧洲联盟还不是一个完全意义的经济联盟，因为并非欧盟所有成员国都采用欧盟的货币欧元，各国仍存在税费和法规的差异。

⑥ 完全经济一体化。

完全经济一体化（Complete Economic Integration）是区域经济一体化的最高级形式，其成员国在经济、金融、财政政策上完全统一化。1993 年 1 月 1 日，欧洲经济共同体"统一内部大市场"的建立，标志着欧洲经济共同体迈进了完全经济一体化的阶段。马斯特里赫特条约的生效更将其一体化的程度推进了一步，随着欧洲统一货币——欧元的诞生和广泛使用，欧洲国家的一体化程度将不断深化。

区域经济一体化的 6 种形式，也可以看成一体化发展的 6 个阶段，但阶段之间不一定具有必然过程。例如，欧洲经济共同体是从关税同盟开始的，并未经过优惠贸易安排和自由贸易区阶段；而欧洲自由贸易联盟也未必要向关税同盟发展。

区域经济一体化形式特征的比较如表 3-2 所示。

表 3-2 区域经济一体化形式特征的比较

形式特征	优惠关税	商品自由流通	共同对外关税	生产要素流动	统一经济政策	统一协调社会与政治政策
自由贸易区	√	√				
关税同盟	√	√	√			
共同市场	√	√	√	√		
经济同盟	√	√	√	√	√	
完全经济一体化	√	√	√	√	√	√

（2）按参加国的经济发展水平划分。

① 水平一体化。

水平一体化（Horizontal Integration）又称横的一体化，它是由经济发展水平相同或接近的国家组成的。从区域经济一体化的发展实践来看，现存的一体化大多属于这种形式，如欧洲联盟、东盟自由贸易区、中美洲共同市场。

② 垂直一体化。

垂直一体化（Vertical Integration）又称纵的一体化，它是由经济发展水平不同的国家组成的。如 1994 年 1 月 1 日建成的北美自由贸易区，它把经济发展水平不同的发达国家（美国、加拿大）和发展中国家（墨西哥）联系在一起，使建立自由贸易区的国家之间在经济上具有更大的互补性。

（3）按一体化的范围大小划分。

① 部门一体化。

部门一体化（Sectoral Integration）是指区域内各成员国的一种或几种产业（或商品）的一体化。如 1952 年 7 月 25 日建立的欧洲煤钢共同体，1958 年 1 月 1 日建立的欧洲原子能共同体。

② 全盘一体化。

全盘一体化（Overall Integration）是指将区域内各成员国的所有经济部门加以一体化。如欧洲联盟和 1991 年解散的经济互助委员会。

2. 国际经济一体化的兴起及其原因

（1）美国与苏联在欧洲的对峙迫使西欧联合。

1945 年 2 月，雅尔塔美英苏三国首脑会议制定了军事占领的临时分界线，达成了"二战"后时期使欧洲分裂为东、西两个部分的政治疆界。随着"二战"的结束，美国与苏联在欧洲形成了对峙，出现了冷战局面。而且，双方在欧洲展开激烈的争夺。为了维护国家主权，增强同美、苏两大国的抗衡能力，恢复和提高西欧国家在国际舞台上的地位，以及发挥其相应的作用，西欧国家领导人深感需要加强联合，走一体化的道路。这成为欧洲经济共同体和欧洲自由贸易区出现的重要外因。

（2）发展中国家维护民族经济权益与发展的需要。

"二战"以后，殖民地体系瓦解，原来的殖民地附属国纷纷取得政治上的独立，开始致力于民族经济的发展。但是，广大的发展中国家和地区在经济发展上遇到了下述问题：物质和技术能力薄弱，资金不足，多成分的旧经济结构存在，国内市场狭窄，无力单独建设大型工业项目和其他项目。这种状况迫使这些国家和地区在保持和发展与原宗主国、发达国家经济联系的同时，努力加强彼此之间的经济合作，走经济一体化的道路，进行集团的自力更生。

（3）社会生产力的高速发展。

"二战"后，以原子能工业、电子工业和高分子合成工业为标志的第三次工业革命，大大促进了生产力的发展，进一步促进了世界范围内的生产社会化。发达资本主义国家之间的国际分工和专业化大生产日益发展，越来越多的商品、资本、劳动力、科技情报进入国际交流，社会再生产的国际依赖性大大加强。但是，"二战"后发达资本主义国家之间的经济联系和相互依赖的加强及经济生活国际化的发展，却受到国家壁垒的限制。生产力的发展要求打破国家疆域界限，在彼此之间进行经济协调和联合。因此，经济生活的国际化就成为发达资本主义国家趋向联合、走向经济一体化的客观基础。

（4）经济一体化区域内部经济发展的需要。

共同体内部的贸易自由化必然促使共同体内部国际分工格局的发展。共同体成员国间关税壁垒的拆除，使成本较低的成员国的产品面临扩大的内部市场，使经营规模趋于扩大，因而引起生产规模的扩大，随着区域性的经济结合导致区域内部市场的扩大，市场的扩大又促进各行业的发展。

（5）加强对外谈判力量。

在世界市场上和各种经济贸易组织谈判中，贸易集团因经济一体化使共同体的经济得到发展，因此统一对外，加强了集体谈判力量，可取得较好的外部环境，改善其在世界经济贸易及世界政治舞台上的地位。

3．国际经济一体化的影响

国际经济一体化主要包含对区域内部和区域外部贸易的影响，如表3-3所示。

表3-3　国际经济一体化对区域内部和区域外部贸易的影响

国际经济一体化	影　　响
区域内部	促进了区域内部的贸易自由化，推动了区域内贸易量的迅速增长
区域内部	促进了区域内部规模经济的发展，推动了区域内部国际分工和国际技术合作
区域内部	促进了区域内成员方的产业结构调整
区域内部	加强了企业的融合与竞争。区域经济一体化使经贸集团内部的市场进一步统一，从而给企业提供了更多的商机
区域外部	促使世界范围内的贸易摩擦和贸易竞争的加剧
区域外部	促进各国加快技术革新，在竞争中大规模夺取技术制高点
区域外部	减少了区域外部国家的贸易机会

学以致用

现汇与现钞

对柯先生来说，1992 年 8 月 12 日是个不祥的日子，因为在这一天，加拿大、墨西哥和美国原则上达成了北美自由贸易区协定（NAFTA），根据这一协定，三国之间的所有关税将在 5 年内被大幅度削减。令柯先生深感不安的是，协定规定三国之间的所有纺织品贸易的关税将在 10 年内取消，同时，加拿大和墨西哥每年还可以向美国销售一定数量用外国材料制成的服装和纺织品，而且在协定生效前，这一销售配额还将略微增多。

柯先生是一家位于中国澳门的生产服装的工厂的老板，这家工厂于 1910 年建立，已由柯先生家族经营了四代。工厂现有 1 500 名员工，主要生产棉制内衣。员工们和工厂的劳资关系长期以来一直很好，从未发生过一起劳资纠纷。柯先生常以自己能叫出很多员工的名字并且了解一些雇员的家庭情况而感到自豪。

柯先生工厂的内衣产品主要销往美国，在过去的 10 年里，内衣工厂虽然经历了日趋激烈的市场竞争，但柯先生的工厂依靠产品的优异质量，再加上相比美国低得多的劳动力成本，一直有着很好的销售业绩，因而，工厂的生产一直是向前发展的。

然而，服装制造业是一个低技能、劳动力密集型的产业，业内的竞争主要是价格和质量的竞争，成本在很大程度上是由工资和劳动生产率决定的。面对着北美自由贸易协定的签署，很多美国的同业和亚洲的内衣制造厂都纷纷把工厂迁移到墨西哥，在那里，生产的内衣进入美国和加拿大面临的是关税取消，而且，纺织工人的小时工资不到 2 美元，比美国本土低 10 美元，比中国澳门低 1.2 美元。柯先生明白，未来的 5 年里，美国的服装市场将被在墨西哥生产的来自亚洲、美国和墨西哥厂商的进口产品所充斥。眼前，美国的一些大客户已经在抱怨柯先生的内衣价格高了，他们很难再继续和他做生意。对柯先生来说，现在已别无选择，如果继续生产内衣输往美国市场，唯一的出路是将澳门的工厂移向墨西哥，这是他过去一直不愿做的。

把工厂迁向墨西哥，对柯先生来说，需要解雇大批中国澳门的工人，他怎样回报多年来员工们对他家族付出的忠心？他以往承诺的对员工的道德义务该如何解释？墨西哥的工人如何，能否像中国澳门的工人这样忠心耿耿，并达到他们的生产效率呢？据说，那里的工人生产率低，工艺水平也低，工人的流失率高，缺勤率也高，真是这样的吗？若真如此，他该如何应付那种局面呢？

（资料来源：2012 年 12 月 20 日　百度文库）

◆思考与分析：
1. 什么是自由贸易区？它有什么特点？
2. 自由贸易区的建立对区域内外国家可能产生哪些影响？
3. 如果你是柯先生，你将如何决策？

3.3.2 主要区域经济一体化组织

1. 欧洲联盟

(1) 欧盟的建立和发展历程。

欧洲联盟(European Union, EU)简称欧盟,是由欧洲共同体(European Communities)发展而来的,是一个集政治实体和经济实体于一身,在世界上具有重要影响的区域一体化组织,总部设在比利时首都布鲁塞尔。欧洲联盟的宗旨是"通过建立无内部边界的空间,加强经济、社会的协调发展和建立最终实行统一货币的经济货币联盟,促进成员国经济和社会的均衡发展""通过实行共同外交和安全政策,在国际舞台上弘扬联盟的个性"。

1951年4月18日,法国、联邦德国、意大利、荷兰、比利时和卢森堡在巴黎签订了建立欧洲煤钢共同体条约(又称《巴黎条约》)。1957年3月25日,这6个国家在罗马签订了建立欧洲经济共同体条约和欧洲原子能共同体条约,统称《罗马条约》。1965年4月8日,6国签订的《布鲁塞尔条约》决定将三个共同体的机构合并,统称欧洲共同体。《布鲁塞尔条约》于1967年7月1日生效,欧洲共同体正式成立。1991年12月11日,欧共体马斯特里赫特首脑会议通过了以建立欧洲经济货币联盟和欧洲政治联盟为目标的《欧洲联盟条约》,又称《马斯特里赫特条约》(简称"马约")。1993年11月1日"马约"正式生效,欧共体更名为"欧盟"。这标志着欧共体从经济实体向经济政治实体过渡。

目前欧盟有27个成员国,包括法国、德国、意大利、荷兰、比利时、卢森堡、丹麦、爱尔兰、希腊、西班牙、葡萄牙、奥地利、芬兰、瑞典、波兰、捷克、匈牙利、斯洛伐克、斯洛文尼亚、塞浦路斯、马耳他、拉脱维亚、立陶宛、爱沙尼亚、保加利亚、罗马尼亚和克罗地亚。

知识窗

欧盟"扩张"史

"总有一天,到那时,所有的欧洲国家,无须丢掉你们各自的特点和闪光的个性,都将紧紧地融合在一个高一级的整体里;到那时,你们将构筑欧洲的友爱关系……"

——维多克·雨果

欧盟自成立以来,先后经历了七次扩员,而且有进一步扩大的趋势(见表3-4)。成员国从最初的6国发展到目前的27国,人口超过4.8亿,成为目前世界上最大的区域经济一体化组织,是世界上最大的经济体。

表 3-4 欧盟扩员过程

时间	成员国
1958年1月1日	欧洲经济共同体正式成立,成员国有法国、德国、意大利、荷兰、比利时和卢森堡6国
1973年	英国、丹麦和爱尔兰加入欧共体
1981年1月1日	希腊加入欧共体,成为欧共体第10个成员国
1986年1月1日	葡萄牙和西班牙加入欧共体,使欧共体成员国增至12个
1993年11月1日	"欧共体"更名为"欧盟"
1995年1月1日	奥地利、瑞典和芬兰加入,使欧盟成员国扩大到15个
2004年5月1日	波兰、捷克、匈牙利、斯洛伐克、斯洛文尼亚、塞浦路斯、马耳他、拉脱维亚、立陶宛、爱沙尼亚10个中东欧国家正式成为欧盟成员国。此次是欧盟第5次扩大,也是规模最大的一次扩大。此次扩大后的欧盟经济实力与美国不相上下,欧盟的整体实力有所增强
2007年1月1日	罗马尼亚和保加利亚正式成为欧盟成员国,这是欧盟历史上第6次扩大
2013年7月1日	克罗地亚正式成为欧盟第28个成员国
2016年6月23日	英国就是否留在欧盟举行全民公投。投票结果显示支持"脱欧"的票数以微弱优势战胜"留欧"票数,英国不再是欧盟成员国

在世界多极化不断发展的今天,随着中东欧各国陆续加入欧盟,一个"一体化"的欧洲终于成为当前世界上空前庞大的国家集团。

（2）欧盟的经济一体化措施。

① 有关农业的一体化措施。

欧盟实施共同农业政策,首先是实行统一的农产品价格管理制度,农产品价格通过收购或投放方法,保证其在"目标价格"和"干预价格"之间波动。其次是对部分农产品进口征收差价税,实行农产品出口补贴制度。最后是设立农业指导和保证基金,促进农业的机械化和现代化。

② 有关货币的一体化措施。

欧盟的货币一体化措施是建立欧洲货币体系。欧洲货币体系于1973年3月正式创立,它是为促进同盟内贸易、保证各成员国货币的相对稳定而建立的国家间货币联合。其主要内容有建立欧洲货币单位;成员国间实行固定汇率,对外实行联合浮动制,从而形成一个相对稳定的汇率制度;建立欧洲货币基金,向成员国提供中短期贷款,借以干预市场、稳定汇率、调节国际收支。

1993年11月1日生效的《马斯特里赫特条约》为建立欧洲货币联盟决定了时间表和步骤。按照"马约"的规定,货币联盟将分三个阶段实施,经过欧盟各国的艰苦努力,货币联盟计划得以顺利进行,1999年1月1日欧元正式发行,法国、德国、意大利、比利时、荷兰、卢森堡、爱尔兰、奥地利、芬兰、葡萄牙、西班牙11国成为欧元创始国。1999年1月1日至2001年12月31日是欧元的转换期,从2002年1月1日起,欧元开始流通,2002年7月1日欧元已取代货币联盟成员国原货币,实现了在货币联盟内部的单一货币。

③ 贸易及财政政策的一体化。

a. 1957年建立关税同盟，首先取消成员内的关税，其次是实行对外的统一关税。

b. 1975年2月28日，欧共体同非洲、加勒比海和太平洋地区46个发展中国家签订了对这些地区实行特别贸易优惠政策的《洛美协定》，1991年10月22日与欧洲自由贸易联盟国家达成建立欧洲经济区协议。

c. 实行统一的贸易政策、法规。

d. 成员国采取统一的增值税制。

《罗马条约》自1957年签订以来，一方面，不断加强协调成员国间的贸易、金融、财政等经济政策，以便形成从经济到政治等各方面逐步统一的完全一体化形态；另一方面，欧盟不断统一和完善对区域外的进口商品的限制，使保护主义色彩不断加深，并形成统一的贸易保护政策。它是当今世界上保护力量最强大、保护措施最完善的地区一体化组织。

学以致用

欧洲一体化步伐跌跌撞撞（国际视点）

新年伊始，保加利亚接替爱沙尼亚担任欧盟轮值主席国。保加利亚总统拉德夫日前呼吁欧盟各成员国继续推进欧洲一体化进程，构建"团结更强大"的欧洲。在全球保护主义、民粹主义、反全球化"逆风"抬头的大背景下，欧洲内部分化严重，"反欧""疑欧"右翼民粹政党借机乘势崛起，加之难民问题持续发酵，排外主义思潮涌动，欧洲一体化进程步履维艰。多数专家认为，一体化在欧洲国家已经深入人心，经济稳步复苏带来的更多积极变量又在不断出现，欧洲一体化进程仍将继续前行。

2018年是欧洲推进一体化进程的关键一年。政治上，极右翼势力2017年看似失败，但随着2018年欧洲多个国家再次迎来大选，右翼民粹主义等势力将有机会再次迎来强劲表现；经济上，2018年欧元区在经济和金融改革方面备受关注。目前，欧元区国家正在讨论建成欧盟银行业联盟，并将旨在应对危机的欧洲稳定机制重塑为欧洲货币基金。欧元区还计划增设经济和财政部长一职，以期解决欧元区有统一货币政策而没有统一财政政策这一根本性问题。这些议题能否取得实质性进展将对欧洲一体化进程产生直接影响。

"从总体上看，在英国脱欧的背景下，强化欧盟内部团结与统一，推动欧盟共同繁荣，符合各成员国的意愿，这也是推进欧洲一体化的共同基础。"欧盟主流新闻网站"欧盟记者"总编辑科林·斯蒂芬对本报记者表示，如何弥合内部分歧，解决区域发展不平衡等问题将成为影响欧洲一体化进程前行的重要因素。

欧盟机构领导人也纷纷发声，希望能有效凝聚各成员国的力量来克服危机，展现出欧盟作为一个整体维护欧洲一体化的决心。欧洲理事会主席图斯克发出了"作为一个政治共同体，欧洲如果不团结，就是彻底分裂"的呼声。欧盟委员会主席容克表示，欧盟各国只有团结一致，才能缔造一个更加繁荣、安全、能够经受住重大挑战的欧洲。

其实，2017年，在推进欧洲一体化上，欧盟也不是没有成就。例如，德法主导的欧元区改革计划草案以及欧盟联合防务机制等都获得通过。2018年对欧盟来说将是至关重要的，欧盟在 2018 年应该以此为契机进一步凝聚内部共识，减少对立，推动欧盟作为一个整体向前发展。"欧洲国际政治经济研究中心高级研究员皮埃尔·索维对本报记者表示。

分析人士指出，尽管欧洲一体化进程步履维艰，但一体化带来的和平、合作、发展等方面进展仍是欧洲形势的主要方面。当前，欧洲经济步入加快复苏轨道，更多有利于欧盟改革和一体化发展的积极变量正在不断出现，如果欧盟及其主要成员国能在右翼民粹主义崛起的预警下，进行大刀阔斧的改革，正视各成员国不同的发展需求，不断凝聚共同的意愿，扩大合作空间，欧洲一体化进程仍将继续前行。

（资料来源：2018 年 1 月 25 日 人民日报）

◆思考与分析：
在区域经济一体化的过程中，欧盟遭遇了怎样的困境？

2. 北美自由贸易区

北美自由贸易区（North America Free Trade Area，NAFTA）是一个囊括整个北美大陆，有着 3.6 亿人口，2 130.7 万平方千米土地，经济实力足以与欧洲经济区相抗衡的区域经济一体化组织。它组建起步晚，发展却很快，且开创了经济发展水平悬殊的国家达成区域自由贸易协定的先例，成为 20 世纪 90 年代世界区域经济一体化深入发展的一个突出标志。

（1）成立动因。

① 内部动因——NAFTA 是三国经贸关系向纵深发展的客观需要和必然结果。

美国、加拿大、墨西哥相互比邻，语言、风俗习惯、价值观念相似，交通运输方便，经济上具有互补性，三国间长期以来就有着极为密切的经贸往来。就美、加而言，两国互为对方的第一大贸易伙伴。就美、墨而言，墨西哥是美国的第三大贸易伙伴，美国是墨西哥的第一大贸易伙伴。1990 年，三国相互贸易额达 2 370 亿美元。同年，美国在加拿大的投资，占加拿大外来投资的 70%。加拿大在美国的投资，占美国外来投资的 8%，居投资国第四位；美国在墨西哥的投资占墨西哥所欠全部外债的 35%。仅此，三国经济的相互依存度之高便可见一斑。

但是，在没有正式订立贸易协定之前，三国之间的贸易和投资经常遇到障碍。欧共体的成功实践表明，区域经济一体化不失为消除贸易障碍的有效途径。故组建 NAFTA，是美、加、墨克服彼此间贸易和投资障碍，巩固和强化相互间经贸关系的必然选择。更重要的是，建立 NAFTA 具有深远的意义。就美国而言，既可以解决减少贸易逆差、扩大服务贸易的当务之急，又可为其建立从阿拉斯加到火地岛的非关税壁垒，有效抑制美国日益高涨的贸易保护主义，巩固和扩大其在美国的市场，还可开发墨西哥市场；就墨西哥而言，既可更多地获得美、加的投资和新技术，较快地振兴国内经济，使之在与其他发展中国家对美、加出口的竞争中居于有利地位，又可解决长期以来债台高筑的问题。

② 外部动因——国际经济格局的变化是促成 NAFTA 的决定性因素。

"二战"后，西欧、日本经济得到迅速恢复和发展。美国在世界经济中的地位相对下降，最突出的表现为自 20 世纪 70 年代起，外贸逐年逆差：1974 年为 60 亿美元，1980 年为 245 亿美元，1984 年达 1 078 亿美元。据此，里根于 1980 年提出组建美、加自由贸易区,却未即时实施。1985年,欧洲加速筹建统一大市场,使美国朝野十分震惊。作为对策之一,美、加政府决定加快建立自由贸易区的步伐。1990年,日本人均国民生产总值达2.4万美元,超过同年美国2.2万美元的水平。同年,欧共体国民生产总值5万亿美元,接近美国水平,极大地刺激了美国。

(2) 一体化进程及走向。

① 美加自由贸易区。

1985年3月,加拿大总理马尔罗尼同美国总统里根会晤时,首次正式提出实行自由贸易区的主张。同年5月,开始进行有关谈判。1988年11月两国政府正式签署《美加自由贸易协定》,并于1989年1月1日正式生效。1987年美国与墨西哥签署了自由贸易协定,以协调两国之间的贸易问题。这两个协定推动了三国贸易的发展,为NAFTA的建立打下了基础。

② 北美自由贸易区。

1992年12月,美国、加拿大、墨西哥三国签署《北美自由贸易协定》,以后经过数月的谈判,三方又于1993年8月就环保、劳动就业等问题达成协议,作为《北美自由贸易协定》的补充文件,并于1994年1月1日正式生效。因而,从实际来看,《北美自由贸易协定》是一个内容极为广泛的三边协议,其目的是消除贸易壁垒,促进平等竞争,增加投资机会,保护知识产权,确定执行协定的有效程序,解决贸易争端,促进三边、区域性和多边合作。

(3)《北美自由贸易协定》的主要内容。

《北美自由贸易协定》在以下几个方面做了安排。

在墨西哥占有劳动力优势的纺织品和成衣方面,除了取消一部分产品的关税外,对于墨西哥生产的符合原产地规则的纺织品和成衣,美、加取消其配额限制,并将关税水平从45%降到20%。

对于汽车产品,美、加逐步取消了对墨西哥制造的汽车征收的关税,其中轻型卡车的关税从25%减到10%,并在5年内全部取消;重型卡车、公共汽车、拖拉机的关税则在10年内取消。墨西哥则将在10年内取消对美、加汽车产品的关税及非关税壁垒,其中轻型卡车的关税将在5年内取消。

美、加分别取消其对墨西哥农产品征收的61%和85%的关税;墨西哥则取消对美、加农产品征收的36%和4%的关税。另外,墨西哥可以用10~15年的时间来逐步降低剩余农产品的关税,并有权通过基础设施建设、技术援助以及科研来支持本国的农业发展。

在运输业方面,三国间国际货运运输的开放有一个10年的转换期。3年后,墨西哥的卡车允许进入美国边境各州,7年后所有三国的国境对过境陆上运输完全开放。

在通信业方面,三国的通信企业可以不受任何歧视地进入通信网络和公共服务业,对开展增值服务业无任何限制。

在金融保险业方面,在该协定实施的最初6年中,美、加银行只能参与墨西哥银行8%~15%的业务份额;在第7~15年,如墨西哥银行市场中外国占有率超过25%,墨西哥则有权实行一些保护性措施;墨西哥在美、加银行市场中一开始就可以享受较为自由的待遇。该协定还允许美、加的保险公司与墨西哥的保险公司组成合资企业,其中外国企业的控股权可逐年增加,到 2000 年在墨西哥的保险企业中外国企业的股份可达 100%。

在能源工业方面,墨西哥保留其在石油和天然气资源的开采、提炼及基础石油化工业方面的垄断权,但非石油化工业将向外国投资者开放。另外,该协定同时规定对投资者给予国民待遇,对投资者不得规定诸如一定的出口比例、原产品限制、贸易收支、技术转让等限制条件。作为补充,美、加、墨在 1998 年又就取消 500 种关税达成协议。此协议从 1998 年 8 月 1 日生效,并规定美国免税进口墨西哥产的纺织品、成衣、钟表、帽子等,墨西哥则向美国的化工产品、钢铁制品、玩具等商品开放其市场。此协议实施后,约 93%的墨西哥商品能享受到美国的免税优惠,约 60%的美国商品可以直接免税进入墨西哥市场。这就形成了自由贸易区内比较自由的商品流通大格局。

学以致用

北美自由贸易协定何去何从

美国、加拿大和墨西哥三国 1992 年签署的北美自由贸易协定(NAFTA)于 1994 年 1 月正式开始实施,该协定消除了三国之间的关税,使得北美成为全球最大的自由贸易区。然而,特朗普总统从竞选期间就将该协定视为"一个灾难""有史以来最糟糕的贸易协定",宣称要退出该协定。2017 年 5 月 18 日,美国贸易代表正式宣布 90 天之内启动 NAFTA 重新谈判进程,8 月 18 日,美、加、墨三国开始 NAFTA 重谈进程的第一轮磋商。

为什么重谈北美自由贸易协定

美国要求 NAFTA 重谈主要集中在两个原因:美国巨大的贸易赤字以及 NAFTA 旧有规定和标准已经无法满足今天的经贸情况。

首先,美国与墨西哥、加拿大之间巨大的贸易逆差。NAFTA 生效之后,贸易便利化推动了三个市场的融合,区域内贸易急剧上升,但美国贸易赤字不断扩大。美国认为旧的 NAFTA 协议让墨西哥和加拿大受益更多,美国损失巨大,比如墨西哥廉价的劳动力使得美国的制造业就业转移,造成了巨大的贸易逆差;有必要通过重谈 NAFTA 改善本国贸易状况。

另外,NAFTA 的原有条款不能满足今天三国的经贸需要。协定签订 20 多年之后,今天经贸领域的一些变化无法在 NAFTA 中找到对应条款,如数据贸易以及部分服务贸易;另外,今天在环境、知识产权、劳工、市场准入等方面要求的提升并未体现在 NAFTA 原有的条款中。事实上重谈 NAFTA,并不是特朗普的创新,早在奥巴马政府时期已经认识到了 NAFTA 无法适应今天的需求,其谈判代表与加、墨代表进行了 3 年磋商,并在开放加拿大乳品市场、推动墨西哥劳工方面陆续取得了一些进展。

三方的态度与目标

此次美国要求重启 NAFTA 谈判的目标非常明确,即体现 21 世纪公平贸易的新标准,解决目前美国与墨西哥、加拿大之间持续的贸易赤字问题,保持并扩大美国农产品、制造产品以及服务的市场准入。美国贸易代表办公室在向国会提交的《NAFTA 重谈目标》报告中详细罗列了货物贸易、技术壁垒、服务贸易、知识产权、透明度、争端解决等 22 个领域的具体谈判新要求。这些领域有些是全新的,比如数字贸易和汇率条款,其他更多的是原有领域标准的提升。

加拿大和墨西哥承认今天的经济和贸易形势与 20 多年前不可同日而语,NAFTA 部分内容已经过时,协定可以谈;但两国希望只是简单地扩充协议,涵盖贸易和社会政策更多领域。加、墨两国认为新的协定应当实现各国共赢,尽量减少对本国贸易以及经济的影响,而不是简单地满足美国的利益。

(资料来源:2017 年 12 月 13 日 学习时报)

◆思考与分析:

英国脱离欧盟,美国考虑退出北美自由贸易协定,请对参与区域经济一体化的利弊进行分析。

3.亚太经济合作组织

亚太地区,广义上是指亚洲及环太平洋沿岸的国家和地区。它包括亚洲的所有国家和地区,太平洋中诸国和地区,以及北美、中美和南美太平洋沿岸国家。亚洲及太平洋经济合作组织(Asia-Pacific Economic Cooperation,APEC)于 1989 年创立,由亚太地区的 21 个国家(或地区)组成,人口最多、面积最大、经济发展最快,情况也最复杂。亚太成员从北半球到南半球,从亚洲、大洋洲到南、北美洲;有历史悠久的文明古国,也有现代崛起的工业国家;有主权国家,也有地区经济;有经济发展水平居世界领先地位者,也有新兴工业化力量,还有的经济尚处于起步阶段;有的人口多至十几亿,有的少至几十万;有的人均国民生产总值高至每年 2 万多美元,有的低至每年数百美元;历史、文化、宗教、习俗也大不相同。这一切,导致了独具特色的"亚太模式"。

(1)亚太经济合作组织的发展历程。

1989 年 11 月,澳大利亚、美国、日本、韩国、新西兰、加拿大及当时的东盟六国在澳大利亚首都堪培拉举行了亚太经合组织首届部长级会议,标志着这一组织的正式成立。

1991 年 11 月第三届会议签署的《汉城宣言》,首次明确规定了 APEC 的宗旨,即推动全球贸易自由化,促进 APEC 成员间贸易、投资和技术领域的经济合作。

1993 年 11 月 17—19 日第五届会议通过 APEC "贸易和投资框架宣言",明确指出 APEC 的目标是实现自由化,推动亚太地区以市场为导向的经济合作,促进该地区贸易、投资自由化的发展,消除 APEC 成员间的贸易和投资障碍。总的发展历程如表 3-5 所示。

表 3-5 APEC 发展历程

| 发展历程 | 初期阶段
(1989—1992 年) | 这一阶段 APEC 建立了它作为一个区域性经济组织的基本构架。第一、第二届双部长会议上,各方就致力于地区自由贸易与投资和技术合作达成了某些共识,确定设立 10 个专题工作组开展具体合作。1991 年召开的汉城会议通过了《汉城宣言》,它作为 APEC 的基本章程,首次对该论坛的宗旨、原则、活动范围、加入标准等做了规定。1992 年的曼谷会议决定在新加坡设立 APEC 秘书处,由各成员认缴会费,使 APEC 在组织结构上进一步完善 |

续表

发展历程	快速阶段 （1993—1997年）	自1993年，APEC从部长级会议升格到经济体领导人非正式会议，发展进程加快。1993—1997年这5年，每年都有新的进展，解决了区域合作所面临的不同问题，是APEC进程的"五步曲"。例如，1993年解决了"APEC不应该做什么"的问题；1994年解决了"APEC应该做什么"的问题；1995年解决了"APEC应该怎么做"的问题；1996年制定了具体的合作蓝图
	调整阶段 （1998年至今）	1997—1998年亚洲金融危机直接影响APEC进程，危机的受害者开始对贸易投资自由化采取慎重态度，在APEC内部，始于1997年的部门提前自由化在一定程度上超越了亚太地区的现实情况

亚太经合组织现有21个成员：分别是澳大利亚、文莱、加拿大、智利、中国、中国香港、印度尼西亚、日本、韩国、马来西亚、墨西哥、新西兰、巴布亚新几内亚、秘鲁、菲律宾、俄罗斯、新加坡、中国台北、泰国、美国、越南。东盟秘书处、太平洋经济合作理事会和太平洋岛国论坛秘书处为该组织的观察员，可参加亚太经合组织部长级及其以下各层次的会议和活动。

（2）亚太经合组织的特点和内容。

与欧盟和北美自由贸易区相比，APEC的区域经济一体化具有其独特性，具体如表3-6所示。

表3-6 亚太经合组织的特点和内容

特 点	内 容 描 述
自愿性	由于成员体之间政治和经济上的巨大差异，在推动区域经济一体化和投资贸易自由化方面要想取得"协商一致"是非常困难的，APEC成立之初就决定了其决策程序的软约束力，是一种非制度化的安排
开放性	APEC之所以坚持开放性，其中一个重要原因是APEC大多数成员体在经济发展过程中，采取以加工贸易或出口为导向的经济增长方式及发展战略。采取开放的政策，不仅可以最大限度地发挥区域内贸易的长处，同时可以避免因对区域外的歧视政策而缩小区域外的经济利益
成员体的广泛性	APEC是当前规模最大的多边区域经济集团化组织，APEC成员体的广泛性是世界上其他经济组织所少有的。APEC的21个成员体，就地理位置来说，遍及北美、南美、东亚和大洋洲；就经济发展水平来说，既有发达国家，又有发展中国家；就社会政治制度而言，既有资本主义国家，又有社会主义国家；就宗教信仰而言，既有基督教国家，又有佛教国家；就文化而言，既有西方文化，又有东方文化。成员体的复杂多样性是APEC存在的基础，也是制定一切纲领所要优先考虑的前提
合作的多层次性	在亚洲和太平洋这片广阔的区域内，存在形式多样、水平各异的多个地区合作组织。从其覆盖的地理范围和组织水平来看，可以把他们分为四个层次：一是亚太地区级的经济合作组织或会议，二是区域范围内的合作组织，三是此区域范围内的经济合作组织，四是所谓"成长三角"的地区经济合作组织

> **知识窗**

除了欧盟、北美自由贸易区、亚太经合组织这三个主要区域经济一体化组织以外，全球各地还存在着大量的区域经济一体化组织，如表3-7所示。这些组织的建立和发展，对区域经济和全球经济都产生了很大的影响。

表 3-7 区域经济一体化组织

组织名称	英文简称	现有成员	成立年份	占世界出口比重
东南亚国家联盟	ASEAN	印度尼西亚、马来西亚、菲律宾、新加坡、泰国、文莱、越南、老挝、缅甸、柬埔寨	1967	6.26%
南亚区域合作	SAARC	不丹、孟加拉国、印度、马尔代夫、斯里兰卡、尼泊尔、巴基斯坦、阿富汗	1985	1.33%
海湾合作委员会	GCC	阿联酋、阿曼、巴林、卡塔尔、科威特、沙特阿拉伯	1981	3.86%
经济合作组织	ECO	巴基斯坦、伊朗、土耳其、阿富汗、阿塞拜疆、土库曼斯坦、乌兹别克斯坦、塔吉克斯坦、吉尔吉斯斯坦、哈萨克斯坦	1985	
南方共同市场	MERCOSUR	阿根廷、巴西、巴拉圭、乌拉圭、智利	1991	1.62%
中美洲共同市场	CACM	哥斯达黎加、洪都拉斯、尼加拉瓜、萨尔瓦多、危地马拉	1962	0.15%
安第斯集团	ANCOM	秘鲁、玻利维亚、厄瓜多尔、哥伦比亚	1969	0.55%
拉美太平洋联盟	Pacific Alliance	智利、秘鲁、墨西哥、哥伦比亚	2012	
西非国家经济共同体	ECOWAS	贝宁、布基纳法索、多哥、佛得角、冈比亚、几内亚比绍、加纳、利比里亚、马里、尼日利亚、塞拉利昂、塞内加尔	1975	0.48%
南部非洲发展共同体	SADC	安哥拉、博茨瓦纳、津巴布韦、莱索托、马拉维、莫桑比克、纳米比亚、斯威士兰、坦桑尼亚、赞比亚、南非、毛里求斯、刚果(金)、塞舌尔、马达加斯加、拉乔利纳	1992	
阿拉伯马格里布联盟		阿尔及利亚、利比亚、毛里塔尼亚、摩洛哥、突尼斯	1989	
大阿拉伯自由贸易区		阿尔及利亚、巴林、科摩罗、吉布提、埃及、伊拉克、约旦、科威特、黎巴嫩、利比亚、毛里塔尼亚、摩洛哥、阿曼、巴勒斯坦、卡塔尔、沙特阿拉伯、索马里、苏丹、叙利亚、突尼斯、阿联酋和也门	1998	
澳新自由贸易区		澳大利亚、新西兰	1965	
欧洲自由贸易联盟		奥地利、丹麦、挪威、葡萄牙、瑞典、瑞士和英国	1960	

3.3.3 中国参与的区域经济一体化组织

2003 年,中国签署了《内地与香港更紧密经贸关系安排》,这也是一种自由贸易安排。而中国签署的第一个真正意义的自由贸易协定是 2004 年与东盟十国签订的自由贸易区《货物贸易协议》,且 2010 年 1 月 1 日,中国—东盟自由贸易区正式建立,极大地促进了双边贸易。

1. 中国参与区域经济一体化的现状

中国正在积极广泛地参加各种形式的区域经济一体化。早在 1991 年,中国就参与了亚太经合组织，这是中国参与的第一个区域经济组织，也是中国参与经济一体化的开端。2001年，中国又加入了《曼谷协定》，现更名为《亚太贸易协定》，这是中国参与的第一个区域性优惠贸易安排。为进一步提升对外开放的广度和深度，中国在不断地加大区域经济合作的力度，并与周边许多国家积极签署了多边与双边自由贸易协定。截至2017年，中国已经签署了13个自由贸易协定，即中国—东盟、智利、巴基斯坦、新西兰、新加坡、秘鲁、哥斯达黎加、冰岛、瑞士、韩国、澳大利亚自由贸易协定，中国内地—香港、澳门自由贸易协定。中国与其他国家或地区签署的FTA（Free Trade Agreement，自由贸易协定）现状如表3-8所示。

表3-8 中国与其他国家或地区签署的FTA现状

分 类	FTA名称	发 展 情 况
已经生效的FTA	中国—东盟（10+1）	2002年签署《全面经济合作框架协议》； 2004年11月签署《货物贸易协议》，并于2005年7月实施； 2007年1月签署《服务贸易协议》； 2009年8月签署《投资协议》； 2010年1月，中国—东盟自贸区正式启动
	香港、澳门（CEPA）	2003年6月签订内地与香港CEPA； 2003年10月签订内地与澳门CEPA
	中国—智利	2005年11月签署《中智自由贸易协定》，并于2006年10月实施； 2008年4月签署《服务贸易协定》
	中国—新西兰	2007年4月签署《中国—新西兰自由贸易协定》
	中国—新加坡	2008年10月签署《中国—新加坡自由贸易协定》
	中国—巴基斯坦	2005年4月签署早期收获协议； 2006年11月签署《中巴自由贸易协定》； 2009年2月签署《服务贸易协定》
	中国—秘鲁	2009年4月签署《中国—秘鲁自由贸易协定》，并于2010年3月实施
	中国—哥斯达黎加	2010年4月签署《中国—哥斯达黎加自由贸易协定》，并于2011年8月正式生效
	亚太贸易协定	原曼谷协定于2006年9月实施
	中国大陆与中国台湾的海峡两岸经济合作框架协议（ECFA）	2010年6月双方签署《海峡两岸经济合作框架协议》
	中国—冰岛	2014年7月1日达成协议
	中国—瑞士	2014年7月1日达成协议
	中国—韩国	2015年12月20日达成协议
	中国—澳大利亚	2015年12月20日达成协议
正在谈判的FTA	中国—挪威	2008年9月谈判启动，2010年9月举行第8轮谈判
	中国—斯里兰卡	2014年11月28日结束第2轮谈判
	中国—巴基斯坦自贸协定第二阶段谈判	2015年10月14日开始谈判

续表

分　类	FTA 名称	发展情况
正在谈判的 FTA	区域全面经济合作伙伴关系协定	2015 年 10 月结束第 10 轮谈判
	中国—格鲁吉亚	2015 年 12 月 10 日开始谈判
	中国—马尔代夫	2015 年 12 月 21 日开始第一轮谈判
	中国—海合会	2016 年 1 月重新启动谈判
	中日韩自贸区	2012 年 11 月，中、日、韩三国经贸部长举行会晤，宣布启动中日韩自贸区谈判，2016 年 1 月开始第 9 轮谈判

（资料来源：中国自由贸易区服务网）

学以致用

覆盖世界一半人口的自贸协定要来了，RCEP（Regional Comprehensire Economic Partnership，全面经济伙伴关系）明确 2018 年结束谈判

RCEP 首次领导人会议在菲律宾首都马尼拉举行，与会各国领导人在会后发表了联合声明，各国领导人将指示部长们和谈判团队在 2018 年结束 RCEP 谈判。随着谈判的推进，一个囊括全球 1/2 的人口、1/3 的 GDP、1/4 的贸易额、1/5 的外资的多边自由贸易协定正在呼之欲出。

亚太地区的多边自贸协定取得了新的进展，《区域全面经济伙伴关系协定》（RCEP）迈出了重要的一步。

11 月 14 日，RCEP 首次领导人会议在菲律宾首都马尼拉举行，与会各国领导人在会后发表了联合声明。11 月 15 日，商务部公布的这一联合声明显示，各国领导人将指示部长们和谈判团队在 2018 年结束 RCEP 谈判。

RCEP 完成谈判的时点曾两度推延，此番则由各国领导人首次直接推动，RCEP 谈判有望提速。

随着谈判的推进，一个囊括全球 1/2 的人口、1/3 的 GDP、1/4 的贸易额、1/5 的外资的多边自由贸易协定正在呼之欲出。

2018 年完成 RCEP 谈判

RCEP 是由东盟 10 国发起，邀请中国、日本、韩国、澳大利亚、新西兰、印度共同参加（"10+6"），旨在通过削减关税及非关税壁垒等措施，建立 16 国统一市场的综合性自由贸易协定。

11 月 14 日，RCEP16 方国家元首和政府首脑聚首菲律宾马尼拉，举行 RCEP 成员国会议。此次会议是自 2012 年 RCEP 谈判机制启动以来，相关各国就此项议题举行的首次领导人会议。

商务部研究院国际市场研究所副所长白明告诉《21 世纪经济报道》记者，RCEP 由各国首脑共同来推动，其谈判的节奏有望加快。

此次 APEC 会议上，除美国外的 11 个 TPP（Trans-Pacific Partnership Aggrement，跨太平洋伙伴关系协定）成员国在越南岘港也达成了一项新协议，11 国将签署新的自由贸易协定，即"全面且先进的TPP"（CPTPP）。白明表示，这将倒逼RCEP谈判的加速。

商务部前副部长、国经中心副理事长魏建国近日指出，当前应当保持对RCEP的战略定力，"RCEP有自己的谈判节奏，未来中国仍将加快RCEP和FTAAP（Free Trade Area of the Asia-Pacific，亚太自由贸易区）的谈判进程，相信其优势将随着时间逐渐体现。"

领导人联合声明指出，"过去一年部长们的持续参与使谈判取得一些突破，我们指示部长们和谈判团队在2018年加紧努力，以结束RCEP谈判。为达到此目标，我们将确保他们获得必要的支持。"

RCEP完成谈判的时间节点已经数次后延。白明表示，各国领导人将目标定在2018年，是一个更加现实的目标，按期完成谈判的概率会更高。

印度仍然是RCEP谈判中的难点。白明介绍，印度的开放程度相对较低，整体关税水平偏高。印度认为其国内产业发展比较脆弱，其钢铁、汽车等多个行业大多是在政府的保护下发展的，担心开放后对本国冲击比较大。不过，近年来其对开放的态度正在转暖，印度在积极推进南亚合作联盟，同这一区域的国家共同推动降低关税。

另一个不确定因素可能是日本。魏建国认为，目前日本对RCEP态度依然不明朗。它不明确说不参加RCEP，也没有提希望中国参加新版TPP。

RCEP更加注重包容性的增长。联合声明指出，RCEP要考虑成员国的不同发展水平，包含设立特殊和差别待遇条款在内的适当形式的灵活性，并给予最不发达的东盟国家额外的灵活性。

白明表示，最不发达的东盟国家指的主要是老、柬、缅（老挝、柬埔寨、缅甸），这些国家发展与开放程度较低，需要作出一些灵活性的安排。比如，达成一个早期收获，或者给予一个时间幅度更长的过渡期。

建设高水平的自由贸易区

在联合声明中，RCEP首次领导人会议还公布了《RCEP协定框架》（下称"框架"）这一附件，包含货物贸易、服务贸易、自然人移动、投资、竞争、电子商务、知识产权、政府采购等18项内容。

RCEP领导人会议重申，RCEP将致力于达成一个"现代、全面、高质量、互惠的一揽子经济伙伴关系协定"。

所谓"现代"，主要体现在电子商务等"21世纪经贸议题"上。上述框架显示，RCEP将专门设置电子商务章节，以推动成员国电子商务的发展，培育电子商务在全球范围内的广泛应用，加强成员国在发展电子商务生态系统中的合作。

白明表示，当前在世界贸易组织及多、双边自由贸易安排中，关税谈判、贸易自由化谈判已经开展得比较充分了，而在未来的经贸发展中，新的议题具备更大的谈判空间，也将逐步释放更多的红利。

在他看来，所谓"全面"，在内容上是指RCEP包含关税、服务、投资、原产地规则等更广泛的内容。而从参与方来看，RCEP的达成将形成一个"二三四五"的宏大格局，即囊括全球1/2的人口、1/3的GDP、1/4的贸易额、吸引1/5的外资——2016年，RCEP16国约占全球一半人口，占全球产出的31.6%和贸易额的28.5%。

这意味着，RCEP一旦达成，将形成一个人口约30亿、GDP总和约21万亿美元、占世界贸易总量约30%的贸易集团，并可能促成更大范围的亚太自贸区的实现。

"高质量"主要体现在开放度及内容含金量上。框架指出，RCEP以文本为基础的谈判与市场准入谈判相互配合，目的是在成员国现有自由化水平基础上，在合理期限内就实质上所有货物贸易逐步取消关税并处理非关税壁垒，从而实现高水平自由化，建立一个全面的自由贸易区。

实现高水平的开放并不简单。白明表示，RCEP参与方多达16个，国家越多，形成的最大公约数就越低，正如决定木桶容量的往往是木桶的短板一样，RCEP高水平的开放需要更多的磨合。

魏建国亦表示，RCEP的谈判参与国众多，涉及面很广，各国间经济发展程度差距较大，要给其他国家更多的时间。

值得注意的是，RCEP将在金融、电信方面设立专门的附件。作为目前中国签订的开放水平最高的自贸协定，此前中韩自贸协定曾首次设立了金融服务和电信两个单独章，这为中国与其他国家商谈高标准的自贸协定提供了蓝本。

白明表示，金融和电信关系国计民生，牵涉国家安全，其内容又比较复杂，需要做出更加细致的设计，而根据中韩自贸区、中澳自贸区的经验，在服务领域可能会为升级版谈判留出空间。

更广泛的区域经济一体化是维护经济全球化的重要基础。"近来全球经济增长放缓，贸易保护主义抬头，反全球化情绪涌现，相较全球其他地区，本地区经济仍然保持了活力和高速增长。我们意识到贸易开放和区域经济一体化的重要贡献，使得本地区免受不稳定的全球宏观经济环境影响，并使我们维持了强劲的经济表现。"上述联合声明称。

[资料来源：2017年11月17日，21世纪经济报道（广州）]

◆思考与分析：

根据以上资料，分析区域经济一体化对东亚各国经济发展的影响。

2. 中国—东盟自由贸易区

在中国进行的区域经济合作中，目前进展最快、最有成效的是中国与东盟的经济合作。东盟是东南亚联盟的简称，共有10个成员国，分别是印度尼西亚、马来西亚、菲律宾、新加坡、泰国、文莱、越南、老挝、缅甸、柬埔寨（其中后4个为新成员国）。2002年11月，中国与东盟10国领导人共同签署了《中国东盟全面经济合作框架协议》，将货物贸易、服务贸易、投资和经济合作等作为内容提要，其中货物贸易是自由贸易区的核心内容，并规定中国和东盟双边从2005年开始正常产品的降税。这个协议启动了中国—东盟自由贸易区的建设进程。

2004年11月，中国—东盟签署了《货物贸易协议》和《争端解决机制协议》。《货物贸易协议》规定中国和东盟中6个老成员将在2010年把绝大多数正常产品的关税降为零。《争端解决机制协议》规范了中国和东盟在自由贸易区处理有关贸易争端的法律文件。

2007年1月，中国和东盟签署《服务贸易协议》。中国—东盟自贸区的《服务贸易协议》是规范中国与东盟服务贸易市场，开放和处理与服务贸易相关问题的法律文件，规定双方在中国—东盟自贸区内开展服务贸易的权利和义务，同时包括了中国与东盟10国开放服务贸易的第一批具体承诺减让表。

2009年8月，中国和东盟在泰国曼谷签订了《投资协议》。

2010年1月，中国—东盟自由贸易区（China-the ASEAN Free Trade Area，CAFTA）正式建成。中国与东盟6个老成员国之间，超过90%的产品实行零关税，东盟老成员国对中国的平均关税从12.8%下降到0.6%，中国对东盟平均关税从9.8%降到0.1%。4个东盟新成员国则延至2015年实现90%的产品零关税的目标。自贸区建成后，东盟和中国的贸易占到世界贸易的13%，成为一个涵盖11个国家、惠及19亿人口、国民生产总值达6万亿美元、贸易额达4.5万亿美元的自由贸易区，是目前世界上人口最多的自由贸易区，也是发展中国家间最大的自由贸易区。

3．中国内地与香港、澳门的更紧密经贸关系的安排

中国内地与香港、澳门"关于建立更紧密经贸关系的安排"（Closer Economic Partnership Arrangement，CEPA）是中国内地与香港、澳门签署的自由贸易协定。此协议由中央政府与中国香港特区政府于2003年6月29日正式签署。CEPA主要包括三方面的内容。

（1）两地实现货物贸易零关税。

按照协议规定，货物贸易方面，由2004年1月1日起，273个内地税目涵盖的香港产品，只要符合原产地规则，都可享有零关税优惠。这些产品包括部分电机及电子产品、塑料产品、纸制品、纺织及成衣制品、化学制品、药物、钟表、首饰、化妆品及金属制品等；最迟于2006年1月1日前，只要符合CEPA的原产地原则，香港厂商都可经申请享有零关税优惠。香港特区同意在协议下对所有原产于内地的货品维持零关税，并且不会对该类货品实施限制性贸易法规。

（2）扩大服务贸易市场准入。

服务贸易方面，协议规定17个服务行业放宽准入标准，涉及的行业包括诸如管理咨询服务、会展服务、广告服务、会计服务、建筑及房地产、医疗及牙医、分销服务、物流等部门。

（3）实行贸易投资便利化。

至于贸易投资便利化方面，双方同意在7个范围内加强合作，包括贸易投资促进、通关便利化、商品检验检疫、电子商务、法律透明度、中小企业合作、中医产业合作，规定大陆将在这7个领域简化手续以便香港资金更加自由地进入内地。

CEPA的签署使香港与内地的经贸联系更加紧密，它标志着中国入世后香港与内地经济关系出现历史性的变革。签署CEPA是中国经济一体化战略的重要环节，是构建祖国大陆、香港、澳门、台湾"大中华经济圈"的起点，是实质性区域经济合作的第一步，其追求的利益是长远的，造成的影响也将是广泛而深刻的。

4．中国—智利自由贸易区

2004年11月，中国与智利就建立和发展全面合作伙伴关系达成共识，并共同宣布

启动双边自由贸易谈判。2005年11月，双方最终就自由贸易区货物贸易协议基本达成一致，正式签署了《中国—智利自由贸易协定》。智利成了继东盟之后第2个与中国签订自由贸易协定的国家。

该协定在货物方面设定了较高的标准，是一个高质量的协定。双方完成协议的法律程序后，智利向中国出口的92%的产品将享受零关税的待遇，而中国向智利出口的50%的产品也将免予关税。智利向中国出口的主要产品有铜和农渔产品，这项协定的主要内容就是保证向中国稳定地供应铜这种战略原料；而中国向智利的出口主要是纺织品和高科技产品。中国希望能得到长期的和低价格的原材料供应，并且向智利提供价格低廉和质量上乘的产品。

任务小结

广义的经济一体化，即世界经济一体化，又称国际经济一体化，它是指各国国民经济之间彼此相互开放，取消歧视，形成一个相互联系、相互依赖的有机整体。

狭义的经济一体化，即区域经济一体化，它是指区域内两个或两个以上的国家或地区，在一个由政府授权组成的并具有超国家性质的共同机构下，通过制定统一的对内、对外经济贸易政策、财政与金融政策等，消除区域内各成员国之间阻碍经济贸易发展的障碍，实现区域内的互利互惠、协调发展和资源优化配置，最终形成一个政治、经济高度协调统一的超国家机体。其表现形式是各种地区的经贸集团。

按贸易壁垒取消的程度划分，区域经济一体化的主要形式有优惠贸易安排、自由贸易区、关税同盟、共同市场、经济同盟、完全经济一体化；按参加国的经济发展水平划分，有水平一体化和垂直一体化；按一体化的范围大小划分，有部门一体化和全盘一体化。

国际经济一体化促进了经济一体化组织内部贸易的增长，促进了集团内部的国际分工和技术合作，促进了经济贸易集团内部的贸易与投资自由化，提高了贸易集团在世界贸易中的地位，使经济贸易集团具有不同程度的保护性与排他性。

主要的区域经济一体化组织有欧洲联盟、北美自由贸易区和亚太经济合作组织。

中国参与的主要区域经济组织有中国—东盟自由贸易区，内地与香港、澳门更紧密经贸关系安排和中国—智利自由贸易区。

思考练习

一、单项选择题

1. 关税同盟的重要特点是（　　）。
   A. 对内自由，对外保护　　　　B. 对外自由，对内保护
   C. 对内外均自由　　　　　　　D. 对内外均保护
2. （　　）是区域经济一体化的最高级形式。
   A. 共同市场　　　　　　　　　B. 经济同盟

C. 关税同盟　　　　　　　　D. 完全经济一体化

3. 欧盟属于（　　）形式的经济一体化。
   A. 优惠贸易安排　　　　　B. 自由贸易区
   C. 关税同盟　　　　　　　D. 共同市场

4. （　　）是最松散的区域经济一体化组织。
   A. 北美自由贸易区　　　　B. 欧盟
   C. 亚太经合组织　　　　　D. 欧共体

5. 东盟属于（　　）区域经济一体化组织。
   A. 优惠贸易安排　　　　　B. 自由贸易区
   C. 关税同盟　　　　　　　D. 经济同盟

6. 世界上第一个正式由发达国家和发展中国家之间建立的经济一体化组织是（　　）。
   A. 欧洲经济共同体　　　　B. 欧盟
   C. 北美自由贸易区　　　　D. 东盟

二、多项选择题

1. 按贸易壁垒取消的程度划分，区域经济一体化的主要形式有（　　）。
   A. 自由贸易区　　　　　　B. 关税同盟
   C. 共同市场　　　　　　　D. 经济同盟
   E. 优惠贸易安排　　　　　F. 完全经济一体化

2. 按参加国的经济发展水平划分，区域经济一体化的主要形式有（　　）。
   A. 水平一体化　　　　　　B. 全盘一体化
   C. 部门一体化　　　　　　D. 垂直一体化

3. 组成北美自由贸易区的国家包括（　　）。
   A. 澳大利亚　　　　　　　B. 美国
   C. 加拿大　　　　　　　　D. 墨西哥

4. 亚太经合组织的外贸特点包括（　　）。
   A. 区内贸易规模巨大，增长迅速
   B. 区内贸易从以动态梯度分工为基础的部门内部贸易为主，逐步向水平分工和贸易过渡
   C. 世界贸易摩擦多发地带
   D. 亚太贸易体制呈高度开放性

5. 按参加国的经济发展水平划分，区域经济一体化分为（　　）。
   A. 部门一体化　　　　　　B. 全盘一体化
   C. 水平一体化　　　　　　D. 纵向一体化

三、简答题

1. 什么是区域经济一体化？有哪几种形式？

2. 区域经济一体化对其成员国乃至整个世界贸易有哪些影响？

3. 中国参与了哪些区域经济一体化组织？中国的区域经济一体化对中国国际贸易有什么影响？

素质拓展

商务部专家：中国—东盟贸易是中国对外贸易的稳定器和领头羊

国际在线消息（记者 梁爽）：中国商务部网站日前发布的数据显示，2017年中国—东盟贸易额达到5 148亿美元，首次突破5 000亿美元，比2016年增长了13.8%，增速超过中国对欧盟和美国贸易。商务部研究院亚洲所副所长袁波在接受本台记者专访时认为，2017年在世界经济快速复苏的大环境下，中国—东盟自贸区建设、"一带一路"建设和澜湄合作是中国—东盟贸易额大幅增长的主要原因。她认为，中国—东盟贸易是中国对外贸易的稳定器和领头羊。

袁波表示，中国和东盟贸易额大幅增长，得益于中国—东盟自贸区建设。她说，中国—东盟自贸区2002年开始建设，双方于2004年签署了《货物贸易协议》，对双方的降税做出了安排。2010年中国—东盟自贸区正式建成后，双方又于2015年签署了中国—东盟自贸区升级版议定书，其中对贸易便利化也做了一些特殊的安排。所以中国与东盟在货物贸易领域的自由化和便利化水平都是相对比较高的。她说，"中国与东盟之间整个的货物贸易发展环境是非常好的。我们不仅是2017年的货物贸易出现了大幅增长，事实上双边贸易额在2015年和2016年虽然有小幅的回落，但是总体回落的水平都是比中国整个对外贸易的回落水平低很多的。所以说，中国与东盟的贸易在进出口形势不好的时候是个稳定器，现在在整个对外贸易回升的情况下，中国和东盟的贸易还是一个领头羊。它在各项指标方面都好于中国对外贸易的情况。现在东盟是中国对外贸易的第三大伙伴，是仅次于欧盟和美国的。"

袁波认为，"一带一路"建设和澜湄合作带动了中国对东盟投资的增长，同时也带动了中国与东盟贸易的增长。她说，"中国正在推进'一带一路'建设，与东盟开展国际产能合作。所以2017年以来，我们在东盟很多国家建了境外经济合作区，很多中国企业到东盟国家去投资，投资带动了贸易的增加。尤其是在对外贸易增加比较多的国别，比如越南、柬埔寨、老挝，中国的投资增长是比较快的。所以我个人认为，'一带一路'建设和投资合作的增加带动了贸易的增长。同时由于澜湄合作涵盖了东盟的5个国家，所以澜湄合作也促进了中国与这些国家的贸易增长。"

袁波指出，世界经济快速复苏，也是中国—东盟贸易快速增长的动力。她说，"从联合国最近发布的世界经济形势预测可以看到，美欧发达经济体的经济是在不断复苏，中国与东盟所在的东亚区域经济的外向度是比较高的。所以外部发达经济体的市场复苏对中国—东盟的贸易增长也起到了一个比较大的拉动作用，这是东亚地区的一个特点。因为从产业链、加工链来看，中国与东盟国家是主要的加工制造中心，中国和东盟国家的产品都出口到发达国家的市场。所以从这个角度看，整个世界经济的形势是复苏在加快,也带动了中国—东盟贸易的增长。"

　　谈到中国与东盟贸易今后的发展,袁波强调,2018年是一个关键的年份,一是中国—东盟建立战略伙伴关系15周年,双方正在抓紧制订"中国—东盟战略伙伴关系2030年愿景",对接各自发展战略;二是2018年的1月1日,是中国与东盟的6个老成员(文莱、印尼、菲律宾、马来西亚、泰国和新加坡)最终履行中国—东盟自贸区的降税安排、全面实现贸易自由化的一个时间节点;三是2018年也是区域全面经济伙伴关系协定(RCEP)谈判的关键一年。袁波对中国与东盟经贸合作的前景表示乐观。她说,"中国与东盟未来也会继续加强'一带一路'建设与《东盟互联互通总体规划》的对接,经贸就是一个非常重要的合作领域。中国与东盟在基础设施建设、金融、人员往来等方面也会开展更加深入的合作。中国—东盟未来还会进一步推动中国—东盟自贸区升级版的议定书成果不断落地。同时,中国与东盟一起在积极推动RCEP的谈判,如果RCEP 2018年能达成以东盟为中心的,再加上中国、日本、韩国、澳大利亚、新西兰和印度,区域的16方都能实现贸易投资的自由化和便利化的话,我觉得中国与东盟的贸易也会在其中获得极大的增长。"

[资料来源:2018年1月31日　国际在线(北京)]

◆**思考与分析:**
根据以上资料,分析中国在区域经济一体化中发挥的作用。

项目 4

国际投资和国际服务贸易认知

> **导读**
>
> 如今,国际投资活动已成为世界经济活动中的重要现象,它对投资国和东道国的经济贸易发展具有重大的影响。在国际投资活动中,国际直接投资占有重要地位。跨国公司成为国际直接投资的主要承担者,在国际生产、国际贸易、国际技术转让和国际营销中都有相当重要的地位和作用。
>
> "二战"以后,世界各国尤其是发达经济体产业结构出现了重大变化,服务业在各国经济发展中的地位不断提升,越来越多的新兴服务业不断出现。生产和资本的国际化加速了服务型生产要素在国际上的流动,使国际服务贸易迅速发展。随着《服务贸易总协定》的签订和生效,国际服务贸易越来越得到各国的重视,成为世界经贸竞争的又一热点。
>
> 项目 4 包括两个任务:任务 4.1 介绍了国际投资、跨国公司与国际贸易;任务 4.2 介绍了国际服务贸易。

任务 4.1　国际投资、跨国公司与国际贸易

学习目标

知识目标：
▲掌握国际投资、跨国公司、内部贸易和转移定价的含义。
能力目标：
▲能分析国际投资、跨国公司对国际贸易产生的影响。
知识重点：
▲跨国公司内部贸易及转移定价、国际直接投资的形式。

情境引入

盘点：十大"走出去"的中国企业

"走出去"一直以来是我国渐进式改革开放过程中企业海外扩张的关键词，2001年实施"走出去"战略写入《国民经济和社会发展第十个五年计划纲要》，"走出去"战略正式启动，中共十六大把实施"走出去"战略上升为国家战略。我国对外开放从注重"引进来"发展为"引进来"与"走出去"并重的双轮驱动。尤其是在新世纪，互联网技术的不断成熟和演变，中国的很多互联网企业纷纷实现走出去战略，这里面以阿里巴巴赴美上市为一重大里程碑。

回望中国企业实施"走出去"战略以来的漫长历程，我们不难发现这其中有多么艰辛和曲折，有些企业成功了，有些企业则因为战略的失误而折戟海外，几家欢喜几家愁，让我们来看下这些年来成功实现"走出去"战略的企业都有哪些。

1. 联想：PC（Personal Computer，个人电脑）时代的佼佼者

说起联想，大家都知道，在惠普、三星、宏基等海外品牌杀进中国内地抢占个人PC市场的时候，联想就早早在个人电脑领域布局技术和人才，并且在2004年以12.5亿美金的价格购入IBM PC业务。自此，在全球PC市场排名第9位的联想一跃升至第3位，位于戴尔和惠普之后，这标志着联想全球个人电脑产业新纪元的开始。在PC领域，联想是中国人最值得骄傲的自主品牌。2006年2月，联想同步在全球10个城市同期发布了联想中小企业电脑，掀开了Lenovo品牌国际化的营销战役。2007/08财年，联想的营业额达164亿美元，2008年7月，美国《财富》杂志评出2008年度世界500强企业，联想集团成为进入500强的首家来自充分竞争领域的中国民营企业。

2. 海尔：国产电器品牌 NO.1

如今的海尔已在全球建立了29个制造基地，8个综合研发中心，19个海外贸易公司，

员工总数超过6万人,2008年海尔集团实现全球营业额1 190亿元。无论是从国际化程度还是成就上说,海尔都堪称"中国第一"。2005年年底,海尔在总裁张瑞敏制定的名牌化战略带领下进入第4个战略阶段——全球化品牌战略阶段。2008年3月,海尔第2次入选英国《金融时报》评选的"中国十大世界级品牌"。2009年,海尔品牌价值达812亿元,其影响力正随着全球市场的扩张而快速上升。海尔"走出去"战略的成功,与其长期把开发国际市场作为市场营销的战略组成部分,跟踪国际技术和产品信息变化,坚持高质量,以创造世界名牌为导向,根据各国用户的不同需求不断开发新技术、新产品,进行技术创新、产品创新,致力于推行本土化战略等,密不可分。

3. 万达:中国民营企业走出去的标杆

万达集团始创于1988年,顺着改革开放的春风,经过20多年的发展,万达集团已经形成商业、文化、网络、金融四大业务板块。在"走出去"战略实施过程中,2015年8月,万达集团以6.5亿美元的价格并购美国世界铁人公司100%股权,这是万达集团收购瑞士盈方、马德里竞技之后在体育产业的又一重大投资。此并购使中国首次拥有了一项国际顶级赛事产权,这是中国体育产业发展的标志性事件,并购后万达体育也成为全球规模最大的体育经营公司。自2012年万达并购美国最大院线AMC以来,数次收购海外地标建筑,积极布局海外文化产业链,这些海外投资活动不仅加速了万达集团从中国企业向跨国企业迈进的步伐,而且大大推动了万达品牌的国际影响力。

4. 阿里巴巴:全球最大的零售交易平台

马云这一中国人家喻户晓的名字现在已经响彻全球了,其带领下的阿里巴巴也已经成为可以影响中国经济甚至世界经济的一极。2015年3月,阿里云计算美国硅谷数据中心投入运营,这是阿里云首个国外数据中心,并计划在北美、欧洲、日本、中东等全球各地选址建立数据中心。同时,阿里云投资5.75亿美元印度版"淘宝"Paytm及投资2亿美元入股印度电商Snap deal,预示着将阿里模式复制到印度市场。自2010年以来,阿里巴巴深入推进海外并购,先后投资叫车应用Lyft、移动引用搜索引擎Quixey、重度移动游戏厂商Kabam等初创公司及高端奢侈品网站1stDibs、体育用品网站Fanatics等物流和在线网站。而2014年9月阿里巴巴在纽交所募集高达250.2亿美元,超越VISA成为美国市场上有史以来规模最大的IPO交易,将为新一轮的海外投资提供有力资金支持。

5. 华为:中国最大的民营企业

华为技术有限公司是一家生产销售通信设备的民营通信科技公司,于1987年正式注册成立,总部位于中国深圳市龙岗区坂田华为基地。这家公司的每一步举动都牵动着深圳市政府领导的心。华为的业务遍布全球,其海外投资扩张的速度简直难以想象。2015年2月,华为公司投资近2.29亿元人民币用于建设匈牙利宽带网络,同时计划扩大华为在当地的研发中心。此前华为先后投资英国科技公司和法国芯片研发中心,使其在欧洲的研发机构总数增加至17个,分别分布于德国、比利时、法国、芬兰、意大利、爱尔兰、瑞典和英国8个国家。华为科技公司作为中国信息技术领军企业之一,积极布局海外技术研发和建设,逐渐占据全球产业价值链的高端,成为民营企业海外投资的领航者。截至 2016 年年底，华为拥有 17 万多名员工，华为的产品和解决方案已经应用于全球 170 多个国家，服务全球运营商 50 强中的 45 家及全球 1/3 的人口。

6. 万兴科技：工具类消费软件行业的领军企业

初提万兴科技，很多人不太清楚，这家企业实施"走出去"战略达 14 年之久，被业界称为"中国企业在海外消费软件市场的隐形冠军"。2002 年，国内互联网发展还处于早期阶段，这时的国内软件群雄并起，金山、瑞星、东方卫士等杀毒软件在连邦软件等线下渠道厮杀，国内线上下载站则基本是免费或盗版产品。万兴科技创始人吴太兵敏锐地嗅到了这里面的商机，从"Photo To VCD"这一数码刻录软件起家，在 2003 年正式注册万兴科技，大力进军海外消费软件市场。经过 14 年的发展，万兴科技在加拿大、日本、中国香港设立品牌及区域市场分公司，用户遍布全球 200 多个国家和地区，Filmora、PDFelement、Dr.Fone……这些在海外市场叫得响的应用软件就出自万兴科技之手。并且在 2012 年，万兴科技建立子公司"斑点猫"，强势进军国内智能家居领域，以智能锁为突破口瞄准物联网家居安全这一核心诉求发力，在 2016 年正式对外推出斑点猫 X200 物联网指纹锁，为亿万中国家庭提供包括入侵防护解决方案、客人来访解决方案、家电控制解决方案在内的物联网家居安全解决方案。可以说，万兴科技不仅真正实现了走出去的战略，并且也重回初心，实现海外发展与本土开拓并重的战略部署。

7. 复星：民营企业 100 强

复星国际有限公司是 2007 年在香港联交所主板整体上市的大型综合类民营企业，业务包括医药、房地产开发、钢铁、矿业、零售、服务业及战略投资领域，公司连续多年稳居中国企业 100 强。旗下上海复星高科技（集团）有限公司创建于 1992 年。公司业务覆盖医药、房地产开发、钢铁、矿业、零售、服务业及战略投资领域，各主要业务均长期受益于中国巨大的人口带来的消费需求、投资需求，及持续的城市化、服务全球的制造业等中国动力，业绩逐年稳步增长，各业务板块在细分行业内进入国内前十强。复星集团"以中国动力嫁接全球资源"为投资模式积极推进跨国投资和并购，通过聚焦海外保险业提供综合金融能力。如 2014 年，复星收购葡萄牙 3 家国有保险公司 80%的股权，之后收购东京天王洲花旗银行中心及美国 Meadowbrook 保险集团。尤其在 2015 年，以 4.64 亿美元战略投资特殊商业财产和意外伤害险服务商 Iron Shore 20%股份及并购以色列凤凰保险公司。同时聚焦产业深度投资，认购 Thomas Cook 5%的股份，共同致力于为中国游客开发国内游以及出入境游产品等投资。复星国际及其子公司以创新战略为先导，以自我创新的内生式发展为基础，整合全球资源，践行全球化战略。

8. 中国港中旅：旅游产业领军者

中国港中旅集团公司是香港中旅（集团）有限公司的母公司，是香港四大驻港中资企业之一。经过几代人的开拓经营，现已发展成为以旅游为主业，以实业投资（钢铁）、房地产、物流贸易为支柱产业的海内外知名大型企业集团，是国务院国资委直接管理的国有重要骨干企业。2015 年 8 月，港中旅集团公司的全资子公司港中旅酒店有限公司以约 4 亿英镑收购英国大型酒店集团 Kew Green Hotels，获得在英国的 44 家酒店所有权以及其他 11 家酒店管理权。这是中国企业在英国酒店行业最大的收购项目。同时，为港中旅维景酒店在英国和欧洲其他国家的发展提供了平台和基础，也是继去年成功接管西非最大的五星级酒店后又一次大规模的海外并购。2016 年 8 月，中国港中旅集团公司在"2016 中国企业 500 强"中排名第 376 位。

9. 吉利汽车：国产汽车的骄傲

吉利集团总部设在杭州，目前在宁波、临海、路桥、上海、兰州、湘潭等地建有 6 个汽车整车和动力总成制造基地，拥有年产 30 万辆整车、30 万台发动机、变速器的生产能力。吉利汽车集团在国内建立了完善的营销网络，拥有 700 多家品牌 4S 店和近千个服务网点；在海外建有近 200 个销售服务网点；投资数千万元建立国内一流的呼叫中心，为用户提供 24 小时全天候快捷服务。吉利在成功实施以自主创新为主的名牌战略之后，开始了以海外收购为主的品牌战略。2009 年 4 月，吉利汽车收购了全球第二大自动变速器制造企业澳大利亚 DSI 公司，使其核心竞争力大大增强。2010 年 3 月 28 日，吉利汽车与美国福特汽车公司在瑞典哥德堡正式签署收购沃尔沃汽车公司的协议。

10. 中粮：中国领先的农产品、食品领域多元化产品和服务供应商

中粮集团有限公司（COFCO）是世界 500 强企业，致力于打造从田间到餐桌的全产业链粮油食品企业，建设全服务链的城市综合体。利用不断再生的自然资源为人类提供营养健康的食品、高品质的生活空间及生活服务，贡献于民众生活的富足和社会的繁荣稳定。中粮下属品牌有农产品、食品及地产酒店等领域。2014 年 2 月 28 日，中粮集团收购全球农产品及大宗商品贸易集团 Nidera 51%的股权。这大大加快了中粮从我国粮食央企发展为全球粮油市场骨干力量的步伐。2014 年 4 月，中国五矿集团公司联合 MMG、国新国际投资有限公司和中信金属有限公司组成联合体，以 58.5 亿美元收购嘉能可秘鲁邦巴斯项目。此收购成为中国金属矿业史上迄今实施的最大境外收购。

（资料来源：2017 年 4 月 27 日　中国网）

◆思考与分析：

中国企业"走出去"（海外投资）采取的形式有哪几种？对外投资的几种形式各有什么优点和缺点？

4.1.1　国际投资

国际投资（International Investment）是指投资主体将货币、实物及其他形式的资产或要素投入国际经营以谋求经济利益的一种经济活动。国际投资分为国际直接投资和国际间接投资两种形式。

1. 国际投资的主要形式

（1）国际直接投资。

国际直接投资（Foreign Direct Investment，FDI）又称对外（海外）直接投资，是一个国家的投资者输出生产资本直接到另一个国家的厂矿企业进行投资，并由投资者直接对该厂矿企业进行经营和管理，即投资者对所投资的实体具有管理控制权。

国际直接投资主要有以下几种方式。

① 按投资组建方式分为创建方式、兼并与收购、利润再投资。

创建方式是指通过投资，建立新企业，又称绿地投资。这种方式的好处在于企业可按照投资者的意愿控制资本投入量、确定企业规模和选择厂址；另外可以按照投资者的计划，实施一套全新的适合技术水准和投资企业管理风格的管理制度。但是，这种方式进入目标市场缓慢，创建工作比较烦琐。在国际直接投资的新建和并购项目两种方式中，中国近年来一直是世界上最大的新建项目投资吸收国。跨国公司在中国进行新项目所投的资金远远高于用于并购企业的投资。对于发展中国家来说，新项目投资比单纯的企业并购行为具有更为重要的意义，它可以直接为东道国创造生产和技术能力，有利于东道国实现产业结构的调整，填补某些产业的空白，打破传统的行业垄断，增强市场的竞争力。

兼并与收购的方式是指一个企业通过购买另一现有企业的股权而接管该企业的方式。这种方式具有以下优点。

a. 快速进入市场。投资者能以最快的速度完成对目标市场的进入，尤其是对制造业这一优势更为明显，它可以节省建厂时间，迅速获得现成的管理人员和生产设备，迅速建立国外产销据点，抓住市场机会。

在国际直接投资中，由于并购方式有投资速度快和数量大的特点，因而近年来得到很大的发展。2010 年，中国企业以并购方式实现的直接投资为 297 亿美元，同比增长 54.7%，占流量总额的 43.2%。并购领域涉及采矿、制造、电力生产和供应、专业技术服务和金融等行业。中国境外直接投资的当期利润再投资 240 亿美元，较 2009 年增长 48.9%，所占流量比重由 2009 年的 28.5% 上升到 34.9%。2011 年以并购方式实现的直接投资为 272 亿美元，占流量总额的 36.4%，并购领域以采矿业、制造业、电力生产和供应业为主。

知识窗

国际直接投资的主体主要是跨国公司，全球绝大部分直接投资都由跨国公司进行。

母国：跨国公司最初发展和扩张业务的所在国，即总部所在地。

东道国：跨国公司从事海外经营活动的所在地。

母公司：跨国公司依照母国公司法律登记在母国成立的法人。

海外子公司：由母公司出资，包括独资和合资，在东道国依照该国相关法律注册登记的法人。

b. 有利于投资者得到公开市场上不易获取的经营资源。首先，收购发达国家的企业，可获得该企业的先进技术和专利权，提高公司的技术水平。其次，收购方可直接利用现有的管理组织、管理制度和管理人员。再次，收购可以利用被收购企业在当地市场的分销渠道及其当地客户多年往来所建立的信用，迅速占领市场。

c. 可以廉价购买资产。企业可以低价收购外国现有企业已折旧的不动产实际价值；压低价格，低价收购不盈利或亏损的企业；利用股票价格暴跌乘机收购企业。

但是，这种方式会因各国会计准则不同和信息难以收集，在价值评估和对被收购企业实行经营控制方面存在困难。

利润再投资是指公司将利润再投资在公司业务上。2012年，我国境内投资者共对全球141个国家和地区的4 425家境外企业进行了直接投资，累计实现非金融类直接投资772.2亿美元，同比增长28.6%。其中股本投资和其他投资628.2亿美元，占81.4%；利润再投资144亿美元，占18.6%。这一方面说明跨国公司经营的利润率提高，母公司要求境外分支机构汇回利润的要求降低；另一方面说明境外分支机构利用自己所赚得的利润扩大自己在境外的经营。

② 按投资者对投资企业拥有股权比例的不同分为开办独资企业和与投资所在国合办合资企业。

开办独资企业是指投入的资本完全由一国提供，外资股份占95%以上的企业。包括设立分支机构、附属机构、子公司等。它可以采取收买现有企业或建立新企业的方式来进行。

与投资所在国合办合资企业是指两国或两国以上的投资者在一国境内根据投资所在国的法律，通过签订合同，按一定比例或股份共同投资建立、共同管理、分享利润、分担亏损和风险的股权式企业。合资企业可分为股份公司、有限责任公司或企业、无限共同责任公司，并具有法人地位。从投资者的角度看，合资企业主要有以下几个好处：合资各方可以在资本、技术、经营能力等方面相互补充，增强合资企业的竞争力；可利用合资对象的销售网和销售手段进入特定地区市场或国际市场，开拓国外市场；可以扩大企业的生产规模，较快地了解国外市场信息和满足国外市场的需求变化；可更好地了解东道国的经济、政治、社会和文化，有助于投资者制定正确的决策；可获取税收或减免等优惠待遇。

当然，合资企业也有一些不利因素，主要表现在投资各方的目标不一定相同，经营决策和管理方法上的不一致等，可能导致投资者之间产生分歧甚至摩擦。

③ 按投资者投资部门结构的不同分为垂直型国际直接投资和水平型国际直接投资。

垂直型国际直接投资又分为两种：一种是一国投资者为了在生产过程的不同阶段实行专业化而将生产资本直接输出到另一国进行设厂或建立新企业的投资活动，这种国际直接投资在资源的开采、提炼、加工和制成品制作过程中使用较多；另一种是把劳动密集型产品的某些生产阶段采用投资的方式转移到劳动力成本较低的国家或地区进行。这种投资方式，在西方发达国家或一部分新型工业化国家与地区进行产业结构调整时经常采用。例如电子元器件和产品的设计、制造由美国或日本的电气公司完成，而将其运到韩国、我国香港或我国台湾地区的附属公司进行组装。这种垂直型国际直接投资一般是依据每一生产阶段的不同特点和要求，利用有关国家或地区的资源、加工条件、优惠措施等进行的。

水平型国际直接投资是指一国的公司或企业作为投资者将生产资本输出到另一国，在投资所在国设立子公司，从事某种产品的设计、规划、生产和销售等全部经营活动。

学以致用

BOT 是英文 Build-Operate-Transfer 的简称，即"建设—经营—移交"。典型的 BOT 形式，是政府同外商投资的项目公司签订合同，由项目公司筹资和建设基础设施项目。项目公司在协议期内拥有、运营和维护这项设施，并通过收取使用费或服务费用，回收投资并取得合理的利润。协议期满后，这项设施的所有权无偿转移给政府。BOT 方式主要用于发展收费公路、发电厂、铁路、废水处理设施和城市地铁等基础设施项目。BOT 方式在实际运用过程中，还演化出几十种类似的形式。

在 BOT 方式中，项目公司由一个或多个投资者组成，通常包括工程承包公司和设备供应商等。项目公司以股本投资的方式建立，也可以通过发行股票及吸收少量政府资金入股的方式筹资。BOT 项目所需的资金大部分通过项目公司从商业金融渠道获得。

BOT 项目千差万别，但是每个项目的完成一般都要经过以下几个阶段：项目确定、准备、招标、合同谈判、建设、经营、产权移交。BOT 在 20 世纪 80 年代初开始得到较快的发展，但目前在我国尚处于探索阶段，按现行设立外商投资企业的程序设立 BOT 项目。

（2）国际间接投资。

国际间接投资（Foreign Indirect Investment，FII）包括证券投资和借贷资本输出，其特点是投资者不直接参与所投资企业的经营和管理。

证券投资是指投资者在国际证券市场上购买外国企业和政府的中长期债券，或在股票市场上购买上市的外国企业股票的一种投资活动。由于属于间接投资，证券投资者一般只能取得债券、股票的股息和红利，对投资企业并无经营和管理的直接控制权。数据显示，截至 2011 年 6 月月底，外国主要债权人持有的美国国债总额为 4.499 2 万亿美元，当月中国持有美国国债 1.165 5 万亿美元，仍为美国最大债权国。美国第二大债权国日本当月持有的美国国债为 9 110 亿美元，美国第三大债权国英国持有美国国债 3 495 亿美元。

借贷资本输出是以贷款或出口信贷的形式把资本借给外国企业和政府，一般有以下几种方式。

① 政府援助贷款。

政府援助贷款是各国政府或政府机构之间的借贷活动。这种贷款通常带有援助性质，一般是发达国家对发展中国家或地区提供的贷款。这种形式的贷款一般利息较低（3%～5%），还款期较长，可达 20～30 年，有时甚至是无息贷款。这种贷款一般又有一定的指定用途，如用于支付从贷款国进口各种货物或用于某些开发援助项目上。

② 国际金融机构贷款。

国际金融机构主要指国际货币基金组织、世界银行、国际开发协会、国际金融公司、各大洲的银行和货币基金组织及联合国的援助机构等。

国际金融机构的贷款条件一般比较优惠，但并不是无限制的。如世界银行只贷款给其成员国政府或由政府担保的项目，其贷款重点是发展公用事业、教育和农业。国际货币基金组织贷款主要用于弥补成员国经常项目收支而发生的国际收支的暂时不平衡。国际开发协会属于世界银行的下设机构，又称第二世界银行，专门对最不发达国家提供无息贷款业务。世界银行的成员国均为世界开发协会的成员国。国际金融公司是世界银行的另一个附属机构，专门从事对成员国私营部门的贷款业务，向发展中国家的私营部门提供中长期贷款是该公司的主要业务。该公司的投资活动分为两种形式：一是贷款，二是参股。

③ 国际金融市场贷款。

国际金融市场分为货币市场和资本市场，前者是经营短期资金借贷的市场，后者则是经营长期资金借贷的市场。货币市场是经营期限在1年以内的资本市场；资本市场是经营期限在1年以上的中长期借贷资本市场。中期贷款一般为1～5年期的贷款，长期贷款为5年以上的贷款，最长期可达10年。一般国际金融市场贷款利率较高，但可用于借款国的任何需要，对贷款用途无限制。

④ 出口信贷。

出口信贷是指一个国家为了鼓励商品出口，加强商品的竞争能力，通过银行对本国出口厂商或外国进口厂商或进口方的银行所提供的贷款。

学以致用

企业为何会进行国外直接投资而不是选择出口或许可生产

当可以利用出口和许可生产在外国市场赢利时，企业为什么不避麻烦地通过外国直接投资（FDI）在国外建立企业呢？企业出口策略的可行性经常受限于运输成本和贸易壁垒。当运输成本被加到产品成本上时，运送远距离的产品就变得没有利润，如水泥、软饮料等价重比低的产品，进口关税或配额也会使得产品无法出口。这种情况下，企业还可选择许可生产策略，即以每单位产品收到一定的许可费用为报酬授权外国企业生产和销售这种不宜出口的产品。然而许可证会帮助国外的潜在竞争对手获得有价值的技术，并且不能帮助许可企业牢牢控制产品的国外生产、销售和经营策略，影响企业攫取最大利润，也不能将母公司的卓越管理能力复制到被许可的公司内。这样当出口和出售技术的机制在市场上行不通时，外国直接投资就成为企业的最佳选择。

2. 国际投资对国际贸易的影响

(1) 加速"二战"后国际贸易的发展。

"二战"后，国际资本移动的加快和规模的扩大是国际贸易迅速发展的一个重要原因。

首先，"二战"后初期，美国政府便开始向西欧和日本等国和地区进行国家资本输出。美国国家进出口银行的贷款范围仅限于全部用于购买美国商品，并必须由美国船只装运和由美国的保险公司保险。同时，美国的跨国公司通过在海外的直接投资，把本来属于本国公司的部门间和部门内的分工扩展到全世界范围，将这种分工扩大为各国间的相互依赖和合作。同时将机器设备的进出口、原材料和零部件等中间产品的贸易密切联系起来，从而迅速扩大了美国与西方国家的贸易，并在一定程度上加速了国际贸易的发展。

其次,"二战"后,发达国家对发展中国家的资本输出和私人出口信贷成为扩大其大型机械设备和成套设备出口的重要手段,扩大了它和发展中国家的双向贸易。

此外,国际资本移动成为确保原料进口的手段。"二战"后至20世纪60年代,资本移动主要流向原材料开采、冶炼行业,从而解决了发达国家经济发展所需的原材料供应问题。特别是签订长期贸易合同,有利于投资者在较长时间内得到稳定的且有保证的原料供应。

(2) 促进国际贸易的地理分布和商品结构的变化。

"二战"后,发达国家集中了企业海外直接投资的75%以上,这种直接投资的地区格局使发达国家间的分工与协作不断加强,促进了它们之间贸易的发展。

"二战"后,国际贸易的70%以上是在发达国家之间进行的。这一方面是由于发达国家经济发展水平相同,生产、消费结构相类似,另一方面则与企业的直接投资行为密切相关。"二战"后,国际贸易商品结构发生了重大变化,工业制成品的比重超过初级产品的比重,在工业制成品中,中间产品比重增长很快,这些都与国际资本移动,特别是与大量的直接投资集中于制造业有着密切的联系。

中间产品比重的持续增长在一定程度上与跨国企业的经营方式有关。跨国企业是从全球的角度依照各地的具体条件进行资源配置的,其经营方式为内部企业间分工协作、定点生产、定点装配、定向销售,这样便会出现大量零部件在国家间的往返运输,由此增加了中间产品的贸易比重。

知识窗

特别提款权(Special Drawing Right,SDR),亦称"纸黄金"(Paper Gold),最早发行于1969年,是国际货币基金组织根据会员国认缴的份额分配的,可用于偿还国际货币基金组织债务、弥补会员国政府之间国际收支逆差的一种账面资产,其价值目前由美元、欧元、人民币、日元和英镑组成的一揽子储备货币决定。会员国在发生国际收支逆差时,可用它向基金组织指定的其他会员国换取外汇,以偿付国际收支逆差或偿还基金组织的贷款,还可与黄金、自由兑换货币一样充当国际储备。因为它是国际货币基金组织原有的普通提款权以外的一种补充,所以称为特别提款权。

特别提款权最初发行时每一单位等于0.888克黄金,与当时的美元等值。发行特别提款权旨在补充黄金及可自由兑换货币以保持外汇市场的稳定。2015年11月30日,国际货币基金组织正式宣布人民币2016年10月1日加入SDR(特别提款权)。2016年10月1日,特别提款权的价值是由美元、欧元、人民币、日元、英镑这五种货币所构成的一揽子货币的当期汇率确定,所占权重分别为41.73%、30.93%、10.92%、8.33%和8.09%。

(3) 加强国际贸易中的竞争。

国际资本移动,特别是将对外贸易直接投资作为企业争夺国外市场的手段,具有以下几个有利因素。

其一,建立商业信息情报网络。在国外的生产和贸易部门进行投资的跨国企业可利用自身优势,及时、准确地收集当地市场的商业信息,并与其他地区建立信息网络,这对企业根据市场状况适时地生产适销对路的产品、改进产品的销售都是极其有利的。

其二，增强产品的竞争能力。通过国际直接投资，就地生产和就地或到邻近的地区销售商品，减少了运输成本和其他销售费用，或者利用东道国廉价的劳动力，既吸纳了东道国的劳动力，又有效地提高了商品的竞争能力。

其三，争夺市场份额。发达国家通常利用技术上的优势，通过国际直接投资的方式在国外建立使用本国专有技术或其他知识产权生产新产品的企业，在其他企业制造类似产品以前抢占对方市场，从而获得生产和销售的垄断权并获得垄断利益。

（4）使国际贸易方式多样化。

"二战"后，在国际资本移动中，跨国公司的对外投资迅速增加。跨国公司通过在海外设置自己的贸易机构或建立以贸易为主的子公司，经营进出口业务；并扩大国际公司内部的交换范围，使跨国公司内部贸易扩大。与传统贸易相比，贸易中间商、代理商的地位相对下降。与此同时，国际贸易的方式也多样化，出现了加工贸易、补偿贸易、租赁贸易等业务。

（5）促使各国贸易政策发生变化。

跨国公司作为国际资本移动的载体，对国际资本移动的加速发展起着重要的作用。跨国公司倡导贸易自由化原则，要求政府为其创造良好的自由贸易环境，这必然会影响本国政府的贸易政策。所以，跨国公司及其代表的投资国不仅需要实现资本的自由移动，也更加需要实现商品的自由移动。

4.1.2 跨国公司

跨国公司（Multinational Corporation）又称多国公司、国际公司和宇宙公司等。1974年联合国经济与社会理事会对跨国公司的内涵进行了限定，1986年联合国的《跨国公司行为守则草案》又对它进行了综合、补充和完善。

1986年联合国的《跨国公司行为守则草案》对跨国公司的定义如下。

"本守则中使用的跨国公司一词系指在两国或更多国家之间组成的公营、私营或混合所有制的企业实体，不论此等实体的法律形式和活动领域如何，该企业在一个决策体系运营，通过一个或一个以上的决策中心使企业内部协调一致的政策和共同的战略得以实现，该企业中各个实体通过对所有权或其他方式结合在一起，从而其中的一个或多个实体得以对其他实体的活动施行有效的影响，特别是与别的实体分享知识、资源和责任。"

根据1986年联合国《跨国公司行为守则草案》，符合跨国公司标准必须具备以下三个基本要素。

其一，跨国公司必须是一个经营实体，组成这个企业的实体在两个或两个以上的国家经营业务，而不论其采取何种法律形式经营，也不论其在哪一经济部门经营。

其二，跨国公司必须具有一个统一的决策体系，有共同的政策和统一的战略目标。

其三，企业中各个实体分享信息、资源和分担责任。

这里的"跨国公司"一词，包括母公司、子公司和附属企业整体。"实体"一词，既指母公司，又指子公司和附属企业。

跨国公司是由母公司及其国外子公司构成的股份有限企业或非股份有限企业。因此，当今跨国公司的建立包括股权安排和非股权安排两类方式，跨国公司的定义和范围已经不仅仅局限于制造业的跨国公司，也包括大量服务业的跨国公司。许多跨国服务公司已家喻户晓，如联邦快递、麦当劳、花旗银行等。

可见，跨国公司是指以母国为基地，通过国际直接投资和其他形式，在两个或更多的国家建立子公司或分支机构，从事国际化生产或经营的企业。

现实中的跨国公司绝大多数是由一国垄断资本建立，有极少数公司是由两个或更多国家的垄断资本联合建立的，如英荷壳牌石油公司。跨国公司由母公司（总公司）和分布在各国的一定数量的分公司、子公司组成。跨国公司的来源国称为母国，子公司所在国为东道国，母公司是在本国政府注册登记的法人实体。子公司受母公司领导，子公司的资产所有权由母公司控制，并服从母公司的全球战略。子公司的高级管理人员由母公司任命，一般的管理人员子公司可自行聘用，子公司的管理机构要定期向母公司报告其计划完成和经营活动情况。跨国公司的活动有相当一部分是在母公司与子公司之间进行的。

1. 跨国公司的形成与发展

（1）跨国公司的起源。

跨国公司是垄断资本主义高度发展的产物，跨国公司的出现与资本输出密切相关，可以说，资本输出是跨国公司形成的物质基础。

早期跨国公司起源于 19 世纪 60 年代，当时在发达资本主义国家，一些大型企业通过国际直接投资，在海外设立分支机构和子公司。当时最具代表性的是 3 家制造业企业：1865 年，德国弗里德里克·拜耳化学公司在美国纽约州的奥尔班尼开设一家制造苯胺的工厂；1866 年，瑞典制造甘油炸药的阿佛列·诺贝尔公司在德国汉堡开办炸药厂；1867 年，美国胜家缝纫机公司在英国的格拉斯哥建立缝纫机装配厂。开始它以格拉斯哥的产品供应欧洲和其他地区的市场，到 1880 年，又在伦敦和汉堡等地设立销售机构，负责世界各地的销售业务。这家公司可以称得上美国第一家以全球市场为目标的早期跨国公司。

美国的威斯汀豪斯电气公司、爱迪生电气公司、伊斯曼·柯达公司及一些大石油公司也都先后到国外活动。英国的龙尼莱佛公司、瑞士的雀巢公司、英国帝国化学公司等都在这一时期先后到国外投资设厂，开始跨国性经营，成为现代跨国公司的先驱。

两次世界大战期间，由于战争和经济危机，跨国公司的发展速度放慢，但仍有一些大公司进行海外投资活动，如美国海外直接投资。并且此时，由于一些主要资本输出国限制企业的海外投资活动，美国海外直接投资的地位逐渐上升，跨国公司迅速发展。

（2）"二战"后跨国公司的发展。

"二战"后，国际直接投资的迅速发展直接促进了跨国公司的发展，1986—1995 年国际直接投资流出总额达 27 300 亿美元。1996 年外国直接投资总额增长了 10%，达到 3 490 亿美元。跨国公司的国际直接投资占主要资本主义国家对外投资的 70% 以上，而且主要为私人国际直接投资，跨国公司成为私人国际直接投资的物质载体。20 世纪 90 年代初期，世界上有跨国公司母公司 37 000 家，其中 24 000 家集中在 14 个主要资本主义国家，它们在国外的分支机构达 170 000 家。1995 年，全球共有 39 000 多家跨国公司母公司，其分支机构达 270 000 多家。根据《2004 年世界投资报告》，全球拥有跨国公司母公司约

7万家，其拥有国外分支机构约69万家，有一半海外分支机构在发展中国家。

(3) "二战"后跨国公司迅速发展的原因。

"二战"后，跨国公司的迅速发展有其深刻的经济和政治原因，主要表现在以下几个方面。

① 资本的积聚和市场经济关系向全球扩张和辐射。

马克思曾经指出，资本为最大限度地攫取利润，有一种要超越一切民族和国家疆界的冲动和欲望。它为跨国公司的无国界经营提供了永不衰竭的内在驱动力。"二战"以后，随着资本主义生产的进一步集中，垄断的加强，使许多行业掌握在少数垄断资本企业手中，它们为了避免在相对饱和的国内市场上相互争得你死我活，便纷纷将其大量的过剩资本投资到海外，获取高额利润，这是"二战"后跨国公司迅速发展的重要原因。

② 工业革命引起的社会生产力发展的推动。

从20世纪50年代开始，以原子能、电子计算机、航空航天、生物工程等为代表的第三次工业革命，无论从发展规模，还是在影响深度上都超过了前两次工业革命。大量科技成就广泛运用于生产，出现了一系列新产品、新技术、新材料、新工艺和新兴工业部门，促进了生产力的发展。这就要求有更多的原料和更大的销售市场，迫使跨国公司大举向海外进行投资。

第三次工业革命带来的社会生产力的发展，促进了交通、通信的现代化和管理计算机化，为跨国公司在世界范围组织生产带来了物质条件。现代化的国际交通和通信的运用，缩短了国与国之间的距离，加强了国与国之间的经济联系。计算机的广泛运用，使庞大的跨国公司能对散布在全球各地的分支机构进行统一、科学的指导、控制和协调，使跨国公司的生产和销售更具国际化。

③ 国家垄断资本主义的迅速发展。

"二战"后，国家垄断资本主义迅速发展，垄断组织和国家政权进一步结合。垄断组织直接利用国家来干预国家的经济生活，巩固和加强垄断资本的垄断统治和对外扩张。具体的措施有出口信贷、出口信贷国家担保、财政和税收优惠、国家直接参与跨国公司的国外投资活动、由国家出面建立各种国际性组织等。"二战"后美国政府就对本国的跨国公司采取了一系列的优惠措施，如税收优惠、优惠贷款、投资保险、外交支持等。

④ 跨国银行的发展也对跨国公司的迅速发展起到推动作用。

一方面，跨国银行通过对外投资，使自己成为跨国公司；另一方面，跨国银行给跨国公司的融资带来方便，使跨国公司的发展突破资金上的限制。

⑤ "二战"后，各种类型的国家相继实行对外资的开放政策，为跨国公司的迅速发展提供了宽松的投资环境。

此外，发展中国家在"二战"后为了改变国际经济地位，增强自身实力，大力发展民族经济，开始出现一些较大的企业，也促进了跨国公司的发展。

2．跨国公司的内部贸易

(1) 跨国公司内部贸易特点。

跨国公司内部贸易（MNC Intra-firm Trade）是指跨国母公司与其国外子公司之间、

子公司与子公司之间在产品、技术和服务方面的交易关系。公司内部贸易是国际贸易和国际直接投资相结合的产物。

跨国公司内部贸易具有隐蔽性强的特点，通常通过转移定价来进行，而不由国际市场上的供求关系决定。跨国公司采用内部贸易，是为了追求利润最大化的结果，具体目的是降低交易成本；降低外部市场交易带来的经营风险，增强公司的应变能力和稳定性；能很好地维护和增强公司的垄断优势。

（2）转移定价。

转移定价（Transfer Price）是跨国公司进行内部贸易时所采用的价格。通过转移定价，跨国公司可以获取以下利益。

第一，减少税负（所得税和关税）。世界各国所得税税率不同，跨国公司可以通过转移定价把盈利从高税率国家的公司转移到低税率国家的公司，以减少整个跨国集团的纳税总额。避税港在其中扮演着非常重要的角色。避税港是指对外国公司仅征收较低的所得税或者完全不征税的国家或地区。例如，A国的母公司将半成品售给B国的子公司前，先将产品以低价销售给避税港的子公司，再由避税港的子公司以高价转售给B国的子公司，而货物直接由A国到B国。这样A国会因账面上低价出售、B国因账面上高价买入而没有盈利，避税港的基地公司则获取了双方的利益，而这是免税的。

知识窗

国际避税港（Tax Havens）的具体类型有如下几种：①完全免除所得税避税港，如开曼群岛、巴林、巴哈马、百慕大等；②对来源于国外的收入免征所得税的避税港，如中国香港、马来西亚、瑞士等；③对外国投资者实施特别优惠型，如新加坡、荷兰、加拿大等；④征收较低所得税的避税港。

第二，调拨资金。跨国公司需要在整个集团统筹协调资金，提高资金的利用效率。由于各国都有不同程度的外汇管制，跨国公司便可通过转移定价绕过这些限制。例如，用高价向东道国子公司售货，这样跨国公司就可通过内部贸易避开东道国对资本流出与流入的限制，调拨资金。

第三，增强子公司的市场竞争力。当跨国公司的子公司在东道国的优势还未建立时，为了增强子公司的实力，跨国公司便可发挥整体优势，以低的转移定价给东道国子公司供货，降低子公司的经营成本，帮助子公司占据东道国市场，增强其竞争实力。

针对跨国公司利用转移定价避税的行为，各国纷纷采取对策应对避税问题。如各国采用的"比较定价原则"，即根据市场价格来确定公司是否存在转移定价情况，若内部贸易价格偏离正常的市场价格很多，税务当局有权按照低于正常价格的部分向跨国公司补征税款。另外，各国还通过财务审计、加强海关监管等措施来限制跨国公司采用转移定价方式。

3. 跨国公司对国际贸易的影响

"二战"后，跨国公司不仅数量日益增多，而且在世界经济贸易中的地位不断提高，对国际贸易发展起着举足轻重的作用，产生了重要影响。

（1）跨国公司促进国际贸易的增长。

跨国公司的发展，国际直接投资于跨国公司销售额的不断扩大，必然促进国际贸易的增长。2002年，作为在华从事加工贸易主体的外商投资企业始终保持旺盛的增长势头，进出口总值3 302.2亿美元，增长23.5%，在中国进出口总值中的比重由1995年的39%上升到53.1%，成为推动我国对外贸易发展的重要力量。

（2）跨国公司影响国际贸易的商品结构。

跨国公司对外投资主要集中在资本和技术密集型的制造业部门，这就直接影响着国际贸易商品结构的变化。它集中反映在国际贸易商品结构中制成品的比重上升，初级产品的比重下降。

在制成品贸易方面，少数跨国公司控制着许多重要制成品贸易。20世纪80年代，22家跨国汽车公司控制了资本主义汽车生产的97%，其中美国的国外汽车产量占其国内产量的59.2%。以法国通用电器公司为首的12家动力设备跨国公司控制了世界动力设备贸易；11家最大农机公司的销售总额占世界农机销售总额的70%以上。高科技产品领域更是如此。10家跨国公司控制了世界半导体市场，美国公司在世界计算机市场上所占的份额为75%～80%。日本、美国、瑞典和德国的跨国公司控制着世界机器人生产和销售额的73%，而日本一国即占50%。

随着全球经济的深化，外商投资结构逐渐优化。2012年，中国制造业实际使用外资488.7亿美元，同比下降6.21%，占全国吸收外资的比重为43.7%，部分高端制造业增长较快，通用设备制造业和交通运输设备制造业实际使用外资同比分别增长31.82%和17.15%。服务业比重进一步提高，实际使用外资538.36亿美元，同比下降2.55%，占全国吸收外资比重为48.2%，比2011年提高0.57个百分点。外商投资研发机构持续增长，总数超过1 800家，研发内容向基础性、先导性领域延伸。

（3）跨国公司影响国际贸易的地区分布。

跨国公司海外投资主要集中在发达国家，发达国家是国际直接投资的主体。跨国公司海外投资的3/4集中于发达国家和地区，其设立的海外子公司有2/3位于此。跨国公司通过内部贸易和外部贸易（与其他外部公司进行的贸易）促进了发达国家之间的贸易，带动了这些国家对外贸易的发展。20世纪80年代，发达国家贸易额占国际贸易总额的70%左右。

发展中国家和地区吸收了跨国公司海外直接投资总额的1/4、海外子公司数的1/3。跨国公司在发展中国家生产的产品大多为附加值较低的劳动密集型产品和初级产品，因而其在国际贸易中的份额较小，与其吸收海外投资的比重相当。

（2018中国跨国公司100大排行榜）

(4)跨国公司促进国际技术贸易的发展。

跨国公司是国际技术贸易中最活跃、最有影响力的力量。它控制了资本主义世界工艺研制的 80%、生产技术的 90%，国际技术贸易的 75% 以上属于与跨国公司有关部门的技术转让。因此，"二战"后国际技术贸易的快速发展是与跨国公司技术发明和技术转让的发展分不开的。

任务小结

国际投资主要分为国际直接投资和国际间接投资两种方式。国际直接投资在国际投资中所占比例很大，国际直接投资加速了"二战"后国际贸易的发展，促进了国际贸易的地理分布和商品结构的变化，加强了国际贸易中的竞争，使国际贸易方式多样化，促使各国贸易政策发生变化。

跨国公司又称多国公司、国际公司和宇宙公司等。1974 年联合国经济与社会理事会对跨国公司的内涵进行了限定，1986 年联合国的《跨国公司行为守则草案》又对它进行了综合、补充和完善。"二战"后，跨国公司的迅速发展有其深刻的经济和政治原因。跨国公司的内部贸易是指跨国公司的母公司与子公司、子公司与子公司之间的贸易，即在跨国公司内部进行的产品、原材料、技术与服务的交换。跨国公司利用转移定价实现整个跨国集团利润最大化。跨国公司促进了国际贸易的增长，影响国际贸易的商品结构，影响国际贸易的地区分布，促进了国际技术贸易的发展。

思考练习

一、单项选择题

1. 国际金融公司对发展中国家企业的贷款是（　　）。
   A．国际金融市场贷款　　B．政府援助贷款
   C．出口信贷　　　　　　D．国际金融机构贷款
2. （　　）是一个国家的投资者输出生产资本直接到另一个国家的厂矿企业进行投资，并由投资者直接对该厂矿企业进行经营和管理。
   A．国际金融机构贷款　　B．政府援助贷款
   C．国际直接投资　　　　D．国际间接投资
3. 跨国公司是垄断资本高度发展的产物，它的出现与（　　）密切相关。
   A．劳务输出　　　　　　B．技术输出
   C．资本输出　　　　　　D．商品输出
4. 国际直接投资与间接投资的根本区别是（　　）。
   A．对企业是否拥有一定的控制权　B．对企业是否拥有经营管理权
   C．是否涉及有形资产的投入　　　D．是否涉及无形资产的投入
5. 波音飞机公司的图纸设计和总装在美国进行，尾翼在日本生产，发动机在欧洲生

产，波音飞机制造的这种国际分工形式是（　　）。
　　A．水平型国际直投　　　　　　B．垂直型国际直投

二、多项选择题

1．按照国际货币基金组织（IMF）的划分标准，国际资本流动主要采取（　　）两种方式。
　　A．国际资本输出　　　　　　　B．国际直接投资
　　C．国际融资　　　　　　　　　D．国际间接投资
2．跨国公司的内部贸易包括3种类型的交易（　　）。
　　A．母公司对其国外子公司的销售
　　B．母公司对母公司的销售
　　C．国外子公司对其母公司的销售
　　D．同一跨国公司体系在一国的子公司向另一国子公司的销售
3．对外贸易直接投资作为企业争夺国外市场的手段，具有以下几个有力的因素（　　）。
　　A．建立商业信息情报网络　　　B．增强产品的竞争能力
　　C．争夺市场份额　　　　　　　D．提升产品的销售数量
4．下列哪些是跨国公司发展的原因（　　）。
　　A．国家垄断资本主义　　　　　B．第三次工业革命
　　C．跨国银行出现　　　　　　　D．新贸易保护主义兴起
5．国际间接投资包括（　　）。
　　A．兼并与收购　　　　　　　　B．借贷资本输出
　　C．证券投资　　　　　　　　　D．借贷资本输入
6．跨国公司对国际贸易的影响有（　　）。
　　A．促进国际贸易增长　　　　　B．影响国际贸易商品结构
　　C．影响国际贸易地区分布　　　D．促进国际技术贸易

三、简答题

1．国际直接投资的形式有哪些？
2．简述国际投资对国际贸易的影响。
3．什么是跨国公司？"二战"后，跨国公司迅速发展的原因有哪些？
4．简述跨国公司对广东省的加工贸易有何影响？
5．跨国公司的内部贸易有何特点？

素质拓展

非洲淘金不得不看的8个经典风险案例

　　近些年，非洲成为中国海外投资的热点。根据中国商务部的数据显示，2015年中

非贸易额已经超过 2 500 亿美元。中国在非洲投资的企业已经超过了 2 000 家，项目遍及非洲 50 多个国家，非洲已成为中国海外在欧美和日本之后的第四大投资目的地。在此良好背景下，很多中国企业都已经或者筹划对非洲的投资计划，走出国门去非洲投资建厂。但是，过往案例告诉我们，不是所有的中国企业在非洲的投资都有斩获，由于中国与非洲各国在政治、法律、经济、文化、宗教、风俗习惯等方面的差异，导致中国企业对非投资存在诸多风险及不确定因素，再加上中国企业海外投资经验的缺乏，很多中国企业在非洲的投资折戟而归。许多中国企业走出去，本身盲目性的风险已经很大，选择投资非洲更是高风险的行为。如果再没有形成一套比较完整的投资风险控制机制，去防备投资非洲的高风险发生，中国企业走出去可能更多的不是机会，而是灾难。

案例1：中石油因利比亚损失超数十亿

2012年非洲埃及、利比亚等北非国家的民主运动诱发的新一轮政治风险将中国企业推向了风口浪尖，部分非洲国家政府出台政策，严格限制中国在非投资，或没收中国企业在非资产，比如以中石油为代表的中国企业因 2011 年的利比亚政治动荡，直接导致其在利比亚大量的已建和在建海外项目终止，损失据统计超过数十亿元。

政治风险是指东道国出于政治因素的考虑而对境外投资造成的风险，政治风险主要分为东道国国内政治风险和东道国国外政治风险。国内政治风险主要有战乱风险、政府更迭、国家征收征用风险、政策风险、国家安全和恐怖主义风险等。最为突出的，在发展中国家主要表现为政局动荡或战争冲突，在发达国家主要表现为东道国基于国家安全等政治因素对境外投资所做的限制。国外政治风险主要有战争风险、制裁风险、大国博弈等由其他国家对东道国的政治策略和市场竞争策略所带来的风险。

中国企业在投资非洲前，首先要仔细研究非洲国别政治风险地图，从风险地图上可以一目了然地区分哪些是高风险国家，哪些是中低风险国家，从而做出决定，争取哪些投资机会和放弃哪些投资机会。目前，很多国际评级机构每年都会发布这样的评级报告，对于中国企业投资非洲是个不错的参考。但中国企业不能完全迷信评级机构的评级，而要结合政策、行业和风险承受能力做出最适合自己的决定。

案例2：疟疾和抢劫是两大人身安全风险

疟疾，这一在大多数国家已经消失的疾病还在非洲，特别是中南部非洲肆虐，这一疾病虽有药物可治，但却会大大降低人的免疫力，一些国家因为疟疾的影响，居民的平均寿命只有 30 多岁。南非是非洲投资热门地区，曼德拉政府执政后，黑人在南非的地位逐渐上升，同时由于历史造成的贫富差距过大，南非成为抢劫等刑事犯罪的重灾区，很多西方公司因此都撤出了对南非的投资，南非的整体经济相比之前白人统治时期倒退了十年。

除政治风险外，企业在非洲可能遭遇的人身安全和疾病风险也值得关注。中国企业为了争取这些"人弃我取"的市场机会，很多中国劳工也付出了健康甚至生命的代价。多年的战乱和横行的疾病是非洲吸引外商投资的大敌，很多西方公司因为安全和疾病威胁，断然放弃了一些非洲国家的投资。

案例3：南非的黑人经济政策

中国企业投资南非，首先要了解南非的 BEE 政策（"黑人经济振兴政策"），很多企业因为不熟悉或者不重视 BEE 政策，导致在南非的业务长期无法正常开展。以某家大型央企为例，由于一直未达到BEE的评级，虽然进入南非市场很多年，但在政府主导的很多重大项目中丢掉了投标的机会，反倒因为跟黑人的合作不顺而导致官司缠身。因此准备进入南非市场的中国企业首先要研究的就是 BEE 政策。

非洲大陆国家有被殖民的历史，因此其法律制度比较复杂。中国企业决定在非洲投资前，建议多花些时间熟悉东道国法律，避免不熟悉当地法规导致的负面后果。这类风险可称为法律合规风险，我们要虚心接受，非洲虽然落后，但因为欧洲文化的影响，法律制度的建设一点都不比我们差，甚至在很多方面比我们发达。

案例4：雇佣黑人的风险极高

目前，越来越多的高科技企业如中兴、华为等也走向非洲掘金。这些企业对雇员的知识水平要求很高，但鉴于非洲整体落后的教育水平，雇佣到企业需要的人才非常困难。同时，雇佣到的本地雇员法律意识强，对不合规的做法几乎是零容忍的态度，很多中国企业在工人压力下不得不成立工会，但也因此经常被本地员工举报而遭遇罢工和巨额罚款，这一现象昭示出中国企业雇员本地化的道路还任重道远。

劳动法律风险是中国企业海外投资特别是收购并购后遭遇的典型法律风险，主要包括高级雇工缺乏和非法用工的问题。在非法用工方面，中国企业历来是被当地劳工所诟病和投诉的对象。由于缺乏有效的政府监管和习惯于其在中国的不良做法，一些中国企业在非洲无视当地法律，不与雇工签订劳动合同，随意解雇劳工，工资标准甚至低于所在国规定的最低保障工资，不注重保障员工基本权益，严重影响了中国企业在当地的形象。而非洲经历了多年殖民统治，处处都是西方文化的烙印，比如强势的工会组织，以及对个人自由的强调。

外汇汇出风险也是一种常见的法律风险，中国企业将资本金、利润等汇回本国时则会遭遇外汇管制。埃塞俄比亚就是采取外汇汇出管制的非洲国家之一，之所以出现这种状况，是因为埃塞俄比亚外汇极端紧缺，该国政府至今仍实行严厉的外汇管制，整个金融业也未对外资开放，而且这个问题在短期内很难得到解决。

案例 5：中国产品在非洲面临信誉危机

2014年，国家质检总局发布了《2014年度全国出口埃及商品质量状况》白皮书，报告严厉指出，中国产品在非洲面临信誉危机。2014年全国在出口埃及装运前检验工作中共检出不合格产品6 083批，货值约1.99亿美元，批次、货值不合格率同比分别增长203.99%和256.24%。我国出口非洲产品质量水平远远低于我国对欧美国家出口产品质量，主要表现在质量不合格、标志不准确、售后服务体系不健全、假冒知名品牌、涉嫌商业欺诈等方面。由于产品的问题突出，我国产品在非洲的信誉已经受到严重威胁，进口国政府甚至认为我国在出口产品质量控制和贸易政策上存在歧视性待遇，有意向非洲国家倾销劣质产品。

在非洲投资，还需要注意的是产品质量风险。产品质量问题一直是中国企业扩张海外市场的一大障碍，中国企业出口到非洲的产品更是如此。由于在非洲的无序竞争和相比于欧美比较宽松的市场监管，很多中国企业不重视产品质量和企业信誉，中国产品成为"廉价质差"的代名词。2012年曝出的中国安全套侧漏引发非洲国家公共安全事件，给中国制造带来很大的负面影响。

案例 6：安哥拉汇率风险导致损失惨重

为了避免本地币安哥拉款扎的汇兑风险，中国企业与安哥拉签订的合同常常使用美元作价，但很多本地施工合同必须用本地货币。2015年石油价格的暴跌导致外汇收入减少，因为资金短缺、债务偿还压力加大，银行体系流动性不足，安哥拉本币大幅贬值（50%以上），很多中国施工企业的项目因此亏损严重，有些施工方不得不中断项目施工，因为越做越赔。汇率风险是经营风险中首要的一个。汇率风险指因外汇市场变动引起汇率的变动，致使以外币计价的资产上涨或者下降所带来的风险。在此情况下，中国企业应当考虑使用套期保值等财务手段避免汇率损失。

中国企业在非洲的项目一般都以美元计价，由于中国企业外汇风险意识不强，在这一波长周期人民币升值、美元贬值的过程中，外汇变动给中国企业带来了巨额的损失，外汇风险管理的好坏已经成为项目盈亏的关键因素。为此很多中国企业在非洲投资项目上设置了专门的外汇专家成员对外汇操作进行设计，一些重大的项目也开始委托专门机构进行外汇操作，以保证投资的保值和增值。

案例 7：毛里求斯的国际税务筹划

毛里求斯是非洲投资的避税天堂，很多外国公司为了避免过重税负，往往采取在毛里求斯设立离岸公司的方式。例如在坦桑尼亚，中国企业如果想转让其项目公司的股权给第三方，那么取得的收入需要在当地缴纳30%的所得税，如果这家中国企业通过在毛里求斯设立的公司，间接持有坦桑尼亚项目公司的股权，那么，将毛里求斯公司的股权转让给第三方，因不涉及变更坦桑尼亚项目公司的股东，便无须缴纳坦桑尼亚的所得税。

企业不懂如何安排国际税负，也会带来税收成本增加，影响企业利润。中国企业在非洲投资，要保证项目的回报，妥善的国际税务安排是必不可少的考量因素。全面税务筹划是一个非常专业的领域，它是在法律允许的范围内，合理规避企业税负，避免额外税负风险。有经验的律师事务所或者会计师事务所都有很多成功的案例可供借鉴。

案例8：肯尼亚文化差异导致"水土不服"

在肯尼亚的首都内罗毕，当地人有着近乎固执的时间观念，超过8小时是不可能加班的，周六、周日更不可能。这个几乎100%信仰基督教的地方，人们宁可放弃1天赚几百块钱的机会，也要去教堂做礼拜。而在埃及，当地人有早上和下午祈祷的习惯，祈祷每次要花去15分钟的时间，如果不能很好地安排，这种习惯就会影响正常生产。在价值观上中非存在很大的差别，一位长期在非洲的中国老板总结：中国人认为如果不努力工作，就赚不到钱；而南非人认为明天会死，所以得活在今天。我们说人家好逸恶劳，人家却说我们欲壑难填。

中非文化的差异根深蒂固，但很多中资企业的管理者却对此视而不见，一味地责备非洲人民懒惰，甚至动用很多粗暴的手段对其进行驯服。这导致一个非常严重的后果，即中资企业在非洲劳动市场的口碑普遍不佳，因此，许多本来稀缺的优秀人才更愿意选择西方企业。

此外，供应链管理风险也可能带来经营成本的增加。许多非洲国家基础设施比较落后，企业生产所需的材料以及配套设施严重不足，对非投资的中国企业如果对此认识不足，则后期在本地采购和国际物流等方面会付出高昂成本，从而大大提高企业投资成本。因此，中国企业在项目启动前，要对项目涉及的本地采购需求和分包商进行充分的市场调研，对物流安排进行多轮的论证，通过科学合理的供应链管理，为公司降低税负。例如在一些离岸中心，成立离岸采购平台，将利润尽量留在离岸公司，利用其零税率或者低税率为企业降低税收负担。

（资料来源：2016-10-09 搜狐财经）

◆思考与分析：

从本案例中的中国企业对非洲投资的经验教训中你得到了什么启示？请你从中总结跨国公司海外投资时应注意哪些风险。

任务 4.2 国际服务贸易

> **学习目标**
>
> 知识目标：
> ▲了解国际服务贸易总协定的基本情况和内容条款；
> ▲了解国际服务外包、国际服务贸易壁垒与服务贸易自由化的相关内容；
> ▲掌握国际服务贸易的现状与发展趋势；
> ▲掌握国际服务贸易的概念、方式和内容。
>
> 能力目标：
> ▲能够分析中国在国际服务贸易中存在的问题及发展趋势。
>
> 知识重点：
> ▲国际服务贸易的特点、方式及分类；
> ▲国际服务外包；
> ▲国际服务贸易壁垒；
> ▲服务贸易总协定。

情境引入

服务外包将迎来下一个 10 年黄金发展期

2017年11月24日，由中国服务贸易协会主办的第七届中国服务外包产业发展与人才培养峰会与第七届中国服务贸易年会在佛山同期举办。商务部研究院、中国服务外包研究中心、软通动力、锦创科技、广州大学华软软件学院等相关研究学者与知名企业家出席活动并参与交流。

服务外包"十三五"规划提出：推进服务外包领域的供给侧结构性改革。服务外包由综合性的科技服务业占主体，怎么激活市场活力和创新动力，这是服务外包产业转型发展的关键所在。商务部研究院李西林博士指出：产业开放、服务开放是必由之路。无论是工业企业还是服务企业都是大而全、小而全，如果这个问题不解决的话，服务市场、服务外包业务，很难有一个实质性的全面释放，无法形成服务外包更强有力的基础支撑。新时期中国服务外包发展路径一定是：离岸在岸并举、接包发包并举、规模与效益并举。

中国服务外包研究中心郑伟博士表示：随着全球化价值链理论的出现，服务外包的内涵和外延都进行了极大的提升。不再仅仅局限于基于IT领域，而是基于专业化分工产生的一种商业模式，把整个产业链条都拉长，将任何一个环节中的服务拿出来，都可以称为服务外包。

据安永公司研究报告,仅 2018 年,中东北非地区服务外包市场规模预计就将达 70 亿美元。2014—2016 年,我国承接"一带一路"沿线国家服务外包由 98.4 亿美元增长到 121.3 亿美元,增长了 23.3%。"一带一路"为我国开拓服务外包国际市场提供了新机遇。

(资料来源:中国服务网)

4.2.1 国际服务贸易概述

1. 服务和服务业

(1)服务。

服务是具有无形特征却可给人带来某种利益或满足感的可供有偿转让的一种或一系列活动。

服务具有不可感知性;不可分离性;品质差异性;不可储存性;所有权的不可转让性。

(2)服务业。

服务业的概念在理论界尚有争议。一般认为,服务业是指生产和销售服务商品的生产部门和企业的集合。在国民经济核算的实际工作中一般将服务业视同第三产业,在国民经济行业分类中包括除了农业、工业、建筑业(国民经济行业分类细分为农业,采矿业,制造业,电力、燃料及水的生产和供应业,建筑业五大实物商品生产部门)之外的所有其他 15 个产业部门,即交通运输、仓储和邮政业;信息传输、计算机服务和软件业;批发和零售业;住宿和餐饮业;金融业;房地产业;租赁和商务服务业;科学研究、技术服务和地质勘察业;水利、环境和公共设施管理业;居民服务和其他服务业;教育业;卫生、社会保障和社会福利业;文化、体育和娱乐业;公共管理和社会组织;国际组织。

服务业与其他产业部门的基本区别是,服务业生产的是服务产品,服务产品具有非实物性、不可储存性和生产与消费同时性等特征。

服务业和第三产业在日常应用上也是有区别的。一般地,通过国民经济具体产业部门如农业、工业、建筑业等来描述国民经济产业部门时,就采用"服务业";通过国民经济产业发展层次如第一产业、第二产业等描述国民经济产业部门时,就采用"第三产业"。

2. 国际服务贸易

国际货物贸易、国际服务贸易和国际技术贸易是当前国际贸易的三种主要形式。国际货物贸易是国际贸易最早的形式,也曾经是最重要的贸易形式。经济发展的规律告诉我们,随着产业规模的不断扩大及产业结构升级,资本、技术、劳动力等各种生产要素必然要从农业向制造业过渡,进而再向服务业转移,带动服务业的发展,推动服务贸易在国际贸易中占据越来越重要的地位。

(1) 国际服务贸易的概念。

国际服务贸易又称国际劳务贸易，是指服务在国家或地区之间的提供与接受的经济交换过程。狭义的服务贸易是指一国以提供直接服务活动形式满足另一国某种服务需要以取得报酬的活动。广义的服务贸易既包括有形的劳动，如导游服务；也包括服务提供者与使用者在没有直接接触下交易的无形活动，如卫星传送与传播、专利技术贸易等。一般情况下，我们所指的都是广义的国际服务贸易概念，只有在特定情况下"国际服务贸易"或"服务贸易"才取其狭义。

由于服务的界定本来就很复杂，不同的国家和研究人员从各自的立场出发有不同的视角，因此关于国际服务贸易，各国统计和各种经济贸易文献并无统一的、公认的、确切的定义，目前对服务贸易有代表性的定义多见于联合国、世界贸易组织和区域集团等国际组织的规范性文件。

① 联合国贸易与发展会议关于国际服务贸易的定义。

联合国贸易与发展会议利用过境现象阐述服务贸易，将国际服务贸易定义为货物的加工、装配、维修及货币、人员、信息等生产要素为非本国居民提供服务并取得收入的活动，是一国与他国进行服务交换的行为。狭义的国际服务贸易是指有形的、发生在不同国家之间并符合严格的服务定义的、直接的服务输出与输入。广义的国际服务贸易既包括有形的服务输入和输出，也包括在服务提供者与使用者在没有实体接触的情况下发生的无形的国际服务交换，如卫星传送和传播等。

② 《美加自由贸易协定》对国际服务贸易的定义。

《美加自由贸易协定》认为，国际服务贸易是指由代表其他缔约方的一个人，在其境内或进入一缔约方提供所指定的一项服务。这里所说的"指定的一项服务"包括：a. 生产、分配、销售、营销及传递一项所指定的服务及其进行的采购活动；b. 进入或使用国内的分配系统；c. 奠定一个商业存在，为分配、营销、传递或促进一项指定的服务；d. 遵照投资规定，任何为提供指定服务的投资及任何为提供指定服务的相关活动。"一个人"既可以是法人，也可以是自然人。"进入一缔约方提供的服务"包括提供过境服务。

③ 世界贸易组织《服务贸易总协定》关于国际服务贸易的定义。

1994 年 4 月 15 日，关税与贸易总协定乌拉圭回合服务贸易谈判小组通过征求各谈判方提案和意见，达成了《服务贸易总协定》（General Agreement on Trade in Service，GATS），并在 GATS 中从服务贸易提供方式的角度给服务贸易下了较为准确的定义，指：a. 从一成员方境内向任何其他成员方境内提供服务；b. 在一成员方境内向任何其他成员方的服务消费者提供的服务；c. 一成员方的服务提供者通过在任何其他成员方境内的商业现场提供服务；d. 一成员方的服务提供者通过在任何其他成员方境内的一成员方自然人的商业现场提供服务。这里所说的"服务"包括任何部门的任何服务，但实施政府职能活动所提供的服务须除外。它包括任何生产、分配、营销、销售和传递一项服务。"服务提供者"是指该成员方提供服务的任何人（包括自然人和法人）。"服务消费者"是指该缔约方接受或使用服务的任何人（自然人和法人）。

从上述各种定义可看出，国际服务贸易的定义是以国境为界划分的，这对于统计专家进行服务出口和进口的计算及分类是比较方便的。例如，在美国的某一美国本国的广告公司为法国生产企业提供广告设计服务，就是对法国出口美国的服务。但是实践却要比理论复杂得多。统计学家关于服务贸易的定义难免有一些"灰色区域"。例如，在法国的一家美国银行为一个在法国旅游的美国游客服务，这里就是法国出口服务，美国进口服务。但是，统计学家很难用简单的方法将这种收入简单地归为法国的服务出口或美国的服务进口。因为，此时从美国在法国开设的银行而言，是美国对法国出口银行服务。但是，从法国的角度分析，在其境内的企业为外国居民的服务又称其对外国的服务出口。从美国银行自身分析，它为在法国旅游的美国客人提供的服务收入只能作为企业本身的收入，并按企业性质和法国的有关法律规定一部分收益能汇回美国，从严格意义上讲，只有汇回美国的部分才能称为美国对法国的服务出口。

在上述这些定义中，《服务贸易总协定》的定义比较权威，为各国普遍接受。

（2）国际服务贸易的特点。

服务贸易与一般货物贸易的区别反映出了服务贸易的特点。服务贸易的特殊性主要表现在：一是由于服务的无形性、易逝性和生产与消费的不可分离性，决定了服务贸易标的的不可储存性、质量的难以衡量性和生产、交换、消费的统一性；二是由于服务的无形性，决定了服务贸易的标的是某种活动而不是可触知的有形商品，所以服务贸易无法反映在海关进出口的统计上，服务的输出输入不能由海关直接监督，不能由关税和其他海关法规来约束，只能通过国内立法进行管理和调节；三是服务贸易市场具有高度垄断性，受到国家有关部门的严格控制；四是贸易保护方式具有隐蔽性，以国内立法形式实施"限入"式非关税壁垒；五是国际服务贸易的约束条例相对灵活；六是营销管理难度较大；七是国际服务贸易统计复杂。

（3）主要的服务贸易产业。

世界贸易组织统计和信息系统局把全世界的服务分为11大类共142个服务项目。

主要的国际服务贸易产业包括：国际保险服务贸易；国际旅游服务贸易；国际金融服务贸易；国际会计服务贸易；国际专业服务贸易；国际律师服务贸易；国际医疗服务贸易；国际运输服务贸易；国际信息服务贸易；国际通信服务贸易；国际教育服务贸易。

在世界排名前两位的国际服务项目是运输和旅游。在运输服务中，航运业最为重要，港口服务居次，旅客服务所占比重最小。国际旅游业仅次于运输项目，世界上有32个国家国际服务收入的50%以上来自旅游业，为商业目的而发展旅游业的国家有日本、巴西、韩国和巴基斯坦。

（4）国际服务贸易的方式。

① 过境交付。

服务的提供者与消费者都不移动，服务在出口国生产，经过国际间的交易在进口国消费。

② 境外消费。

服务在服务提供者实体存在的那个国家（地区）生产，通过服务消费者（购买者）的过境移动来实现，是服务提供者通过广告、自我推荐等形式"引导"消费者到自己所在地来，购买（或消费）服务的形式。例如，某国的患者为获得境外先进的医疗设备和医疗服务，到国外就医，便产生了境外医疗消费。

③ 商业存在。

一缔约方以"商业存在"的形式在另一缔约方境内设立机构，并提供服务，取得收入，从而形成贸易，主要是一些境外专业服务提供者在另一国允许的前提下，建立经营实体机构，为该国提供服务，常见的有外国律师事务所、会计师事务所等。

④ 自然人流动。

服务提供者过境移动，在其他缔约方境内提供服务而形成贸易。这里的服务消费者可以是当地居民，也可以是第三国的消费者。例如，一国设计师以个人名义到另一个国家为当地企业或个人提供设计服务。

（5）国际服务贸易的内容。

① 国际运输服务贸易。

国际运输服务贸易是指以运输服务为交易对象的贸易活动，即贸易的一方为另一方提供运输服务，以实现货物在空间上的位移。国际运输服务贸易主要具有以下特点：运输服务贸易派生于商品贸易；运输服务的提供者不生产有形产品，只提供运输能力及服务；在运输服务贸易中，中介人或代理人的活动非常活跃，对贸易的开展起着很重要的作用。

② 国际旅游服务贸易。

国际旅游服务贸易是指一国（地区）旅游从业人员向其他国家（地区）的旅游服务消费者提供旅游服务并获得报酬的活动，既包括本国旅游者的出境旅游，即国际支出旅游，又包括外国旅游者的入境旅游，即国际收入旅游。国际旅游服务贸易是国际服务贸易的重要组成部分，可为国家增加外汇收入、创造就业机会、优化产业结构，对发展一国的国民经济起着十分重要的作用。

国际旅游业在过去的一个多世纪中有了长足的发展，即便在西方国家经济发展缓慢的时候，国际旅游业仍呈现较强的活力。国际旅游业正成为一些国家和地区服务贸易的重要组成部分，成为这些国家和地区最重要的外汇收入来源之一。国际旅游业的发展为国际交往做出了巨大的贡献。

学以致用

中国超美国成第一国际旅游消费国

据中新社电，联合国世界旅游组织昨日发表声明，中国 2012 年已超越美国等国，成为世界第一大国际旅游消费国。世界旅游组织说，中国人 2012 年在海外旅游消费额达 1 020 亿美元，创下历史纪录，同时比 2011 年的 730 亿美元海外旅游消费额增长了 40%。声明指出，过去 10 年间，中国国际旅游市场的发展一直是全球最快的，至今依然如此，这要归功于中国城镇化的发展，可支配收入的增长，以及对国际旅游限制的放松。

2000—2012 年间，中国海外旅游的游客人数从 1 000 万增加到了 8 300 万，其旅游消费额增长了近 8 倍。世界旅游组织指出，以境外旅游消费额来衡量，中国在 2005 年时排名世界第七，此后陆续超过了意大利、日本、法国和英国，2012 年中国更超过此前长期占据前两位的德国和美国，成为世界第一。世界旅游组织秘书长瑞法依表示，中国和俄罗斯令人瞩目的旅游消费增长显示了两国中产阶级力量的壮大,也必然会对全球旅游格局产生新的影响。

(资料来源:2013年4月6日 长江商报)

◆**思考与分析:**
试分析我国境外旅游高速增长的原因。

③ 国际保险服务贸易。

保险是一种经济补偿制度,是分摊灾害事故造成损失的一种经济方法。国际保险市场上的业务组成大体可分为财产保险、责任保险、保证保险和人身保险4个部分。

国际保险市场根据不同的分类方式分为不同的类型。

a. 以市场交易的风险层次分类:可分为国际原保险市场和国际再保险市场。

b. 以市场交易的保险业务性质分类:可分为国际寿险市场和国际非寿险市场。

c. 以市场交易的区域分类:可分为英国市场、北美市场、欧洲大陆市场、东欧市场、发展中国家市场等。

④ 国际银行服务贸易。

国际银行服务贸易包括按照所有从事国际贸易、国际投资、国际旅游和其他一切国际经济交易的客户要求提供的一切服务项目。其基本职能如下。

a. 货币转换,即外汇交易,主要是向从事国际性交易的当事人供应所需外汇;

b. 国际财政,资金供应和分配,资金调拨和再转换,如银行同业间的转账、资金调拨;

c. 国际贷款,信用分析和批准信用,确定和监督贷款,如国际银团贷款;

d. 资金融通,如为出口商提供出口押汇、打包贷款等服务;

e. 信用证服务,为进口商提供开立信用证和其他风险管理工具的服务,以满足当事人规避国际商务风险的需要;

f. 国际支付和清算,如汇票、支票的结算;

g. 为进出口贸易提供结算渠道,如汇付、托收;

h. 国际间信托咨询、财务管理。这些职能实质上是银行各类国内业务向国外的延伸。一般来说,为进出口贸易进行资金融通,以及与客户进行外汇交易是国际银行最频繁的业务,而银行同业间的巨额交易则在总交易值中占绝对优势。

银行从事跨国服务贸易是通过其全球服务网络来实现的。一般来说,一家银行若要扩展其国际银行业务,可以选择以下几种形式。

a. 设立代表处;

b. 建立国外代理行;

c. 设立国外分行;

d. 建立国外附属银行或联营银行;

e. 组织国际银团组织。

⑤ 国际通信服务贸易。

通信服务贸易是指以通信服务为交易对象的贸易活动。通信服务包括邮政服务和电信服务两种方式。通信服务贸易具有以下3个特点:

a. 通信服务主要以传输含有信息的物件为主；
　　b. 电信服务能以最快的速度传递信息，并能提供信息的多功能服务；
　　c. 由于任何社会化大生产都必须运用通信手段来调控，任何政府都要运用通信手段来宣传政策主张、管理国家，人们要利用通信手段来交流信息，因此，通信服务已超越了单纯的通信而直接介入社会经济、政治和科技等各个方面。

学以致用

中国电信和法国电信签约合作　中法国际漫游通信服务将大获改善

　　新华网北京2011年10月12日电，中国电信与法国电信12日在北京签署战略伙伴框架协议，内容包括改善Orange在中国的服务支持，改善中国电信在欧洲的接入，以及双方对国际光缆网络的接入服务，并为双方的客户提供WiFi国际漫游服务。据介绍，这个协议旨在发挥双方在网络和服务领域的互补优势，提升中国电信在中国和亚太地区、法国电信在欧洲和非洲地区的影响力，提高双方在全球客户市场的服务能力。

　　根据这个框架协议，Orange同意在欧洲为中国电信建立IPVPN连接，以便中国电信为中国跨国企业在欧洲的分支机构提供IPVPN服务。中国电信同意为Orange提高当地资源，并对在中国和亚太地区的Orange跨国企业客户提供外包服务和现场服务。双方在国际网络规划和实施方面互相支持，共同致力于亚洲、亚太地区和欧洲之间的海底光缆和陆地光缆网络建设，并改善通达非洲地区的网络连接。

　　中国电信董事长王晓初表示，双方战略合作框架的签署将极大地促进相关业务领域的密切合作，有助于实现中国电信为客户提供高质量全球服务的理念。法国电信董事长理查德说，协议的签署标志着法国电信与亚太地区最重要的运营商之一——中国电信之间的合作迈出重大一步，双方将在网络接入和服务方面紧密合作，并促进跨国企业的全球发展。

　　法国电信是世界重要的运营商之一，在35个国家开展业务，截至2011年6月30日，客户达2.173亿位，包括Orange品牌下分布在许多国家的1.43亿位互联网、有线电视和移动用户。

　　中国电信是中国特大型国有通信企业，目前拥有1.76亿位固网用户、1.14亿位移动用户和8 127万位宽带用户。

（资料来源：2011年10月12日　新华网）

◆**思考与分析：**
该案例带给了我们怎样的启示？
　　⑥ 国际信息服务贸易。
　　信息服务贸易是以信息资源为交易对象的贸易。现代信息服务贸易划分为两大类：一类为一般意义上的信息服务贸易，又称无形信息服务贸易；另一类信息服务贸易称为有形信息服务贸易。
　　⑦ 国际教育服务贸易。
　　在世界贸易组织的GATS框架中，教育被认定为服务部门的第5类，称为教育服务，包括初级教育服务、中等教育服务、高等教育服务、成人教育服务和其他教育服务。根据我国教育部留学中心的统计：从 1978 年到 2012 年年底，我国各类出国留学人员总数达 264.47 万，遍布 100 多个国家，人数居世界第一位。截至 2012 年年底，以留学生身份出国在外的留学人员有 155.34 万人，其中 113.69 万人正在国外进行相关阶段的学习和研究。

国际服务贸易的方式除以上介绍的 7 种之外，还包括咨询服务贸易、会计服务贸易、律师与公证服务贸易、医疗服务贸易等一些专业服务贸易。

（6）国际服务贸易的政策措施。

国际服务贸易的保护一般是依靠一国政府的各种法规和行政管理措施来实施的。世界贸易组织在《服务贸易总协定》中对服务贸易的市场准入、最惠国待遇、国民待遇和透明度等做了原则性规定，但对成员国开放哪些服务业市场并无硬性规定，而是由各成员国根据本国意愿通过谈判来确定。

服务贸易政策一般都是通过国内立法和行政规定、双边的国与国之间的协议、区域间的区域性协议及多边的国际协定等来体现的。

（7）国际服务贸易的发展。

国际服务贸易是一个从国家内的服务经济基础上通过服务业的国际化和国际分工的出现而发展起来的。国际分工和合作是导致国际服务贸易产生和发展的动因。服务业和服务贸易的重要性不仅表现在已渐渐成为促进国民经济效率提高和国民产出总量增长的主导力量，而且也表现出服务业成为未来国际市场竞争力的核心。

① "二战"后国际服务贸易的迅速发展及其原因。

第二次世界大战后，随着科技革命的发生，各发达国家的产业结构发生了巨大的变化，第三产业急剧发展，国际贸易以超越物质生产发展的速度迅猛增加，达到空前水平。在"二战"后 1948—1985 年的 37 年里，资本主义国家出口额从 539 亿美元增加到 17 525 亿美元，增长了 31.5 倍。1990 年世界出口额增加到 33 978.8 亿美元。1913—1938 年，资本主义世界工业生产平均每年增长 2.2%，出口贸易量平均每年仅增长 0.7%；而"二战"后，1948—1980 年，资本主义工业生产平均每年增长 5.1%，出口贸易量则以年平均 6.5% 的速度增长。1980—2007 年，全球服务贸易总额从 7 674 亿美元扩大到 63 200 亿美元，增长了 8.2 倍。服务贸易总额占全球贸易总额的份额从 1980 年的 15.7% 上升至 2007 年的 19%。

国际资本贸易空前发展，已成为世界经济联系的重要潮流。1984—1989 年，国际金融市场净融资额从 1 450 亿美元猛增至 4 450 亿美元，年递增率达 25.2%，而目前国际货币市场上的年成交额则已是世界商品和劳务年贸易总额的 25 倍以上。世界经济联系形式日益多样化，如生产合作和装备业务、许可证技术转让、补偿贸易、合资贸易、国际分包合同、来料加工及联合投标等。

"二战"以后，国际服务贸易飞速发展，目前，国际服务贸易额约占世界商品贸易额的 1/4，原因如下。

a. "二战"后各国服务业的迅速发展，服务业在各国国民经济中地位的不断上升，是国际服务贸易迅速发展的基础。

b. 经济生活国际化趋势的不断加强，促进了国际服务贸易的迅速发展。

c. 国际直接投资和跨国公司的迅速发展，对国际服务贸易的不断扩大起着重要的作用。

d. 各国经济的发展和国民收入的增加，推动了国际服务贸易的发展。

e. 世界产业结构不断升级的驱动，导致了对国际服务更大规模的需求，使全球服务性产业的贸易总额有了高速增长。

f. 新工业革命，尤其是20世纪60年代兴起的信息技术革命，有力地推动了国际服务贸易的迅猛发展。

② "二战"后国际服务贸易的发展格局。

"二战"后，国际服务贸易迅速发展，新的服务业不断涌现。"二战"前，国际服务贸易主要是劳动力的输出和输入。"二战"后，以旅游、运输、银行、建筑和承包市场为代表的服务贸易逐步走向国际市场。西方发达国家在国际服务贸易中占据主导地位，它们是国际服务贸易的主要出口国，也是主要的进口国，以发达国家为主成为了国际服务贸易发展的格局；发展中国家在国际服务贸易中的地位呈上升趋势。

进入20世纪90年代，发展中国家服务出口增长明显加快，亚洲（主要是东亚）的服务贸易发展尤为迅速，以国际贸易、国际金融、生产管理信息化为主的信息产业发展迅速。

技术、知识密集化趋势日益明显，许多新兴服务行业从制造业中分离出来，形成独立的服务经营行业，其中技术、信息、知识密集型服务行业发展最快。其他如金融、运输、贸易、管理咨询等服务行业，由于运用了先进的技术手段，也很快在全世界范围内扩大。与传统服务业相比，现代服务业的产业特征包括智力要素密集度高、产出附加值高、资源消耗少、环境污染少等。

国际服务贸易壁垒更多、更高，由于服务贸易的特殊性，对服务进口的限制无法采取关税壁垒措施。各国普遍采用的是非关税壁垒措施，主要是政府通过制定法律、规则、标准、制度等对外国服务提供者设置障碍；政府采购对本国服务优先考虑，政府对本国服务出口实行财政补贴、减免税等。

3. 国际服务外包

（1）国际服务外包的概念。

服务外包又称白领外包，是指企业集中做自己最擅长、最核心的业务，而将价值链中原本由自身提供的具有基础性的、共性的、非核心的业务，剥离出来后，以契约的形式外包给更专业、更高效的外部专业服务提供商来完成的经济活动。

国际服务外包是全球产业分工日益细化的一种新型的商业模式。通过分包给境外服务供应商，企业可以通过最便捷的方式和渠道获取关键专业知识和技术人才，降低企业经营成本，提高运营质量，降低风险，优化企业内部业务，增强企业竞争力。

（2）服务外包的分类。

① 根据服务外包承接商所处的地理位置划分。

根据服务外包承接商所处的地理位置不同，服务外包分为境内外包、近岸外包和离岸外包三种类型。a. 境内外包指发包方与服务的承接方来自同一个国家，外包工作在境内完成；b. 近岸外包是指发包方和服务的承接方来自邻近国家；c. 离岸外包是指发包方与服务的承接方位于不同国家。

② 根据服务外包的业务内容划分。

根据服务外包的业务内容不同，服务外包分为信息技术外包服务和业务流程外包服务。

a. 信息技术外包主要包括系统操作服务，如银行数据、信用卡数据、保险、医疗/体检数据、税务数据、法律数据（包括信息）的处理及整合；系统应用服务：信息工程设计、远程信息系统服务、维护等；基础技术服务：软件开发设计、管理平台整合或管理整合等。

b. 业务流程外包服务主要包括企业内部管理服务，为客户提供内部管理服务，包括后勤管理、人力资源管理、工资福利、会计审计、财务管理及其他内部管理服务等；企业业务运作服务：为客户提供技术研发、销售、售后服务及其他业务流程环节的服务等；供应链管理服务：为客户企业提供采购、运输、仓储方案设计服务等。

（3）服务外包在中国的发展状况。

随着新一轮全球产业转移浪潮的到来，服务业跨国投资发展速度很快，以服务业外包和高科技、高附加值的高端制造及研发环节转移为主要特征的新一轮全球产业结构调整正在兴起。2010年，全球服务外包产业规模达到12 000亿美元。北美、西欧和日本是全球主要的发包区域（在全球外包支出中，美国占了约2/3，欧盟和日本占近1/3，其他国家所占比例较小）。在美国、日本、西欧等发达经济体的跨国公司中，服务外包模式已相当成熟，广泛应用于IT产业、金融保险、研究开发、人力资源管理、会计法律等专业技术服务领域。

经过不懈努力，中国服务外包产业发展迅速，前景广阔。随着服务外包新兴行业和领域的发展，我国服务外包从低端业务领域向高端业务领域拓展延伸，以金融服务外包、通信服务外包等为重点的高端领域将成为中国服务外包产业发展的重点。

根据《中国服务外包发展报告2012》的有关数据显示：2011年我国服务外包产业实现快速增长，在承接国际转移、吸纳就业、企业成长等各项指标完成方面都有较好的表现，服务和技术创新高端延伸使我国的服务外包产业开始由低成本简单服务向具有技术优势的研发设计和整体一揽子服务转化。2011年，我国服务外包合同执行金额为323.9亿美元，同比增长63.6%；其中，离岸服务外包合同执行金额为238.3亿美元，同比增长65.0%，占全球离岸市场的比重为23.2%，比2010年提高6.3个百分点。截至2011年年年底，全国共有服务外包企业16 939家，其中2011年新增服务外包企业4 233家。服务外包园区已经成为我国服务外包产业发展的主要功能载体。截至2011年，全国服务外包示范城市认定的服务外包示范园区约150家，服务外包园区贡献了全国服务外包产业产值的80%，服务外包园区的建设运营创新推动了服务外包的跨越式发展。2006—2010年，商务部批准了北京、天津、上海、重庆、大连、深圳、广州等21个城市为服务外包示范城市。截至2011年年底，21个服务外包示范城市共有服务外包企业12 417家，从业人员242万人，分别占全国的73.3%和76.1%；承接离岸外包合同金额为301.1亿美元，合同执行额为219.0亿美元，分别占全国总量的92.3%和91.9%。2011年，全国新增服务外包从业人员85.4万人,其中新增大学毕业生58.2万人,占比达到68.1%。截至2011年年底,全国服务外包从业人员共318.2万人,其中大学以上学历223.2万人,占总数的比重为70.1%。

学以致用

印度发展软件外包成功的启示

全球服务外包的迅速发展给发展中国家带来了新的机遇,引起了各国的密切关注。在此方面,印度排名前20家的软件公司贡献了印度软件服务总出口额的42%,其平均出口额是1.66亿美元,且其行业协会——印度全国软件与服务公司协会(NASSCOM)以涉及面广、参加企业众多而闻名于世。

作为承接国际服务外包业务最早的国家之一,印度发展服务外包之所以能够取得成功,关键在于以下方面。

(1)合理的业务选择。

在印度国内,长期以来软件服务市场属于买方市场,严重供过于求。一方面,由于政府政策的鼓励,软件研发迅速发展;另一方面,印度国内基础设施薄弱。2000年,印度全国只有124万台个人计算机,人均拥有量居世界最低国家之列;每千人电话线拥有量只有8条,远远低于发达国家,甚至低于发展中国家的平均水平。因此,国内难以消化的软件供给,只能寻求国外市场。而此时的美国经济连续出现强势增长,需要大量的软件供给,部分企业开始将非核心的软件研发业务外包出去,以降低成本、提高核心竞争力。印度软件业正是把握住了这一机遇,大力发展对美国的软件外包。以软件外包为切入点,印度国内软件业供过于求的压力找到了释放的途径,从而形成了"研发促成软件外包、软件外包带动研发"的良性循环。

(2)准确的市场定位。

准确定位承接服务外包市场是印度服务外包得以迅速发展的关键因素。实践证明,印度做出了正确的选择:以与本国有密切联系的美国作为承接对象。这种联系一方面表现在,印度文化深受英语国家的影响,在文化上与美国有"认同感";另一方面,印度的许多软件开发人员都有在美国研发的经历,了解美国IT技术发展的状况及外包的技术取向,很多外包业务甚至都是"将在美国的工作带到印度来做"而形成的。

(3)完备的政策体系。

印度政府为服务外包的迅速发展提供了良好的政策环境,从20世纪80年代中期到"十五"计划期间(2002—2007年),明确将IT产业发展作为战略重点,印度政府扶持计算机和软件产业的发展,先后制定了多项支持鼓励政策。1991年6月,印度在班加罗尔创建了全国首个计算机软件技术园区,其后又在马德拉斯、海得拉巴、孟买、加尔各答等地建立了18个具有国际先进水平的软件技术园区,并对园区的企业实行各种优惠政策,对软件和服务公司的银行贷款实施"优先权"等。1998年,印度政府设立风险投资基金,用于支持中小企业发展。同时,为了保护知识产权,保护企业和消费者的信息安全,为信息服务纠纷解决提供法律规范,印度也在不断地完善相关法律;为了保证软件公司的规范运作，印度国家软件和服务公司协会还规定，凡拥有 10 名员工以上的软件公司必须实行 ISO9001 标准认证。

（4）丰富的人才储备。

自 20 世纪 80 年代中期提出"要用教育和电子革命把印度带入 21 世纪"口号以后，在印度逐渐形成了"全民学软件"的风尚，培养了一大批被世界誉为"一高一低"型的"软件蓝领"。"一高"是专业素质高，"一低"是工资诉求低。以 APTECH 的培养模式为代表，目前印度已经形成了印度理工学院居于顶端、各大学居中、国家信息技术学院居于底层的金字塔式的人才培养体系，这一完整的体系每年为印度培养软件设计人员约 1.78 万人。在软件教育中，印度还十分重视软件研发的标准化建设。印度软件企业的质量管理及认证除了采用国际通用的 ISO 质量认证体系外，还采用目前世界软件业公认的权威性认证体系——美国梅隆·卡耐基大学软件工程设计院研发的软件能力成熟度模型 CMM 等级认证体系。目前，印度已有上百家软件企业获得了该体系最高的 CMM5 级认证证书。CMM 认证体系目前已成为行业公认的选择外包合作者的"指标体系"，通过 CMM 体系等标准化建设促进了印度软件开发的国际化，使印度的软件服务外包竞争力得以大幅度提高。因此，系统规范的教育为印度软件外包的发展储备了丰富的、标准化的软件开发人才。

当前，全球服务外包呈现出交易规模不断扩大、业务范围日益拓宽、参与群体迅速增多的趋势。由于全球服务外包的迅速发展及其所蕴藏的巨大发展潜力，作为发展中国家，中国应抓住机遇，主动承接国际服务外包，既是提高利用外资水平、融入全球经济的客观需要，也是新形势下产业结构优化升级、加快贸易和经济增长方式转变的战略选择。

我国发展服务外包的底子比较薄弱，国内对服务外包的认知度有待提高；缺乏大量精通英语的专业服务人才，我国的技术人员实际操作能力也比较差；服务外包管理部门零散、不统一，为此，我国应制定政策创造服务外包发展的优良环境，加快培养大量能熟练运用英语、从事服务外包行业的专业人才，以发展日韩市场为立足点（不过分依赖），稳步开拓欧美市场。

（资料来源：2010 年 3 月 8 日　圣才学习网）

◆思考与分析：

该案例带给了我们怎样的启示？

4.2.2　国际服务贸易壁垒与服务贸易自由化

1. 国际服务贸易壁垒

（1）国际服务贸易壁垒的概念和形式。

① 国际服务贸易壁垒的概念。

国际服务贸易壁垒（Barriers to international trade in service）是指一国政府对国外生产的服务销售所设置的有阻碍作用的政策措施。服务贸易壁垒增加了国外服务生产者的成本，达到限制贸易扩大的目的。

② 国际服务贸易壁垒的形式。

国际服务贸易壁垒主要有以下一些形式。

a. 对投资收益利润提成费等汇回加以限制；

b. 对设立外国服务企业的限制；

c. 对外国公司进入本国服务市场在所有权方面的法定限制；

d. 在人员上加以限制，诸如规定多数职员必须是本国人的法定要求；

e. 对外国企业职业人员发放许可证等繁杂的手续；

f. 对外国企业设置歧视性税收政策；

g. 对本国公司进行补贴，使其在竞争中占绝对优势；

h. 歧视性的许可证管制；

i. 对外国服务企业必需的进口材料征收过高关税或在进口数量上加以限制或禁止进口；

j. 限制性或歧视性的政府采购规定；

k. 对外国活动范围的不合理限制；

l. 对服务的标准提出过高的要求等。

例如，国际服务贸易壁垒可以是通过对进口的服务征收歧视性的关税形式，也可以是通过法规的形式使国外的服务生产者增加不必要的费用。首先是对享受服务贸易的消费者的一些限制。通过制度使消费者出境审批手续繁杂化，限制逗留时间、限制消费者的用汇量和境外购物免税额、采购数量等，使享受国际贸易服务的消费者受到限制。比如，对想要出国旅行的人征收人头税，这实际上增加了旅游服务进口的成本。

此外，对于提供服务的境外机构或个人也有一些类似的服务贸易限制。联合国贸易与发展委员会列举了世界范围内的57种形式的壁垒，主要包括市场准入方面的待遇已受到歧视，以及经营范围的受限等。例如，国内的相关法规仅仅对在本国开展业务的外国保险公司要求配备所有领域的保险专家，但又不允许该公司承担所有这些领域的业务，这种做法明显地增加了该公司的负担。服务贸易壁垒还可以采取与商品贸易中的数量限制相同的形式，来控制外国公司提供的服务数量，甚至干脆禁止外国公司提供某些领域的服务。例如，加拿大对在加拿大开业的外国银行的存款和贷款数额有严格的上限控制，而韩国则要求在韩国的外国公司禁止提供或承担有关人寿保险、火灾保险、汽车保险等服务业务。

③ 国际服务贸易壁垒与限制服务的规章制度。

并不是一切限制服务进口的法规都是服务贸易壁垒。例如，一国政府对本国生产者和外国生产者采取不同的规章制度，进行区别管理来实现其某些国内经济目标，达到限制服务进入的目的。举例来讲，政府为了保护保险服务的购买者而对保险公司的财务状况进行必要的定期审计，而对于在外国注册的保险公司的财务很难开展有效的审计，所以政府便规定在外国注册的保险公司，必须在当地银行有一定数额的存款来加以管理。在这种情况下，政府对外国和本国的企业采取不同的规章，但其目的不是为了歧视，而是为了达到国内政治经济目标所必须做的，所以，这种措施尽管限制了服务进入，但不应视为服务贸易壁垒。相反，在某些情况下，对外国和本国厂商采取相同的法规，但却具有高度的歧视性,这种措施反而应该被视为服务贸易壁垒。例如,外汇管制对本国服务提供者和外国服务提供者表面上都一样适用,可是事实上都足以阻止外国服务提供者进入本国市场。再如,德国曾提出对于外国在其境内设立的金融机构的总经理要求有很深的德文造诣,显然这样的要求对于德国金融机构中的德籍总经理来讲是不成问题的,但是对于外国金融机构中的外籍总经理来讲就是个大问题。

限制外国公司的经营业务范围是另一种服务贸易壁垒。例如,很多国家规定外国服务提供者不能开展某些服务业务,或者如果打算开展某些服务业务时要具备比本国企业高得多的条件才行。服务贸易壁垒也与对外国服务公司的开业和营业限制经常联系在一起,有些贸易专家认为,对外国公司投资的当地厂家在销售服务时的一些限制,通常应该视为投资壁垒,而不是服务贸易壁垒。事实上,投资壁垒自然而然地会对商业存在形式的服务产生限制作用。因为贸易和投资一般是密不可分的,所以投资壁垒经常在一定程度上也是服务贸易壁垒。

学以致用

中国商务部:美法案滥用"国家安全"措施严重违背公平贸易原则

中国商务部网站 2013 年 3 月 29 日消息,商务部新闻发言人沈丹阳就美拨款法案限制美政府部门购买中国信息技术产品、开展商业卫星合作一事发表谈话时指出,国会法案中的内容对外发出了极其错误的信号,直接影响了中国企业与美国商业伙伴开展正常的贸易、投资合作,也损害了美国自身的利益。

美国国会近期通过的《2013 财年综合继续拨款法案》中,包含了限制美国部分政府部门购买中国企业生产的信息技术系统,以及禁止美国政府将拨款用于颁发商业卫星对华出口许可证等内容。商务部新闻发言人沈丹阳就此发表谈话表示,美国国会法案中的内容对外发出了极其错误的信号,直接影响了中国企业与美国商业伙伴开展正常的贸易、投资合作,也损害了美国自身的利益,不符合两国互利合作伙伴关系的定位。沈丹阳指出,这种滥用"国家安全"措施、不公平对待中国企业、对中国企业进行"有罪推定"的歧视性做法,既严重违背公平贸易原则,也严重损害中美互信,阻碍两国在高技术产品领域的交流与合作。中方对此表示强烈不满和坚决反对。沈丹阳敦促美方切实采取措施,消除该法案涉华经贸内容对中美经贸关系造成的不利影响,与中方一道努力,推动中美经贸关系的稳定、健康发展。

(资料来源:2013 年 3 月 29 日 第一财讯)

◆**思考与分析:**
美国滥用"国家安全"措施,对中美两国造成了哪些损害?

(2) 设置服务贸易壁垒的原因。

发达国家与发展中国家均在各自不同的领域中设置服务贸易壁垒。设置服务贸易壁垒的原因主要有以下两个。

① 政府出于本国经济独立性的考虑。

维持国内就业;保护本国幼稚服务业的成长与发展;作为克服国际收支平衡困难的

手段；通过对服务贸易设置壁垒来间接限制商品货物的进口；国家安全方面的考虑等。

② 政治、文化方面的考虑。

教育、新闻、娱乐、影视、音像制品等服务部门虽非一国国民经济命脉，但却属于意识形态领域，一旦被外国文化入侵，也会对该国政治、文化的独立性构成威胁。

(3) 国际服务贸易壁垒的分类。

① 产品移动壁垒。产品移动壁垒包括数量限制、当地成分、本地要求、补贴、歧视性技术标准和税收制度、政府采购等。

② 资本移动壁垒。资本移动壁垒的主要形式有外汇管制、浮动汇率和限制投资收益汇出等。

③ 人员移动壁垒。人员移动壁垒包括限制他国服务提供者入境和限制本国服务消费者出境两种方式。

④ 商业存在壁垒。商业存在壁垒又称开业权壁垒，即限制市场准入，是指对外国服务业厂商在本国开设企业或公司进行诸多的限制。

(4) 消除国际服务贸易壁垒的途径。

目前，消除国际服务贸易壁垒的途径主要有3种：一是有关国家通过签订双边协定，削弱双边服务贸易壁垒；二是区域性的协定；三是多边的服务贸易协定。

2. 服务贸易自由化

(1) 服务贸易自由化的概念。

贸易自由化就是各成员方通过多边贸易谈判，降低和约束关税，取消其他贸易壁垒，消除国际贸易中的歧视待遇，扩大本国市场准入度。实现上述目标的途径是以市场经济为基础，推行贸易自由化。自由贸易政策允许货物和生产要素的自由流动，在国际价值规律作用下，可以刺激竞争，鼓励发展，提高经营管理水平，促进世界性的分工和贸易发展，扩大市场；同时使消费者得到物美价廉的商品和优质的服务。

(2) 服务贸易自由化的特点。

服务贸易自由化具有和货物贸易自由化不同的特点。

服务贸易自由化涉及范围更广，包括运输、旅游、教育、金融、通信等行业；服务贸易自由化涉及一个国家敏感性行业和意识形态领域，开发难度更大；服务贸易自由化的不确定因素更多。在自由化过程中，这些特点导致达成统一规则难度大，所花费时间长。

现有国际贸易体制在服务贸易自由化利益分配上存在不平等和歧视。发达国家相对于发展中国家从服务贸易自由化中得到了更多的利益，发展中国家往往处于被动地位。贸易自由化不仅产生正面作用——使该国服务业发展和竞争力提高，还可能导致负面影响——使国家经济安全受到威胁。任何国家都要在贸易自由化和国家安全利益之间寻找平衡点。如波特在钻石体系中强调机遇角色的重要性一样，贸易自由化给各国服务贸易带来了前所未有的发展机遇。

贸易自由化不仅给服务贸易发展创造了良好的外部条件，而且是推动服务贸易内部比较优势与动态比较优势结合的外在动力。比较优势的产生和发展，需要一个良好的外部环境。在李嘉图、赫克歇尔—俄林等比较优势学者的论述中都强调两个国家之间开展的是完全自由贸易，而现实中很难直接达到这一点。国家之间都是由封闭到开放的逐渐发展变化的过程。

再者，比较优势是从宏观到微观角度研究国家之间的竞争，强调双方都能从贸易中获利。而竞争优势则是从微观到宏观的角度研究国家之间的竞争，强调一国如何形成并保持其竞争优势。贸易自由化既涉及国家利益又关系企业发展，从而可以对比较优势和竞争优势的结合起到推动作用。服务贸易自由化的深入发展也需要本国服务贸易竞争力持续提高作为支撑。

(3) 我国的服务贸易自由化。

① 服务贸易自由化对我国经济的影响。

为促进我国国民经济的发展，入世以后的中国进一步开放服务市场是势在必行的。这对我国服务贸易的发展和进一步实现经济现代化都将产生十分深远的影响。

第一，有利于我国更快、更好地融入国际经济社会。改革开放以来，由于对世界经济的依存度日益加深，我国服务市场逐步扩大开放，既是融入世界经济的必由之路，也是实现我国改革开放基本国策的重要组成部分。

第二，有利于加快我国服务业的发展和综合国力的提高。我国服务业因长期受计划经济体制的抑制，影响我国国民经济的协调发展和提高。要消除这一瓶颈，有效的办法是逐步开放我国的服务市场，有序地引进外资、先进技术和管理经验，并且通过引进的竞争机制，作为推进市场经济发展和改变经营机制的推动力，迫使服务部门转变经营机制，加强管理，以提高运营效率和市场竞争力。

第三，有利于我国商品与服务的出口。服务业得到充分发展，一方面可有力地支持我国货物贸易的出口；另一方面也可改变长期以来我国出口贸易仅靠货物出口的单一结构偏向。

第四，有利于引进利用外资。扩大开放我国的服务市场，特别是让外资银行、保险、电信、运输等服务业进入我国市场以后，将大大改善我国的投资环境，有利于我国国民经济的发展和科技水平的提高。

第五，有利于提供劳动就业机会。不论在哪个国家，没有一个生产部门能如服务业那样提供更多的就业机会。通过服务部门来吸收富余劳动力，对社会稳定和经济发展都是莫大的好事。

当然，扩大开放我国的服务市场，电信服务业、保险业、银行业、航空运输业等服务部门，将会带来一定的负面影响，尤其是在短期内，会受到较大的外来压力。

近年来，我国的服务贸易规模稳步扩大。"十一五"以来，我国服务贸易稳步发展，服务贸易进出口总额从 2005 年的 1 571 亿美元增长到 2014 年的 6 043.4 亿美元，服务出口和服务进口分别位居世界第 5 位和第 2 位。同时，我国服务贸易高附加值服务出口增长较快，表明我国的服务贸易结构正在循序渐进、有计划、有步骤地逐步优化。2014 年，中国三大传统服务（旅游、运输服务和建筑服务）进出口合计 3 765.5 亿美元，占服务贸易总额的 62.6%。三大服务出口合计增长 10.7%，占服务出口总额的 50.4%。受中国居民"出境游"持续升温的影响，旅游服务进口增长 28.2%。

② 我国服务贸易自由化的原则与对策。

根据比较优势理论：服务贸易自由化能使各国具有比较优势的服务部门得以进一步实行专业化，提高效率，并利用规模效益，从而加快本部门的发展。贸易自由化可带来竞争机制，一方面通过竞争可提高服务质量，改进管理，降低成本；另一方面有利于引进先进技术和管理经验，以进一步提高服务的专业水平。通过贸易自由化，促使服务提供者充分考虑消费者的需要，提高服务质量，降低成本，使广大消费者受益，可享受到价廉质优的服务。

但是，运用比较优势理论以实现服务贸易自由化的论点，并不能作为制定国际服务贸易多边规则的理论基础，因为发展中国家服务业的整体水平滞后，特别是服务贸易与货物贸易不同，它往往涉及国家的主权、国家的机密和安全，因而实现国际服务贸易自由化必须充分考虑各国的经济和服务贸易的发展现状。因此采取"逐步自由化"的原则，把自由化的目标与国际贸易发展进程有机结合起来，是我国面对服务贸易自由化应当采取的对策，同时要做好以下三方面的工作。

第一，要深刻认识发展服务业和服务贸易对我国国民经济发展的重要性和紧迫性。要发展服务业和服务贸易，必须进一步开放我国的服务市场，引进竞争机制，这是有效促进发展的"推进器"。然而开放我国的服务市场必须循序渐进。

第二，国家应加强对服务业的扶持力度，适当调整产业结构政策和我国经济建设的宏观政策。必须加强对服务业的扶持，除了国家对服务业应增加投入外，还应积极鼓励民营企业参与发展服务业，要打破某些服务部门的国家垄断和地区封锁。服务业不仅要对民营企业开放，同时应扩大对外开放，尽快建立和完善全国统一、公平公正竞争、规范有序的服务市场体系。

第三，在加强发展传统服务产业的同时，加快发展新兴服务产业。一方面应进一步发展自然和劳动资源占优势的服务业，另一方面还应积极开拓技术、知识占优势的新兴服务业。特别是海运服务业、旅游业、国际工程承包和劳务合作服务业、信息服务业。

③ 我国服务贸易自由化发展体系不断完善建立。

国务院《服务贸易发展"十二五"规划》和《中国国际服务外包产业发展规划纲要（2011—2015）》的规划部署、《2012年服务贸易和商贸服务业工作要点》等国际服务贸易文件支持和指导了我国国际服务贸易的发展。同时，我国服务贸易交易平台也得到了有效拓展。2012年，商务部和北京市人民政府共同举办了首届"京交会"，是世界上首个涵盖世界贸易组织规定的12大领域的综合型服务贸易展会，首届"京交会"吸引了来自82个国家和地区的客商到会，实现国际服务贸易成交额112亿美元，成果显著。此外还包括首届中国（上海）国际技术进出口交易会；中国（香港）国际服务贸易洽谈会等会议的举办。银企合作不断融洽，推动服务贸易更好发展。

④ 我国服务业对外开放的现状。

中国在加入世界贸易组织谈判中对服务贸易对外开放做出了广泛而深入的承诺，涵盖《服务贸易总协定》12个服务大类中的10个，涉及总共160个小类中的100个，占服务部门总数的62.5%，开放程度接近发达国家水平。目前，包括银行、保险、证券、电信服务、分销等在内的服务贸易部门已全部向外资开放，同时，中国坚持自主开放，在部分领域的开放程度已经超出了加入世界贸易组织时的承诺。我国服务业对外开放的推进主要体现在以下几个方面：引入高效的国外服务业，促进国际间的相互了解与交流，间接促进了对外投资和货物贸易的发展。先进的服务理念和交易方式，带动了我国新兴国际服务领域的开发和培育。规范的国外服务行业带动了我国国际服务行业进一步与国际标准接轨，促进了我国国内服务业的发展水平，进而提升我国国内服务业的出口竞争力，为我国"走出去"夯实基础。

学以致用

美国改革行政条例吸引外国企业家人才

据美国《星岛日报》报道，美国国安部计划在未来数月内改革行政条例，放宽高技能移民的签证政策，以方便他们进入美国或留在美国工作。

国安部在2012年1月31日的声明中称，最新措施旨在满足21世纪的国家安全和经济需求，帮助美国吸引新商业和新投资，以及世界上最杰出的人才。而创建"创业签证"（Startup Visa），强化H-1B工作签证计划，确保取得科学、科技、工程和数学（STEM）专业高等学位的外国人获颁绿卡，以及改进现有制度，都属于总统奥巴马支持的改革措施，以吸引并留住有能力在美创造就业机会、提高美国企业竞争力的移民。

（1）扩大OPT（Optional Practical Training，专业实习）再延17个月的资格。

在新的改革案中，国安部计划放宽条件，允许往届（非当年）取得STEM学位的F-1国际学生，OPT实习期在12个月的基础上再延长17个月。此外，随着STEM专业的不断变化，国安部将继续把新兴专业纳入STEM范畴。

（2）允许F-1学生配偶兼职读书。

国安部还将授予F-1学生配偶兼职读书的额外机会，并扩大国安部授权招收国际学生的"指定学校官员"数量。此次改革将允许F-1学生的配偶，在对方全职学习的同时，兼职进修更多课程，而不仅限于现行规定的职业课程和休闲课程。校方在确定"指定学校官员"人数方面也将有更大的灵活性。

（3）授予某些H-4签证持有者工作许可。

国安部计划在某些H-1B签证持有者等待调整身份期间，授予其配偶工作资格。特别是H-4签证持有者，可在H-1B配偶开始通过雇主申请永久居民身份时，就获得工作许可。

（4）扩大杰出人才证明材料。

国安部希望扩大杰出教授和研究员学术成就证明的范畴，增加证明材料的种类，允许雇主以更多方式证明申请人是该领域的精英。而目前基于雇主提交的杰出人才移民签证，仅限某些类型的证明材料。

（5）放宽E-3签证和H-1B1签证工作规定。

新改革还将允许来自澳洲的E-3签证持有者，以及来自新加坡和智利的H-1B1签证持有者，在准时提交延期申请后的等候期间，即使当前签证有效期已过，也能继续在现有岗位上最多工作240天，令他们享受H-1B签证和L-1签证持有者等同的待遇。

（6）启动企业家居美计划。

美国入籍和移民局（USCIS）2012年在加州硅谷召开信息峰会，探讨一项企业家居留计划（Entrepreneurs in Residence Initiative），邀请企业界、学术界、联邦机构的高层代表，共同探讨如何让现行移民法吸引外国企业家人才的效果最大化。

（资料来源：2012年2月7日　美国留学网）

◆思考与分析：

该案例带给了我们怎样的启示？

4.2.3 《服务贸易总协定》

1. 《服务贸易总协定》的概况

《服务贸易总协定》（General Agreement on Trade in Services，GATS）是乌拉圭回合谈判的主要成果之一。GATS是迄今为止服务贸易领域第一个较系统的国际法律文件。它的产生扩大了世界贸易组织多边贸易法制的调整范围，是国际服务贸易法的重要里程碑。

（1）《服务贸易总协定》的产生过程。

服务贸易几乎是与货物贸易同时产生的，但它作为货物贸易的辅助项目，一直没有能够形成一个独立的商业领域。直到"二战"后，随着社会经济的发展，特别是科学技术的发展，服务贸易才开始崭露头角。由于在经济生活中发挥着越来越重要的作用，服务贸易渐渐不再是货物贸易的被动服务者，而是与其并重的国际贸易不可或缺的部分。随着服务贸易的迅猛发展，服务贸易问题也日益突出。早在1982年关税与贸易总协定东京回合谈判时，美国就积极提倡进行服务贸易谈判，但终因各国反应冷淡而作罢。在1986年关税与贸易总协定埃斯特角城部长级会议上，发展中国家和发达国家出于自身利益的考虑，同意就服务贸易问题进行谈判。回顾乌拉圭回合服务贸易谈判历程，大致可将其分为以下3个阶段。

① 第一阶段，从1986年10月27日正式开始谈判至1988年12月部长级中期评审会议上发表《蒙特利尔宣言》为止。

谈判的主要内容如下：服务贸易定义；适用于服务贸易的原则、规则；服务贸易谈判及协定的多边框架范围；服务贸易谈判与现行国际规则、协定的关系；有利于或限制服务贸易发展的措施和行为。在这一阶段，各国最大的分歧集中在对国际服务贸易如何界定的问题上。美国等发达国家主张将国际服务贸易定义宽泛化，即将所有涉及不同国民或国土的服务贸易归为国际服务一类。而发展中国家基于对自身利益的考虑，要求将国际服务贸易的定义狭窄化，即将跨国公司内部交易和诸如金融、保险、咨询、法律规范服务等不必跨越国境的交易排除在外。最终，多边谈判基本采取了欧共体折中意见，即不预先确定谈判的范围，根据谈判需要对国际服务贸易采取不同定义。

② 第二阶段，从中期审议至1990年6月。

在加拿大蒙特利尔举行的中期审议会上，谈判的重点集中在透明度、逐步自由化、国民待遇、最惠国待遇、市场准入、发展中国家更多参与、保障条款和例外等服务贸易的基本原则上，此后的工作主要集中于通信、建筑、交通运输、旅游、金融和专业服务各具体总则的谈判。与此同时，各国代表同意采纳一套服务贸易的准则以消除服务贸易中的诸多障碍，并分别提出了自己的方案。其中，1990年5月4日，中国、印度、喀麦隆、埃及、肯尼亚、尼日利亚和坦桑尼亚几个亚非国家向服务贸易谈判组联合提交了"服务贸易多边框架原则与规则"提案，对最惠国待遇、透明度、发展中国家更多参与等一般义务及市场准入、国民待遇等特定义务予以区分。

③ 第三阶段，从1990年7月至1993年12月。

在这一阶段，GATS经历了由框架内容基本明朗到最终协议明确定形的过程。在1990年12月的布鲁塞尔部长级会议上，服务贸易谈判组修订了"服务贸易总协定多边框架协议草案"文本，其中包含海运、内陆水运、公路运输、空运、基础电信、通信、劳动力流动、视听、广播、录音、出版等部门的草案附件。但是，由于美国与欧共体在农产品补贴问题上存在重大分歧，谈判最终没能圆满结束。经过进一步谈判，1991年年底GATS草案诞生。该草案分为6个部分，共35个条款和5个附件，规定了最惠国待遇、透明度、发展中国家更多参与、市场准入、国家待遇、争端解决等重要条款，基本上确定了协定的结构框架。经过各国的继续磋商谈判，在根据各国的要求做了进一步修改后，协议草案于1993年12月5日最终通过。在GATS通过前，贸易谈判委员会搁置了数项一时难以解决的具体服务部门的谈判。GATS的制定与生效是国际服务贸易的一个重要里程碑，它不仅扩大了关税与贸易总协定机制的管辖范围，而且是迄今为止服务贸易领域内第一个较系统的国际法律文件。GATS于1995年1月1日正式生效。

（2）《服务贸易总协定》的性质。

《服务贸易总协定》的具体内容分为6个部分，即范围和所涉及的领域、一般责任与纪律、具体义务、逐步自由化、组织条款和最后条款。该方案规定，各国在市场准入和国民待遇方面，要按照不同的服务行业分门别类地做出具体承诺，并列入各国的减让表；同时，允许各国依据国内立法对有关服务行业的开放做出限制和保留。因此，这个协议在要求参加国尽可能开放服务市场的同时，也允许发展中国家保护本国的服务产业部门，从这个角度来看，《服务贸易总协定》是相对独立的一份国际多边协议。

2.《服务贸易总协定》的内容条款

《服务贸易总协定》由序言、协定正文和5个附件组成，其中协定正文由6个部分组成。此外还有一些与GATS相关的文件。正文的主要内容如下。

第一部分："范围和定义"（第1条）。GATS的适用范围非常广泛，囊括了前述4种形式提供的所有服务。

第二部分："一般责任与纪律"（第2～15条）。这是协定的重要部分，规定了各缔约方所必须遵守的法律原则和纪律。这些原则和纪律主要如下。

（1）无条件最惠国待遇。"有关本协定的任何措施，各缔约方应立即和无条件地给予他方服务和服务提供者以不低于其给予某一缔约方相似服务和服务提供者的待遇。如果一缔约方无法取得与上述规定不符的措施，则应在协定生效前申请最惠国待遇的例外。"

（2）透明度。各缔约方最迟应在其生效时公布所有有关的法律、法规、行政命令及所有的其他决定、规则及习惯做法，同时还应公布与缔约方签署的有关服务贸易的国际协议。但本协议不要求任何缔约方提供机密资料。

（3）发展中国家更多地参与。协定规定的一项基本义务是促进发展中国家在世界服务贸易中更多地参与，承诺发达国家将采取具体措施帮助发展中国家扩大服务出口，并给予有效的市场准入。本条还对最不发达国家给予了特别优先权。

（4）经济一体化。第5条确认了经济一体化在服务贸易自由化协定中的存在，认为本协定将不阻碍任何缔约方成为旨在谋求更高水平的服务贸易自由化方面协议的签约国。

（5）国内规定。缔约方应本着合理、客观、公正的方式来管理所有影响服务贸易一般适应性的措施。

（6）垄断及专营服务提供者。各缔约方应确保在其境内的任何垄断服务提供者，在相应市场上提供垄断服务时，不采取同无条件最惠国待遇不相一致的行动。但协定对垄断服务提供者的创造和维持不加干涉。

（7）保障与例外。任何保护措施都应是临时性的，在国际收支发生严重困难和对外财政困难或受到威胁时，一缔约方可在其已实施具体承担义务的服务贸易中实行或维持限制措施。

第三部分："具体义务"（第16~18条）。这是该协定的中心内容，具体如下。

（1）市场准入。任何参加方都应向提供服务的另一方开放其国内市场，每一缔约方给予其他缔约方的服务和服务提供者的待遇，不应低于按照减少表中同意并明确规定的条款、条件或限制所提供的优惠待遇。

（2）国民待遇。在已承诺的部门中，在已承诺的条件和资格下，一缔约方应给予其他方的服务和服务提供者，不低于本国同类服务和服务提供者所得到的优惠待遇。但其给予方式并不要求完全一致。

第四部分："逐步自由化"（第19~21条）。GATS要求所有缔约方在本协定生效日起一定时间内就进一步扩大服务贸易自由化问题定期举行实质性谈判，并规定每一缔约方应制订具体义务的计划安排，内容如下。

（1）承担市场准入的义务；

（2）国民待遇方面的义务；

（3）采取有关的附加义务；

（4）完成承担义务的适当时间框架；

（5）承担义务的生效日期。

第五部分："组织条款"（第22~26条）。其主要内容有协商机制、争端解决与执行、服务贸易理事会、技术合作及与其他国际组织的关系等。

第六部分："最后条款"（第27~29条）。这部分包括利益的拒绝给予、定义、附件。对该协定中的重要概念做出了定义，并规定了各成员可拒绝给予该协定各种利益的情形。

此外，GATS 还包括 8 个附件，分别是《免除成员国最惠国待遇义务附件》《关于提供服务的自然人移动的附件》《航空运输服务附件》《金融服务附件》《金融服务附件二》《关于海上运输服务谈判附件》《电信服务附件》《关于基本电信服务谈判附件》。这些附件是 GATS 的组成部分，对于主要服务业部门如何实施框架协议做出了具体的规定。

任务小结

国际服务贸易是指服务在世界各国间的流动。国际服务贸易有 4 种方式：跨境提供、国外消费、商业存在和自然人存在。

国际服务贸易壁垒是指一国政府对国外生产的服务销售所设置的有阻碍作用的政策措施。服务贸易壁垒可分为产品移动壁垒、资本移动壁垒、人员移动壁垒、商业存在壁垒。消除国际服务贸易壁垒的途径主要有 3 个：一是有关国家通过签订双边协定，削弱双边服务贸易壁垒；二是区域性的协定；三是多边的服务贸易协定。

国际服务外包是国际服务贸易发展的必然趋势，有效地进行国际服务外包，必然能促进国际服务业的发展。

服务贸易自由化就是各成员方通过多边贸易谈判，降低和约束关税，取消其他贸易壁垒，消除国际贸易中的歧视待遇，扩大本国市场准入度。实现国际服务贸易自由化必须充分考虑各国的经济和服务贸易的发展现状。

思考练习

一、单项选择题

1. 国际服务贸易又称（　　），是指服务在国家或地区之间的提供与接受的交易过程。

　　A．国际劳动贸易　　　　　　B．国际技术贸易
　　C．国际货物贸易　　　　　　D．国际劳务贸易

2. 世界贸易组织统计和信息系统局把全世界的服务分为（　　）大类，共 142 个服务项目。

　　A．11　　　　　　　　　　　B．19
　　C．17　　　　　　　　　　　D．15

3. 《服务贸易总协定》简称（　　），是乌拉圭回合的主要成果之一。

　　A．GATT　　　　　　　　　B．WTO
　　C．GATS　　　　　　　　　D．ITO

4. 《服务贸易总协定》是相对独立的一份（　　）。

　　A．区域性协议　　　　　　　B．国际多边协议
　　C．国际条约　　　　　　　　D．贸易条约

二、多项选择题

1. 国际服务贸易的方式有（　　）。
   A. 过境交付　　　　　　　　B. 境外消费
   C. 商业存在　　　　　　　　D. 自然人流动
2. 服务贸易壁垒可分为（　　）。
   A. 产品移动壁垒　　　　　　B. 资本移动壁垒
   C. 人员移动壁垒　　　　　　D. 商业存在壁垒
3. 消除国际服务贸易壁垒的途径主要有（　　）。
   A. 制定和规范国际多边贸易规则
   B. 有关国家通过签订双边协定，削弱双边服务贸易壁垒
   C. 多边的服务贸易协定
   D. 区域性的协定
4. 根据服务外包承接商所处的地理位置不同，服务外包分为（　　）。
   A. 离岸外包　　　　　　　　B. 近岸外包
   C. 境内外包　　　　　　　　D. 区域服务外包

三、简答题

1. 什么是国际服务贸易？它有哪些特点？
2. 世界贸易组织认定的服务内容有多少大类？主要内容是什么？
3. 什么是国际服务贸易壁垒？主要形式有哪些？
4. 什么是国际服务外包？
5. 《服务贸易总协定》的基本条款及主要内容有哪些？

素质拓展

2015年中国服务贸易展望

（一）外部环境复杂多变

当前世界经济低速增长，国际贸易发展环境仍不稳定，一定程度上拖累服务贸易发展。但全球金融市场交易活跃，与服务业相关的跨国并购快速反弹，部分领域服务贸易发展前景看好。

全球服务需求总体疲软。发达经济体中，美国经济复苏态势较好，欧元区与日本经济复苏动力不足，商品和服务需求下滑。新兴经济体和发展中国家经济增速总体持续回落，服务市场快速增长的态势有所放缓。特别是全球货物贸易持续低速增长，全球航运市场深陷低迷，与之密切相关的运输、保险等服务回升乏力。

与服务业相关的跨国投资有所反弹。随着全球化的深入发展，国际服务贸易从传统劳动密集型向知识技术密集型升级，从跨境交付为主向商业存在为主转型，服务领域跨

国投资占全球跨国投资的近 2/3。据联合国贸发会议统计，2014 年全球跨国直接投资下降 8%，但跨境并购达 3 840 亿美元，增长 19%，创 2011 年以来新高，金融、通信、媒体等服务行业跨境并购表现强劲。服务业跨境并购快速发展，有望带动金融、通信、信息技术与计算机服务、咨询等跨境服务交易趋于活跃。

（二）国内环境不断优化

中国经济发展进入新常态，服务业在经济增长中的地位和作用明显提升，国家支持服务贸易发展的政策体系日趋完善，服务贸易促进平台功能增强，为服务贸易发展创造了良好条件。

服务业稳步发展为服务贸易奠定坚实基础。随着经济结构调整步伐加快，服务业在中国经济中居于越来越重要的地位。2014 年中国服务业增加值占国内生产总值的比重达到 48.2%，超过第二产业 5.6 个百分点。2015 年一季度，服务业增加值同比增长 7.9%，增速快于第二产业 1.5 个百分点。与此同时，服务业自身也在快速转型升级，以互联网信息技术为代表的新技术、新业态、新商业模式不断涌现，服务智能化、专业化成为产业组织新特征，新型服务业面临难得的历史发展机遇。在服务业发展的带动下，近年来，服务贸易增速远远高于货物贸易增速，服务贸易正逐步成为中国外贸增长的新亮点。

支持服务贸易发展的政策体系逐步完善。近年来，中国政府积极扩大服务业开放，不断创新支持服务贸易的政策措施，对服务贸易发展起到了有力的促进作用。2012 年以来，中国政府相继出台了《服务贸易"十二五"发展规划》和《中国国际服务外包产业发展规划纲要（2011—2015）》，初步形成了系统、全面的服务贸易规划体系。最近一段时期，国家支持服务贸易发展的政策力度明显加大。2014 年 3 月，国务院发布《关于加快发展对外文化贸易的意见》；12 月，发布《关于促进服务外包产业加快发展的意见》；2015 年 1 月，发布《关于加快发展服务贸易的若干意见》。随着这些政策逐步落实、效果开始显现，未来一段时期服务贸易将迎来黄金发展期。

服务贸易促进平台功能不断增强。截至 2014 年，中国（北京）国际服务贸易交易会已连续举办 3 届，国际影响不断增强，对中国服务贸易发展起到了重要的宣传、推动作用。中国（上海）国际技术进出口交易会、大连软交会、深圳文博会、中国（香港）服洽会、中韩技术展等一批国际服务贸易展会运转良好，为促进中外企业开展服务贸易交流合作发挥了积极的作用。上海自由贸易试验区在 2013 年提出 23 条服务业扩大开放措施的基础上，2014 年又提出 14 条服务业扩大开放措施，涉及金融服务、航运服务、商贸服务、专业服务、文化服务、社会服务，广东、天津、福建自由贸易试验区试点方案也包括不少服务业开放的举措，自由贸易试验区对中国服务贸易发展将起到重要的引领和促进作用。

综合来看，中国服务贸易面临的环境总体稳中向好，只要落实好已出台的政策措施，保持服务贸易良好发展势头是有基础、有条件的。预计 2015 年中国服务进出口总额超过 6 500 亿美元，增长 10% 以上。

（资料来源：2015 年 5 月 5 日　商务部综合司）

◆思考与分析：

我国未来国际服务贸易应克服的问题是什么？

项目 5

中国对外贸易分析

导 读

　　随着中国加入世界贸易组织，中国经济融入全球经济的进程加快，中国对外贸易的活力进一步增强。对外贸易成为中国经济最为活跃、增长最快的部分之一，中国与世界的紧密联系，有力地推动了中国的现代化建设，也促进了世界的繁荣与进步。

　　近年来，随着电子商务不断地深入发展，消费者的生活习惯和方式也悄然发生改变。2017 年中国跨境电商规模已稳居世界第一，覆盖绝大部分国家和地区，深受广大消费者欢迎，我国外贸发展的动力正在转变。据电子商务研究中心监测数据显示，2017 年上半年，中国跨境电商交易规模 3.6 万亿元，同比增长 30.7%。跨境电子商务正在世界范围内迎来黄金时代，中国通过跨境电商进口，为全球企业提供了重要的商机。中国要实现由贸易大国向贸易强国的转变，是一个较为长期的进程，需要不断调整，努力实现从"数量扩张"向"质量和效益提升"转变，实现内外经济更平衡、更协调和可持续发展。

　　项目包括任务 5.1，主要对中国对外贸易进行分析。

任务 5.1　中国对外贸易分析

学习目标

知识目标：
了解中国对外贸易的概况，了解中国跨境电子商务的含义和现状。

能力目标：
能够运用中国公布的有关外贸数据分析中国的对外贸易状况并作出判断。

知识重点：
跨境电子商务。

情境引入

2017 年我国对外贸易增长超预期　增速创 6 年来新高

据中国之声《新闻和报纸摘要》报道，商务部发布：2017 年我国对外贸易增长超出预期，增速创 6 年来新高，有望连续 9 年保持全球货物贸易出口第一大国地位。海关数据显示，2017 年我国进出口总额 27.79 万亿元人民币，同比增长 14.2%，进出口增速分别比 2015 年、2016 年高出 21.2 和 15.1 个百分点，扭转了连续两年负增长的局面。商务部外贸司长任鸿斌透露，技术含量和附加值高的机电产品出口增长 12.1%，占比超过 58%，汽车、计算机、手机出口增速较快。前 11 个月，跨境电子商务综合试验区进出口增长一倍以上，市场采购贸易出口增长超过 30%，外贸对国民经济社会发展贡献增强。

任鸿斌：自 2009 年以来，我国连续 9 年保持全球货物贸易第一大出口国和第二大进口国地位，我国出口国际市场份额从 2013 年的 11.7%升至 2016 年的 13.2%，成绩来之不易。关于 2018 年的外贸形势，从根本上看，国内经济稳中向好的发展势头将为我国外贸发展提供坚实的支撑。预计 2018 年，外贸仍将是持续增长的势头，但增速会有所放缓。

（资料来源：2018 年 1 月 16 日　央广网）

改革开放以来，对外贸易一直是中国经济最为活跃、增长最快的部分之一。2001 年中国加入世界贸易组织后，对外贸易的活力进一步增强。2017 年是中国加入世界贸易组织的第 16 年。16 年来，中国走出了一条以开放促发展、促改革的道路。过去的 16 年是中国发展最好最快的 16 年，也是与世界各国优势互补、利益共享的 16 年。本单元将对中国对外贸易状况作出分析，并重点介绍与欧盟、美国和东亚主要贸易伙伴之间的贸易关系。

5.1.1　中国对外贸易概况认知

改革开放以来，中国的进出口贸易规模迅速扩大，贸易总量一直都在稳步增加，贸易顺差增势迅猛,与主要贸易伙伴的贸易关系更加密切,进出口贸易方式构成更加合理,出口商品结构更加优化,中国对外贸易取得了巨大的成就。在中国对外贸易迅速发展、取得巨大成就的同时,中国外贸也遭遇了很多的问题。

1．中国对外贸易取得的成就

（1）进出口贸易规模迅速扩大。

改革开放以来,随着中国经济的迅速发展,中国对外贸易规模也呈现出迅速扩大的趋势。中国出口额由1978年的97.5亿美元增加到了2012年的20 489.3亿美元,增长了200多倍。2007年以来,我国的进出口贸易总额增长迅速,由2007年的21 765.7亿美元增加到2012年的38 667.6亿美元,受2008年金融危机的影响,2009年我国进出口总额有所下降,但在调整后,2010年至2014年进出口总额又大幅增加。2016年扭转了2015年大幅下降的趋势,2011—2016年中国进出口总体情况如表5-1所示。

表5-1　2011—2016年中国进出口总体情况

金额单位：亿美元

年　份	进出口总额	出　口　额	进　口　额	贸易差额
2011	36 420.6	18 986.0	17 434.6	1 551.4
2012	38 671.2	20 487.1	18 184.1	2 303.0
2013	41 589.9	22 090.0	19 499.9	2 590.1
2014	43 030.4	23 427.5	19 602.9	3 824.6
2015	39 569.0	22 749.5	16 819.5	5 930.0
2016	36 855.7	20 981.5	15 874.2	5 107.3

我国对外贸易从1990年开始,扭转了长期逆差的不利局面,除1993年以外每年都出现了顺差,特别是近几年,顺差增长更多,2008年更是高达2 981.2亿美元。1978—2016年我国外贸顺差累计35 923.9亿美元。目前,中国已成为世界最大的外汇储备国和世界贸易大国之一,"中国制造（MADE IN CHINA）"在世界上随处可见。

（2）贸易伙伴多元化发展。

2016年,中国对欧盟、美国、日本等发达国家或地区的出口份额下降,对自由贸易伙伴和新兴市场国家的出口份额上升。2016年,中国的"一带一路"沿线部分国家出口实现较快增长,其中对俄罗斯、孟加拉、印度出口分别增长14.2%、9.3%和0.1%,对东盟出口下降1.9%,对三者出口合计占中国出口总额的46.7%。2016年中国与主要贸易伙伴的贸易情况如图5-1所示。

中国在巩固传统市场的基础上努力开拓新市场,改变出口市场过于集中的状况,逐步建立起出口市场多元化的总体格局。近年来,中国对欧美国家出口份额的下降,以及对自由贸易伙伴和新兴市场经济体出口份额的增加正是中国实施出口市场多元化战略的结果。

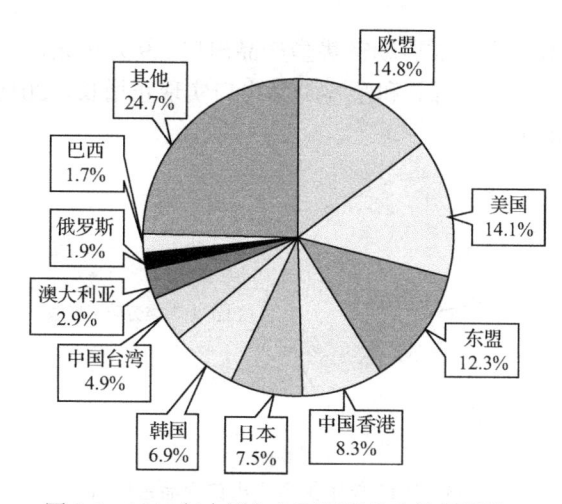

图 5-1　2016 年中国与主要贸易伙伴的贸易情况

（3）外贸新业态成为增长新动力。

2016 年，一般贸易进出口 13.4 万亿元，增长 0.9%，占进出口总值的 55%，较 2015 年提高 0.9 个百分点，贸易方式结构继续优化。加工贸易进出口 7.3 万亿元，下降 5%。加工贸易国内增值率达 80.1%，同比提高 1.6 个百分点。

中国大力支持外贸新业态发展，2016 年新设 12 个跨境电子商务综合试验区，新增 5 家市场采购贸易方式试点，选取 4 家企业开展首批外贸综合服务企业试点。全年试点区域跨境电商进出口总额 1 637 亿元，增长 1 倍以上。市场采购贸易出口 2 039 亿元，增长 16%。四家外贸综合服务试点企业服务中小企业超过 4 万家。2016 年中国进出口贸易方式结构如图 5-2 所示。

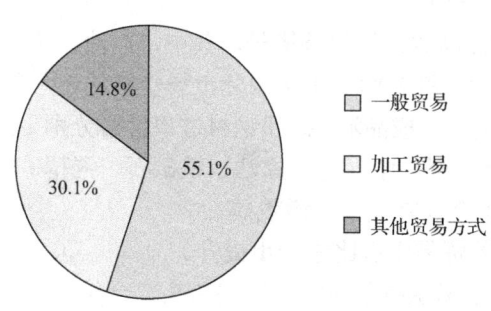

图 5-2　2016 年中国进出口贸易方式结构

（4）出口商品结构更加优化。

经济发展不等于经济增长，实现未来经济发展目标、促进经济可持续发展，关键要在加快转变经济发展方式上取得重大进展。在对外贸易领域尤其是出口方面，我国的出口商品结构趋于优化，逐步降低"两高一资（指高能耗、高污染和资源性商品）"产品的出口，增加高科技含量、高附加值商品的出口。2016 年，机电产品出口 8.0 万亿元，下降 1.9%，占比出口总值的 57.7%。其中，航空航天器、光通信设备出口增长超过 10%，医疗仪器及器械和大型成套设备出口增长超过 5%。工程机械、汽车、家电、机床、发电机出口均实现正增长。七大类劳动密集型产品出口 2.9 万亿元,下降 1.7%,占出口总值的 20.8%。其中,纺织品、玩具和塑料制品出口实现正增长。2016 年中国主要出口商品占比情况如图 5-3 所示。

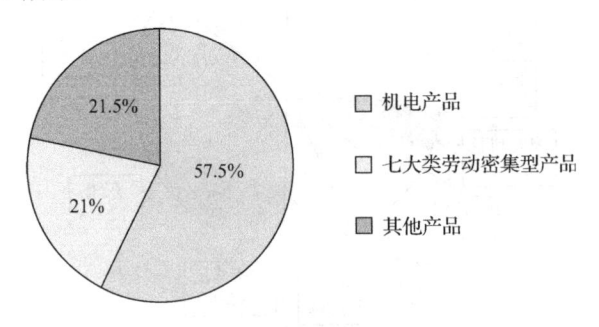

图 5-3　2016 年中国主要出口商品占比情况

（5）进出口企业转型升级取得新成效。

2016 年,民营企业进出口 9.3 万亿元,增长 2.2%,占全国外贸总值的 38.1%。其中,出口 6.4 万亿元,下降 0.2%,占出口总值的 46%,较 2015 年提高 0.8 个百分点。国有企业进出口 3.8 万亿元,下降 5.6%。外资企业进出口 11.1 万亿元,下降 2.1%。2016 年,商务部开展外贸稳增长调结构专题调研,深入 200 家重点企业进行了实地调研。调研发现,许多外贸企业加大自主创新投入,积极培育自主品牌、开发具有自主知识产权的产品、构建自主营销渠道,参与更高层次的国际分工,培育以技术、标准、品牌、质量、服务为核心的对外经济新优势,在创新发展、转型升级方面取得新成效,为外贸回稳向好做出了积极贡献。

（6）进口效益进一步提升。

2016 年,主要大宗商品进口量保持增长,其中,原油、铁矿石、钢材、铜进口量分别增长 13.6%、7.5%、3.4% 和 2.9%。由于国际市场价格低迷,多数大宗商品进口价格继续下降。其中,铁矿石、原油、成品油、铜和钢材进口价格分别下跌 0.5%、18.6%、10.8%、6% 和 5.5%。因进口价格下降,中国进口原油、铁矿石、铜精矿等 10 类大宗商品减少付汇约 4 100 亿元,有利于企业降成本、增效益。

（7）服务贸易在对外贸易中占比进一步提升。

2016 年,中国服务贸易保持了较好的发展势头,全年进出口 5.4 万亿元人民币,较 2015 年增长 14.2%,首次突破 5 万亿大关,世界排名继续保持第二位,仅次于美国。服务进出口占中国对外贸易总额比重达到 18%,较 2015 年提高 2.6 个百分点。

2．中国对外贸易存在的问题

展望 2018 年,随着世界经济稳步复苏、中国经济平稳增长,中国外贸面临的需求环境和发展条件总体是有利的。但外部风险和不确定因素依然较多,经济因素和非经济因素相互交织,贸易保护主义不断抬头,国内要素成本继续上升,企业经营压力增大,中国对外贸易面临不少困难和挑战。

(1) 世界经济复苏好中有忧。

随着国际金融危机的影响逐渐减弱，2018 年世界经济有望延续回升向好态势，进入相对强劲复苏轨道，内生增长动力增强，金融环境有所改善，大宗商品价格可能稳中有升，全球市场信心增强，国际市场需求持续复苏。国际货币基金组织预计，2018 年世界经济将增长 3.7%。这一增速不仅高于 2008—2017 年年均 3.3%的水平，也高于 1980—2017 年年均 3.4%的历史增速。其中，新兴经济体增长 4.9%，发达国家增长 2.0%。与此同时，世界经济结构性矛盾依然突出，持续复苏的韧性不足。全球劳动力市场尚未恢复到充分就业状态，薪资增长较为疲软，主要经济体通胀水平大多低于政策目标，市场需求持续增长的动力尚不稳固。美联储将加快缩减资产负债表并加息，欧洲央行将从 2018 年 1 月起缩减量化宽松规模，主要经济体宏观经济政策调整将对全球资本流动和金融市场稳定产生新的影响。受人口老龄化、技术创新尚未形成强大增长动力等因素影响，全球经济潜在增长率下降，短期内难以重返国际金融危机前的繁荣局面。此外，地缘政治风险居高不下，也将拖累世界经济增长步伐。

(2) 全球贸易投资格局深刻演变。

国际金融危机以来，全球范围的产业转移一度趋于放缓，一部分离岸外包被在岸生产取代，在较大程度上削弱了全球贸易、投资增长动力。2012—2016 年，全球贸易量增速连续 5 年低于世界经济增速。截至 2016 年，全球跨国投资规模仍远低于 2007 年峰值。2017 年，在世界经济复苏的带动下，全球贸易投资均呈现恢复增长态势。联合国贸发会议（UNCTAD）预计，2017 年全球 FDI（Foreign Direct Investment，外商直接投资）流量增长 5%，达 1.8 万亿美元。但受发达国家与新兴经济体相对成本结构变化、智能制造技术快速发展、市场需求趋于个性化、多样化等因素影响，全球产业布局将面临复杂调整，产业转移对贸易投资的促进作用短期内难以完全恢复。在经济增速没有大幅提高的背景下，国际贸易投资难以持续保持快速发展态势。世贸组织预计，2018 年全球货物贸易量将增长 3.2%，增速低于 2017 年，也将低于同期世界经济增速。联合国贸发会议预计，2018 年全球跨国投资将增加至 1.85 万亿美元，但仍低于 2007 年的历史峰值。

(3) 保护主义仍将威胁全球经济复苏进程。

2017 年以来，随着主要经济体经济增长势头向好，"逆全球化"浪潮势头有所减弱，全球新增的贸易限制措施有所减少。但不少国家经济增长的包容性不足，贫富分化严重，社会矛盾突出，"逆全球化"的温床并未消失，保护主义抬头趋势仍将延续。有的国家在政府采购中明确提出优先购买本国货，限制进口竞争。有的国家滥用贸易救济措施，频频对进口产品发起反倾销反补贴调查，征收高额进口关税。有的国家试图重新谈判已对外签署的贸易协定，使贸易规则更加有利于本国企业。由于多边谈判进展缓慢，全球贸易投资自由化步伐放缓，国际社会对保护主义缺乏有力的制约机制，贸易摩擦将持续威胁全球贸易健康发展。中国是全球范围贸易摩擦的最大受害者，不仅劳动密集型产品受到多国限制，钢铁等资本密集型产品也成为遭受国外贸易摩擦的焦点。中国已成为一些国家实施贸易保护主义的首要对象，2016 年前三季度，中国出口产品共遭遇来自 21 个国家（地区）发起的 91 起贸易救济调查案件，同比上升 44%；涉案金额 109 亿美元，同比上升 90%。中国的钢铁、铝业和光伏等领域成为遭受国外贸易摩擦的重灾区，严重影响相关行业出口。

（4）新一轮国际产业竞争更加激烈。

国际金融危机以来，各国更加重视发展制造业等实体经济。无论是发达国家还是发展中国家，都纷纷采取措施发展制造业、抢占出口市场份额。新兴经济体纷纷大幅放宽外资准入，积极吸引国际投资，出台土地、税收等优惠政策。发达国家大力促进制造业回归，不少国家推出了再工业化战略或政策。近期，降低制造业成本成为主要经济体政策重点，不少国家着力推动削减制造业企业土地、物流、税收、社保等成本负担，其中美国拟将企业所得税税率从 35%降至 20%，法国提出将企业所得税税率从 33.3%降至 25%，印度推行新税制，改善税收环境，降低企业税收负担。此外，发达国家大力推动更新基础设施，新兴经济体建立完善基础设施网络，也将对出口产业发展起到促进作用。在激烈的国际竞争形势下，一些跨国公司将部分布局在中国的出口产能向周边新兴经济体转移，将对中国加工贸易发展产生不利影响。

（5）外贸传统竞争优势继续弱化。

中国外贸传统竞争优势正在减弱，新的竞争优势尚未形成，正处于"青黄不接"阶段，产业发展面临发达国家和其他发展中国家的"双头挤压"。一方面，中国与发展中国家在劳动密集型产业方面的竞争更加激烈，2016 年前 8 个月，中国劳动密集型产品在美国和日本进口市场份额比 2015 年同期分别下降 1.4 和 2.6 个百分点，而同期越南产品在美、日进口市场份额分别上升 0.7 和 1.2 个百分点；另一方面，中国与发达国家资本、技术密集型领域以互补为主的关系将发展为互补与竞争并存关系，尤其新兴产业发展将面临发达国家更为严苛的遏制。

5.1.2 跨境电子商务认知

1. 跨境电子商务的概念与特征

（1）跨境电子商务的概念。

跨境电子商务是指分属不同关境的交易主体，通过电子商务平台达成交易、进行支付和结算，并通过跨境物流将交易的商品送达卖方、完成跨境交易的一种国际贸易活动，是把传统国际贸易加以网络化、电子化的新型国际贸易方式。

（2）跨境电子商务的特征。

跨境电子商务是基于网络发展起来的，网络空间相对于物理空间来说是一个新空间，是一个由网址和密码组成的虚拟但客观存在的世界。网络空间独特的价值标准和行为模式深刻地影响着跨境电子商务，使其不同于传统的交易方式而呈现出自己的特点。

跨境电子商务具有如下特征（基于网络空间的分析）。

① 全球性（Global）。

网络是一个没有边界的媒介，具有全球性和非中心化的特征。依附于网络发生的跨境电子商务也因此具有全球性和非中心化的特征。电子商务与传统交易的方式相比，一个重要特点在于电子商务是一种无边界交易，丧失了传统交易所具有的地理因素。互联网用户不需要跨越国界就可以把产品尤其是高附加值的产品和服务提交到市场。网络的全球性特征带来的积极影响是信息最大限度的共享，消极影响是用户必须面临因文化、政治和法律的不同而产生的风险。任何人只要具备一定的技术手段，在任何时候、任何地方都可以让信息进入网络，进行联系和交易。美国财政部在其财政报告中指出，对基于全球化的网络建立起来的电子商务活动进行课税是困难重重的，原因在于：电子商务是基于虚拟的计算机空间展开的，丧失了传统交易方式下的地理因素；电子商务中的制造商容易隐匿其住所，而消费者对制造商的住所是漠不关心的。比如，一家很小的爱尔兰在线公司，通过一个可供世界各地的消费者点击观看的网页，就可以通过互联网销售其产品和服务，很难界定交易究竟是在哪个国家内发生的。这种远程交易的发展，给税收当局制造了许多困难。税收权力只能严格地在一国范围内实施，网络的这种特性为税务机关对超越一国的在线交易行使税收管辖权带来了困难。而且互联网有时扮演了代理中介的角色。在传统交易模式下，往往需要有一个有形的交易网点，例如，通过书店将书卖给读者，而在线书店可以代替书店这个销售网点直接完成整个交易。而问题是，税务当局往往要依靠这些销售网点获取税收所需要的基本信息，代扣代缴所得税等。没有这些销售网点的存在，税收权力的行使会存在困难。

② 无形性（Intangible）。

网络的发展使数字化产品和服务的传输盛行。而数字化传输是通过不同类型的媒介（如数据、声音和图像）在全球化网络环境中集中进行的，这些媒介在网络中是以计算机数据代码的形式出现的，因而是无形的。以一则 E-mail 信息的传输为例，这一信息首先要被服务器分解为数以百万计的数据包，然后按照 TCP/IP 协议通过不同的网络途径传输到一个目的地服务器并重新组织转发给接收人，整个过程都是在网络中瞬间完成的。电子商务是数字化传输的一种特殊形式，其无形的特性使得税务机关很难控制和检查销售商的交易活动，税务机关面对的交易记录都体现为数据代码的形式，从而使得税务核查员无法准确地计算销售所得和利润所得，从而给税收带来困难。

数字化产品和服务基于数字传输活动的特性也必然具有无形性，传统交易以实物交易为主，而在电子商务中，无形产品却可以替代实物成为交易对象。以书籍为例，传统的纸质书籍，其排版、印刷、销售和购买被视为产品的生产、销售。然而在电子商务交易中，消费者只要购买网上的数据权便可以使用书中的知识和信息。而如何界定该交易的性质、如何监管、如何征税等一系列的问题却给税务和法律部门带来了新的课题。

③ 匿名性（Anonymous）。

由于跨境电子商务的非中心化和全球性的特性，因此很难识别电子商务用户的身份和其所处的地理位置。在线交易的消费者往往不显示自己的真实身份和自己的地理位置，重要的是这丝毫不影响交易的进行，网络的匿名性也允许消费者这样做。在虚拟社会里，隐匿身份的便利同时导致自由与责任的不对称。人们在这里可以享受最大限度的自由，却只承担最小的责任，甚至干脆逃避责任。这显然给税务机关制造了麻烦，税务机关无法查明应当纳税的在线交易人的身份和地理位置，也就无法获知纳税人的交易情况和应纳税额，更不用说去审计核实。该部分交易和纳税人在税务机关的视野中隐身了，这对税务机关是致命的。以 eBay 为例，eBay 是美国的一家网上拍卖公司，允许个人和商家拍卖任何物品。到目前为止，eBay 已经拥有 1.5 亿用户，每天拍卖数以万计的物品，总计营业额超过 800 亿美元。

电子商务交易的匿名性导致逃税、避税现象的恶化。网络的发展，降低了避税成本，使电子商务避税更轻松易行。电子商务的匿名性使得应纳税人利用避税地联机金融机构规避税收监管成为可能。电子货币的广泛使用，以及国际互联网所提供的某些避税地联机银行对客户的"完全税收保护"，使纳税人可将其源于世界各国的投资所得直接汇入避税地联机银行，从而规避了应纳所得税。美国国内收入署（IRS）在其规模最大的一次审计调查中发现，大量的居民纳税人通过离岸避税地的金融机构隐藏了大量的应税收入。而美国政府估计约 3 万亿美元的资金因受避税地联机银行的"完全税收保护"而被藏匿在避税地。

④ 即时性（Instantaneously）。

对于网络而言，传输的速度和地理距离相关。传统交易模式，其信息交流方式如信函、电报、传真等，在信息的发送和接收间，存在长短不同的时差。而电子商务的信息交流，无论实际距离远近，一方发送信息与另一方接收信息几乎是同时的，就如同生活中面对面交谈。某些数字化产品（如音像制品、软件）等的交易，还可以即时结算，订货、付款、交货都可以在瞬间完成。

电子商务交易的即时性提高了人们交往和交易的效率，免去了传统交易中的中介环节，但也隐藏了法律危机。在税收领域表现为：电子商务交易的即时性往往会导致交易活动的随意性，电子商务主体的交易活动可能随时开始、随时终止、随时变动，这就使得税务机关难以掌握交易双方的具体交易情况，不仅使得税收的源泉——扣缴的控管手段失灵，而且客观上促成了纳税人不遵从税法的随意性，加之税收领域现代化征管技术的严重滞后作用，都使依法治税变得苍白无力。

⑤ 无纸化（Paperless）。

电子商务主要采取无纸化操作的方式，这是以电子商务形式进行交易的主要特征。在电子商务中，电子计算机通信记录取代了一系列的纸面交易文件。用户所发送或接收的是电子信息。由于电子信息以比特的形式存在和传送，整个信息发送和接收过程实现了无纸化。无纸化带来的积极影响是使信息传递摆脱了纸张的限制，但由于传统法律的许多规范是以规范"有纸交易"为出发点的，因此，无纸化造成了一定程度上法律的混乱。

电子商务以数字合同、数字时间截取了传统贸易中的书面合同、结算票据，削弱了税务当局获取跨国纳税人经营状况和财务信息的能力，且电子商务所采用的其他保密措施也将增加税务机关掌握纳税人财务信息的难度。在某些交易无据可查的情形下，跨国纳税人的申报额将会大大降低，应纳税所得额和所征税款都将少于实际所达到的数量，从而引起征税国国际税收的流失。例如，世界各国普遍开征的传统税种之一的印花税，其课税对象是交易各方提供的书面凭证，课税环节为各种法律合同、凭证的书立或做成，而在网络交易无纸化的情况下，物质形态的合同、凭证形式已不复存在，印花税的合同、凭证贴花（完成印花税的缴纳行为）也便无从下手。

⑥ 快速演进（Rapidly Evolving）。

互联网是一个新生事物，现阶段它尚处于幼年时期，网络设施和相应的软件协议的未来发展具有很大的不确定性。但税法制定者必须考虑的问题是，网络像其他新生儿一样，必将以前所未有的速度和无法预知的方式不断演进。基于互联网的电子商务活动也处在瞬息万变的过程中，短短几十年中，电子交易经历了从 EDI 到电子商务零售业兴起的过程，而数字化产品和服务更是推陈出新，不断改变着人类的生活。

而一般情况下，各国为维护社会的稳定，都会注意维护法律的持续性和稳定性，税收法律也不例外。这就会引起网络的超速发展和税收法律规范相对滞后的矛盾。如何将分秒都处在发展与变化中的网络交易纳入税法规范范围，是税收领域的一个难题。网络的发展不断给税务机关带来新的挑战，税务政策的制定者和税法立法机关应当密切注意网络的发展，在制定税务政策和税法规范时应充分考虑这一因素。

跨境电子商务具有不同于传统贸易方式的诸多特点，而传统的税法制度却是在传统的贸易方式下产生的，必然会在电子商务贸易中漏洞百出。网络深刻地影响着人类社会，也给税收法律规范带来了前所未有的冲击和挑战。

（3）跨境电子商务的常见平台。

eBay：eBay（中文名为电子湾、易贝）是一个全球民众都可以上网卖物品的线上拍卖及购物网站，1995 年 9 月成立于美国加州圣荷西，是全球商务与支付行业的领先者，为不同规模的商家提供公平竞争与发展的机会。eBay 提供个性化购物体验，并通过移动应用程序实现消费者与全球商品的无缝对接。PaPal 在全球范围内拥有超过 1.32 亿活跃用户，服务遍及全球 193 个国家及地区，共支持 26 种货币付款交易。通过 PaPal 提供的跨地区、跨币种和跨语言的支付服务，用户可以在全球范围内开展电子商务。

速卖通：速卖通（AliExpress）是阿里巴巴帮助中小企业接触终端批发零售商，实现批量、多批次快速销售，拓展利润空间而全力打造的融合订单、支付、物流于一体的外贸在线交易平台。速卖通目前主要以俄罗斯市场为主，开店条件简单且易操作，适合新人和个体经营。

亚马逊：亚马逊公司是一家财富 500 强公司，创立于 1995 年，目前已成为全球商品品种最多的网上零售商和第三大互联网公司。亚马逊及其他销售商为客户提供数百万种独特的全新、翻新及二手商品，如图书、影视、音乐和游戏、数码下载、电子产品和计算机、家居园艺用品、玩具、婴幼儿用品、食品、服饰、鞋类和珠宝、健康和个人护理用品、体育及户外用品、汽车及工业产品等。

（4）发展跨境电子商务的意义。

跨境电子商务作为推动经济一体化、贸易全球化的技术基础，具有非常重要的战略意义。跨境电子商务不仅冲破了国家间的障碍，使国际贸易走向无国界贸易，同时它也正在引起世界经济贸易的巨大变革。对企业来说，跨境电子商务构建的开放、多维、立体的多边经贸合作模式，极大地拓宽了企业进入国际市场的路径，大大促进了多边资源的优化配置与企业间的互利共赢；对于消费者来说，跨境电子商务使他们非常容易地获取其他国家的信息并买到物美价廉的商品。

2. 跨境电子商务的业务模式及分类

（1）跨境电子商务的业务模式。

跨境电子商务主要分为企业对企业（B2B）和企业对消费者（B2C）的贸易模式。B2B模式下，企业运用电子商务以广告和信息发布为主，成交和通关流程基本在线下完成，本质上仍属传统贸易，已纳入海关一般贸易统计。B2C模式下，我国企业直接面对国外消费者，以销售个人消费品为主，物流方面主要采用航空小包、邮寄、快递等方式，其报关主体是邮政或快递公司，目前大多未纳入海关登记。

一直以来，由于B2B业务单笔交易金额大、长期稳定订单多，我国外贸B2B业务在跨境电商中居于主导地位。但金融危机以来，国外企业受制于市场需求乏力和资金限制等因素，未来B2B业务的比重将下降。与此同时，个人的购买力相对稳定，网络和物流的发展也为B2C业务创造了条件。因此，多批次、小批量的外贸订单需求将进一步提高，并成为促进跨境电商发展的重要基础动力。

（2）跨境电子商务的常见分类。

跨境电子商务包含较多的要素，主要有交易对象、交易渠道、货物流通、监管方式、资金交付、信息和单据往来等多个方面，按照这些要素的不同，可以将跨境电子商务分为不同的类型。

按照交易对象，跨境电子商务可以分为B2B、B2C、C2C、B2G等几类。B2B，即企业与企业之间的跨境电子商务，主要应用于企业之间的采购与进出口贸易等；B2C，即企业与消费者个人之间的跨境电子商务，主要应用于企业直接销售或消费者全球购买活动；C2C，即消费者之间的跨境电子商务，主要应用于消费者之间的个人拍卖等行为；B2G主要是企业与政府之间的跨境电子商务，主要应用于政府采购，但目前进行跨境采购要受到各国诸多法规的限制。

按照交易渠道，跨境电子商务当前主要有EDI（Electronic Data Interchange，电子数据交换）、互联网两种方式。EDI即以电子数据交换的方式进行跨境电子商务，自20世纪70年代以来，国际组织一直在推动有关数据传输标准和安全等技术的发展，已经较为成熟，主要应用于企业与企业之间的电子商务活动，但由于EDI对企业数据的标准化程度及软硬件的要求较高，必须租用专线进行，因此随着互联网的普及，利用互联网进行跨境交易越来越普遍，尤其是在中小企业中。但在大型企业中，EDI还广泛存在，欧盟统计局数据显示，2012年欧盟28国中有33%的企业采用EDI方式，80%的企业采用互联网方式。

此外，按照货物流通方向，跨境电子商务可以分为进口跨境电子商务和出口跨境电子商务；按照海关监管方式，又可以主要分为一般跨境电子商务和保税跨境电子商务。一般跨境电子商务主要用于一般进出口货物，大多是小额进出口货物，保税跨境电子商务主要用于保税进出口货物，二者在通关手续等方面有明显不同。

跨境电子商务发展迅速，预计2017年跨境电商交易额将占进出口贸易总额的20%左右。而其主导仍是出口电商，占比约保持在80%以上，预计未来几年我国出口电商交易规模仍将保持20%～25%的增速，2017年将达到6.64万亿元的规模。未来随着跨境物流、支付等环节问题的进一步突破和跨境电商企业赢利能力的进一步提升,行业将迎来黄金发展期。

3. 中国跨境电子商务的现状分析

(1) 我国跨境电子商务的交易规模逐年增大。

随着我国跨境电子商务的发展,交易规模正逐渐增大。根据相关资料显示,2016年我国跨境电商交易总额达到了6.5万亿元,占全国电商总交易额的31%,在我国对外贸易总额中的占比达26%。在跨境电商交易总额中,出口电商交易额占了主要部分,达到了5.2亿元,占比80%,进口电商交易额1.3万亿元,占比20%;跨境B2B交易额达到了5.39万亿元,跨境零售交易额也首次突破万亿元大关,达到了1.11万亿元。

(2) 我国跨境电商主体数量逐年增长。

2015年,我国跨境电商的数量已经达到35 986个,是2008年的2.6倍多。我国跨境电商主体数量增速在2012年开始下滑,但从2014年开始平稳,和2012年之前相差不大。我国跨境电商平台数量多,巨头林立。在跨境进口主要平台中,网易考拉海购占市场总额的1/5,天猫国际、唯品国际、京东全球购平分秋色,均占到了16%左右。国内跨境电商用户在进口时的选择基本锁定在了网易考拉海购、天猫国际、唯品国际、京东全球购、聚美极速免税店等五六家电商平台,并且这些平台背后所依靠的企业本身就是国内电商行业的佼佼者。

(3) 我国跨境电商以B2B模式为主。

跨境电子商务从进出口方向分为出口跨境电子商务和进口跨境电子商务,从交易模式分为C2C、B2B和B2C三种模式,即消费者对消费者、企业对企业和企业对消费者的交易模式。我国跨境电商贸易还是以出口为主,跨境电商平台的模式以B2B的方式为主。相关数据显示,在2016年,我国跨境电商B2B交易模式的交易金额占跨境电商总交易金额的88.7%,占据绝大部分。由于国际市场复苏乏力,国内经济下行压力不断加大,国内出口企业面临巨大的生存压力。此时,跨境电商则成了进出口企业的救命稻草,在国内企业主动竞争和国家政策引导扶持的双重力量下,我国跨境电商首先以出口为突破口走上了发展的快车道。作为传统贸易+互联网的直接产物,出口电商平台B2B模式的跨境电商为当前的主流,占跨境电商总交易额的绝对多数;相对而言,作为海淘的升级版,跨境电商平台B2C模式虽然发展较快,但是由于发展时间短、个人消费的零散化、产品价值偏低的原因,加之我国本土零售企业无法与沃尔玛等国外零售巨头竞争,跨境电商B2C的交易额很难赶上B2B的交易额,往往依托我国"世界工厂"的优势,向海外低端客户群销售附加值低、同质化强的产品。

(4) 我国跨境电商以直邮模式为主。

我国跨境电商的物流模式现阶段大致分为两类,一类是保税模式,另一类是直邮模式。保税模式最早见于我国跨境电商的试点城市。保税模式主要是在海关与邮政合作的前提下,在某地建立一个自由贸易区,由商家提前将货物放置和储备到保税仓,消费者下订单后,再分拣成小包裹,以个人物品方式清关,最后将货物发往消费终端。这是近几年新兴的一种跨境物流模式,主要应用于跨境进口型电商,在多地进行了试点,取得了一定的效果，同时，试点地区还在不断的扩大中；直邮模式是指跨境电商企业在收到订单后将商品从国外直接以快递的方式邮寄到国内消费者手中，海外直邮以个人包裹的形式入境，除去需要缴纳的少量税款外，其他清关方式和保税模式相同。这种模式在跨境出口和进口中都广泛采用，是当前主要的物流模式。

（5）我国跨境电商地区间发展差距较大。

我国发达省份跨境电商交易额较高，比如广东省、浙江省、江苏省三个省份的占比已经超过了整个交易总量的一半以上。拥有试点城市的省份，跨境电商交易额较高，沿海省份比内陆省份跨境电商交易额高，南方省份基本占了交易总额的90%。这些省份和城市是我国经济最发达的地区，不仅开放早、经济总量大、贸易往来频繁，而且经济结构也主要以第三产业为主，这些都为自身跨境电商的发展提供了基础。同时也是我国人口最为稠密的地区之一，四省两市的人口超过了3亿，并且人们受教育水平高于全国平均水平，互联网使用人群也是全国最多的地区，这些地方的人们日常网购频次也是全国最高的地区，经济不发达地区基本没有什么发展。

（6）我国跨境电商交易出口大于进口。

我国跨境电商主要出口国家和地区有美国、欧盟、东盟、日本等，这些国家和地区也是与我国贸易往来最为频繁的贸易伙伴，跨境电商和贸易往来的目标市场是一致的。这些国家和地区有着以下共同点：第一，经济发达，不仅经济体量大，贸易规模大，而且人口多；第二，这些国家和地区的互联网使用人群多，本国的电子商务发展就较为成熟。另外，相对于传统出口贸易，跨境电商的出口目标市场更加分散，韩国、印度、俄罗斯等新兴经济体成为了我国跨境电商卖家的新选择，此类市场不仅具有广大的潜在客户群，同时还因为是新兴经济体的原因，市场未被国外企业占领，对我国的跨境电商企业来说竞争压力较小。

2016年，中国跨境电商的进出口结构比例中出口电商占比82.08%，进口电商占比17.92%。总体来看，2012—2016年我国跨境电商出口占比总是远超进口，2016年出口规模为进口的4.58倍，可见现阶段下，进口跨境电商市场仍处于培育期。但观察趋势可以发现，进口占比正在持续增多，这可能是由多方面原因所致。其一，随着我国经济的发展，劳动力素质和价格正在逐渐上升，我国正在逐渐摆脱"世界工厂"的地位。其二，在市场经济的发展下，人们的消费水平有了很大的提高，对商品的质量有了更高的要求，我国的商品供给却逐渐无法满足这种升级的需求。为了能买到高质量的产品，很多消费者将目光放到了国外，从而导致我国的进口贸易总额的增加，从长远来看，这种增加还将持续下去。

（7）我国跨境电商交易产品种类较多。

我国跨境电商中涉及的产品种类很多，并且进出口交易商品的类别呈现出较大的差异。跨境电商在出口的产品结构中，主要以电子产品和轻工业为主。相比较传统的出口贸易，跨境电商在出口方面的产品的品类更多。在跨境电商出口产品中，3C产品占据了绝对优势地位，占跨境电商出口额的1/3以上，出口额达到了1.6万亿元，其他出口额较多的商品有服装类、户外运动用品类和健康美容用品类。通过比较我们不难看出，这些占比比较高的品类有着很多共同点，成本优势比较强，同时拥有着较高程度的标准化。这种标准化程度高的商品在我国跨境电商出口中受到青睐，不仅是因为我国生产销售这类产品时具有成本低、规模大、产业链成熟的优势，还因为这种标准容易量化的产品可以消除因跨境的距离性和互联网的虚拟性导致的信息不对称，买卖双方更容易达成一致。在跨境电商中进口产品大多数为食品和化妆品，食品中以奶制品居多，化妆品从欧美和日韩等国采进的居多；在跨境电商的出口产品中，我国所出口的商品以具有明显成本优势和标准化程度的服装、3C 电子产品、户外用品为主，在国际市场中具有较强的价格优势。可以预计，未来中国跨境零售中服装和电器的出口贸易规模将呈现持续上升状态，跨境电商的业务范围也将进一步拓展至更多种类，经营的产品将向家居、汽车等大型产品扩展。

（8）我国跨境电子商务发展中存在的问题。

① 跨境电商平台门槛低，存在信誉缺失问题。

由于跨境电商的门槛随着国际市场的逐步开拓而越来越低，只要符合一定申报条件的企业和个人都可以通过跨境平台进行交易。尽管我国跨境电商主体的数量较 2008 年已经增长了 2.6 倍，跨境贸易总量也在不断增长，但是除了天猫国际等几个大型跨境电商企业信誉较高以外，规模较小的电商仍然面临失信问题。当前我国跨境电商的发展处于上升的黄金时期，即使存在着部分电商的失信问题，也不会对跨境电商总额造成明显的影响。在大型跨境电商企业中，也存在着监管不力、失信行为。这种情况主要发生在跨境电商进口方面，主要表现为跨境电商进口产品不合格：第一，违反国家产品质量法等相关的法律规定，商品的构成成分存在着严重的超标或者不达标的情况；第二，商品的说明和中文标志不清楚或者含糊不清，造成了消费者对产品的误解。在 2016 年有关质量报告的新闻中，就有顾客投诉在天猫国际买到了假奶粉等问题，影响较为恶劣，影响了跨境电商平台和企业的口碑与信誉。

② 跨境物流费用昂贵，发展滞后。

随着我国跨境电商贸易额的不断增加，订单数量不断上涨，销售的国家也遍布全球。我国跨境电商的迅速发展促进了物流业的快速发展，但也在进出口物流方面面临着巨大的压力。传统形式的对外贸易物流方式已经不能满足跨境电商的即时、高效、便利、安全的要求。同时，由于运输业成本的上升，国际物流费用较高，小批量订单的运输成本较批量订单的运输成本过高，费用增长速度较快。因成本所造成的物流问题在一定程度上阻碍了跨境电商的发展。尽管国内的一些电商平台为了降低物流成本，在海外建立了海外仓，以及时保证交易的完成，但海外仓并非每个电商企业都适合，还应探索新的物流模式。而当前的保税区模式虽然降低了物流的成本，但同时也面临着订货需求量难以准确预估的库存难题，增加库存成本的同时也变相增加了物流的成本。

③ 跨境电商地区发展不均衡。

跨境电商地区发展的不均衡主要表现在两个方面。

第一，跨境电商贸易总额的不平衡。从我国试点城市和跨境电商交易额地区分布的现状分析中，我们不难看出，东部沿海发达城市的跨境电商的贸易额占比非常高，占比达到 70.1%，仅广东一个省份就达到了 24.7%，浙江紧随其后，与江苏并驾齐驱。地区发展的不均衡严重，西部内陆省份很难享受到跨境电商发展所带来的红利。由于试点城市的影响和地区经济自身发展的差异，发达省份与欠发达地区在承接跨境电商发展时，接收和发展的程度不同，跨境电商贸易额差距较大，尤其在跨境电商出口方面，欠发达地区较发达省份差距更大。

第二，跨境电商试点城市发展的不均衡。在国家积极发展跨境电商试点的政策背景下，已经成为跨境电商试点的城市之间，发展并不均衡。上海、广州、杭州三个城市领跑试点城市，重庆、郑州等城市发展较为缓慢。例如，广州等发达城市作为较早一批的跨境电商的试点城市，基础设施建设完善，物流仓储建设初具规模，发展迅速，带动了相关产业发展的同时，也吸收了大量周边的资源。起步较晚的试点城市仍在不断尝试中，但与较早起步的试点城市在贸易量上存在着显著的差距。

④ 相关政策及政府监管不完善。

（商务部扩大跨境电商零售进口监管过渡期政策视频）

跨境电子商务的进出口方式与传统的贸易方式有很大的不同，政策监控对传统的贸易方式是很有效的，但对于新兴的跨境电商贸易，却存在很大的漏洞。原因是跨境电子商务的贸易具有批次多、单次交易金额小、单次交易量小、订单周期短等特点。利用传统贸易监管方式对现如今发展势头正迅猛的跨境电子商务来进行监管，不由显得效率低下、工作增加、工作程序烦琐。对于讲求速度的电商企业来说，速度就是金钱，这样不仅加大了企业的压力，而且也增加了政府的工作，是不利于市场发展的。企业要求海关提高通关效率，这对于海关来说是一个很大的考验，既要保证通关产品的质量，也要保证通关时的效率，如果仍然使用原来的通关方式，这样可能就会导致货物的积压，对物流造成巨大的隐患，企业需要花大量的成本去解决这样的问题，势必就会成为企业发展的羁绊。这就要求政府加大有关跨境电子商务贸易政策的制定与执行。海关的通关效率也是影响跨境电商发展的一大因素，电商企业的发展很依赖物流的效率。

⑤ 跨境物流效率不足。

国内的物流企业在国内电商发展中担任了重要的角色，随着跨境电子商务的到来，很多的企业也加入了进来，面对国际市场，物流企业的角色就显得更为重要了。在跨境物流中跨境物流企业也增加了不少压力，许多商品的物流在一个月左右，甚至还要比一个月更久，这样的时间明显过长，对于交易的双方都是不利的。物流的效率，直接影响买家和卖家的购物体验、满意度、企业形象以及以后继续购买和使用的忠诚度。跨境电商有量小、资金少、批次多的特点，根据这些特点，要求跨境物流企业不可能像传统贸易一样使用集装箱大批量的运输方式，而现如今所使用的物流方式有：国际小包和国际快递、B2C外贸企业联盟集货、B2C外贸企业自身集货、第三方物流模式和海外仓储5种方式，都是当下使用较多的模式。这种多批次、小批量、产品结构复杂的贸易形势，对海关通关有不少的压力，才会导致通关效率的降低。国际间快递业务的递增，加速跨境贸易的增长，经济贸易的增长对于交易的双方是非常有利的，但由于跨境电子商务的特殊性，加大了跨境通关效率的压力。跨境电子商务的贸易形式不同于传统的大批量贸易，贸易形式显得较为复杂，对于这种新的贸易形式，还需要适应的时间。

任务小结

本单元主要分析了中国对外贸易发展情况和我国跨境电商的发展现状。中国外贸发展迅速，但同时也存在着许多问题，如技术贸易壁垒问题、反倾销与反补贴问题、政治影响经济等问题。本单元还介绍了新型业态跨境电子商务，跨境电子商务对中国的外贸产生了极大的影响，作为一种新的贸易方式，也存在诸如缺乏信誉，政府监管困难等问题。

思考练习

一、单项选择题

1. 目前中国引进外资最多的国家和地区是（　　）。
   A. 中国香港　　　　　　　　　　B. 美国
   C. 日本　　　　　　　　　　　　D. 欧盟
2. 2016年中国内地的四大贸易伙伴的排序是（　　）。
   A. 美国、欧盟、日本、中国香港　　B. 欧盟、美国、日本、中国香港
   C. 欧盟、美国、中国香港、日本　　D. 美国、日本、欧盟、中国香港
3. 目前，中国最大类的出口商品是（　　）。
   A. 轻纺产品　　　　　　　　　　B. 机电产品
   C. 高新技术产品　　　　　　　　D. 农副产品
4. 2016年中国对外贸易顺差为（　　）亿美元。
   A. 2 311.0　　　　　　　　　　B. 5 107.3
   C. 3 824.6　　　　　　　　　　D. 5 930.0

二、简答题

1. 目前中国对外贸易存在哪些主要问题？
2. 目前中国对外贸易有什么特点？
3. 中国跨境电子商务有什么特点？
4. 中国跨境电子商务存在哪些主要问题？

素质拓展

跨境网购为啥难退货？报告揭示五大行业问题

2018年3月14日，电子商务研究中心发布《2017年度中国跨境电商消费问题研究

报告》，报告公布疑似售假问题突出、退换货难解决、霸王条款严重、物流短板凸显、信息安全问题频出、信用问题严重、商品标准难统一、假票据投诉多、消费者教育欠缺、知识产权意识淡薄，为跨境电商十大消费问题。

其中，退换货难问题成为跨境网购消费者遇到较多的问题。该问题集中反映出跨境电商平台在落实退货制度上的诸多困境。海外产品进入中国以后如何在国内服务落地？

据了解，跨境电商退货难问题是行业"通病"，主要存在以下五大原因。

一是不同国家、地区适用法律不同。我国适用"七天无理由退货"原则，然而按照属地原则，境内法律只能规制境内的平台方，对境外卖家和境外的平台难以规制。现在关于跨境电商的法律各国规定差异较大，这是难以落实该问题的根本原因，很多跨境平台可能会在法律规制相对宽松的地域建设平台，从而逃避我国的法律管制。国外法律对消费者的保护不一定就低于中国大陆，所以可以要求商家入驻时提供相对应的官方权威的法律条文。

二是退货制度不健全/顺畅。一方面，是商业模式的退货不畅。出于运输成本问题、二次销售问题的考虑，境外商家拒绝买家退货。另一方面，是制度问题。据2016年《关于跨境电子商务零售进出口商品有关监管事宜的公告》规定，很多业务无法满足上述要求，除了符合26号公文要求的企业，其他企业难以退货，如果以快件方式退货的，由于快件接受方是商家，该货物的性质不再是"自用"，而属于贸易性质，不再适用"行邮税"相关规定，这样成本大幅提高。

三是跨境电商商品成本较高。价格高昂的商品如皮包、手表等奢侈品，其被买家要求退货时，平台对于商品是否被调包或拆解难以判断，可能导致损失。部分商品如保质期较短的食品，在运输过程中因在途时间、仓储条件等因素导致过期、品质受损等问题也较为突出。即使退货的商品本身并不存在质量问题或缺陷，平台也难以退还至境外供应商，即便供应商同意退回，高昂的国际运费无疑推高了退货成本。

四是物流是跨境网购退货难点。物流是跨境网购的退货难点之一。目前，国内跨境网购平台/卖家主要有保税仓、直邮、转运三种物流模式。服装等日用品和食品的基本服务只有退、换两种模式，但是电子产品涉及保修期的维修，涉及三包期的法律强制条款。

五是退换货涉及关税问题。由于跨境电商的模式所致，目前涉及关税的退货分为保税备货、保税直邮、海外直邮和拼邮几类。根据对保税区的调研显示，目前跨境进口电商支持7天无理由退货的品类越来越多，而宁波保税区方面明确保税进口模式跨境电商可以退货。针对保税模式的保税备货和保税直邮两种模式，目前海关与电商间的结算周期为15~30天，消费者在7天无理由退货期限内退货，一般均可在15天内完成退换货。此时海关与电商之间并未结算，消费者缴纳的商品关税还没有进入海关流程，因此退货不涉及退税问题，对跨境电商的影响不大。

（资料来源：2018年3月15日 千龙网）

◆思考与分析：
1. 以上案例中跨境网购存在哪些问题？
2. 假设你是一家跨境电商企业的外贸经理，如何调整企业的进出口战略？

参 考 文 献

[1] 罗伯特·C. 芬斯特拉（Robert C.Feenstra），艾伦·M. 泰勒（Alan M.Taylor），著；张友仁，译. 国际贸易. 北京：中国人民大学出版社，2011.

[2] 海闻. 国际贸易. 上海：格致出版社，2012.

[3] 方士华. 国际贸易理论与实务（第二版）. 大连：东北财经大学出版社，2011.

[4] 任金秀. 新编国际贸易理论与实务. 北京：北京大学出版社，2011.

[5] 洪志鹤. 国际贸易概论. 北京：清华大学出版社，2011.

[6] 张小蒂. 国际投资与跨国公司. 杭州：浙江大学出版社，2004.

[7] 李辉. 国际直接投资与跨国公司. 北京：电子工业出版社，2013.

[8] 李一文. 当代中国对外经济关系研究：基于国际投资与贸易的视角. 北京：经济科学出版社，2011.

[9] 布鲁诺·索尔尼克（Bruno Solnik），丹尼斯·麦克利维（Dennis Mcleavey），著；张成思，译. 国际投资（第6版）. 北京：中国人民大学出版社，2010.

[10] 杜奇华，梁蓓. 国际投资. 北京：对外经济贸易大学出版社，2006.

[11] 李汉君，李艳. 国际贸易. 北京：科学出版社，2009.

[12] 罗兴武. 国际贸易概论. 西安：西安交通大学出版社，2012.

[13] 王钰. 中国与其主要贸易伙伴. 北京：中国经济出版社，2011.

[14] 黄晓玲. 中国对外贸易概论. 北京：对外经济贸易大学出版社，2009.

[15] 张锡嘏. 国际贸易. 北京：对外经济贸易大学出版社，2006.

[16] 李晓燕. 国际贸易理论与实务. 北京：清华大学出版社，北方交通大学出版社，2010.

[17] 董瑾. 国际贸易理论与实务. 北京：北京理工大学出版社，2009.

[18] 冷柏军，张玮. 国际贸易理论与实务. 北京：中国人民大学出版社，2012.

[19] 刘东升. 国际服务贸易. 北京：首都经济贸易大学出版社，2010.

[20] 李杨，蔡春林. 国际服务贸易. 北京：人民邮电出版社，2011.

[21] 周丽亚. 国际贸易理论与政策. 北京：中国财政经济出版社，2005.

[22] 周学明. 国际贸易概论. 北京：清华大学出版社，2009.

[23] 薛荣久. 国际贸易. 北京：对外经济贸易大学出版社，2008.

[24] 范爱军，陈晓文. 国际贸易——理论与政策. 济南：山东人民出版社，2009.

[25] 中华人民共和国商务部网站，www.mofcom.gov.cn.

[26] 中华人民共和国国务院新闻办公室. 中国对外贸易白皮书. 2011.

[27] 李富. 国际贸易概论（第2版）. 北京：中国人民大学出版社，2016.

[28] 姚大伟，乐飞红. 国际贸易概论（第2版）. 北京：中国人民大学出版社，2017.

[29] 张玉娜. 国际贸易概论. 北京：知识产权出版社，2017.

[30] 易海峰，汪云，陈丽云. 国际贸易概论. 北京：中国金融出版社，2012.

[31] 洪志鹤. 国际贸易概论. 北京：清华大学出版社，2011.

[32] 中国贸易新闻网站，http://www.chinatradenews.com.cn，2013-01-04.

[33] 新浪科技网站，http://tech.sina.com.cn，2017-05-30.

[34] 海关总署网站，http://www.customs.gov.cn，2016-05-02.

[35] 腾讯大约网站，http://gd.qq.com/zh/，2017-06-21.

[36] 新浪财经网站，http://finance.sina.com.cn，2017-05-31.

[37] 中华纺织报，http://www.ctn1986.com，2012-09-05.

[38] 人民日报，http://paper.people.com.cn/rmrb/html，2013-03-18.

[39] 鲁丹萍. 国际贸易理论与实务. 北京：高等教育出版社，2015.

[40] 马静止. 国际贸易概论. 北京：清华大学出版社，2017.

[41] 朱坤萍. 国际贸易概论. 北京：清华大学出版社，2017.

[42] 赫永军. 我国跨境电商的发展现状及问题研究.东北师范大学硕士论文，2017.

[43] 中国服务网，http://www.chinaservice.org.cn/.

读者调查及征稿

1. 您觉得这本书怎么样？有什么不足？还能有什么改进？

2. 您在什么行业？从事什么工作？需要哪些方面的图书？

3. 您有无写作意向？愿意编写哪方面的图书？

4. 其他：

说明：
针对以上调查项目，可通过电子邮件直接联系 zgz@phei.com.cn　　联系人：朱编辑

欢迎您的反馈和投稿！

电子工业出版社

反侵权盗版声明

电子工业出版社依法对本作品享有专有出版权。任何未经权利人书面许可，复制、销售或通过信息网络传播本作品的行为，歪曲、篡改、剽窃本作品的行为，均违反《中华人民共和国著作权法》，其行为人应承担相应的民事责任和行政责任，构成犯罪的，将被依法追究刑事责任。

为了维护市场秩序，保护权利人的合法权益，我社将依法查处和打击侵权盗版的单位和个人。欢迎社会各界人士积极举报侵权盗版行为，本社将奖励举报有功人员，并保证举报人的信息不被泄露。

举报电话：（010）88254396；（010）88258888
传　　真：（010）88254397
E-mail：　dbqq@phei.com.cn
通信地址：北京市海淀区万寿路 173 信箱
　　　　　电子工业出版社总编办公室
邮　　编：100036